L'INSOUMIS

Vies et légendes de Pierre Goldman

DU MÊME AUTEUR

LE DÉSIR DE RÉVOLUTION, Grasset, 1972.
VOIE D'ACCÈS AU PLAISIR, Grasset, 1974.
LE MYOPE, Grasset, 1975.
HAINE DE LA PENSÉE, Hallier, 1976.
L'ODEUR DE LA FRANCE, Grasset, 1977.
DANSER MAINTENANT, Grasset, 1981.
VÉRA SEMPÈRE, *roman,* Grasset, 1983.
FUREURS DE VILLE, Grasset, 1990.

JEAN-PAUL DOLLÉ

L'INSOUMIS

Vies et légendes de Pierre Goldman

BERNARD GRASSET

PARIS

« Nous voulons bien avoir été bernés,
mais nous voulons avoir été grands. »

CHARLES PÉGUY,
Notre jeunesse.

Pierre Goldman devint mon ami dès notre première rencontre, lors d'un comité de rédaction du journal des étudiants communistes, *Clarté*. Il proposait un article sur le grand ouvrage de Sartre *Critique de la raison dialectique*. Son exposé mêlait des considérations philosophiques confuses à des conclusions politiques radicales remettant en cause la ligne politique et le mode d'organisation du parti communiste français. Mes camarades du comité de rédaction trouvèrent le nouveau venu intéressant, mais refusèrent son papier.

Après la réunion, Goldman et moi nous nous retrouvâmes dans un café, du côté de la rue Humblot. Tout de suite, je compris que sa passion pour les concepts répondait à une urgence d'ordre vital : penser pour ne pas sombrer. La philosophie — mieux, la métaphysique — lui était organiquement nécessaire, comme la nourriture ou le sommeil. Pour exister, il lui fallait donner sens au monde. Ce soir-là, il me parla de Sartre, ou plutôt il me déclama des passages de *l'Etre et le Néant* et de la *Critique de la raison dialectique*. Nous découvrîmes que certains mots nous ouvraient les mêmes horizons. Nous étions mus par la même recherche tremblante de l'authenticité, également révulsés par l'imposture, terrorisés à l'idée de s'en faire les complices. Il parlait très vite ; il en bafouillait presque. La tête rentrée, il regardait à peine son interlocuteur, comme absorbé dans sa réflexion. Il n'était plus là. Et soudain, il releva la tête, me fixa, et éclata d'un rire énorme qui secouait tout son corps.

Les nervis d'Occident étaient massés aux environs de la faculté de Droit, en haut de la rue Saint-Jacques. Ce matin-là de l'hiver 1964, les militants parisiens de l'UEC[1] s'étaient mobilisés. Il fallait donner une leçon aux fascistes une bonne fois pour toutes, leur interdire la rue. Alain Krivine et Bernard Kouchner, les dirigeants du Front universitaire antifasciste, conduisaient la manœuvre. Avec mes camarades du cercle de philo de l'UEC, nous nous étions équipés pour le combat. Pataugas aux pieds en guise d'armure, moufles rembourrées pour assommer l'adversaire... Bien entendu je n'étais pas rassuré. Le silence pesait.

Il y eut des cris ; une formidable poussée. Les fascistes attaquaient, matraques levées. Ils étaient bien plus âgés que nous. Aux étudiants d'extrême droite s'étaient joints d'anciens «paras», habitués aux champs de bataille. Le mur que nous formions devant l'entrée de la Sorbonne sciences, côté rue Saint-Jacques, en face du lycée Louis-le-Grand, fut enfoncé. J'étais à terre, encerclé par une bande d'individus éructant : «Les cocos à Moscou, les ratons au four.» Les coups pleuvaient ; je n'entendais plus. J'étais groggy. Au bout d'un certain temps, j'eus vaguement conscience que l'étau se desserrait autour de moi. J'entr'aperçus un homme bondissant, se frayant un passage à grands coups de barre de fer, et hurlant : «A mort les fascistes.» C'était Goldman. Après la déroute complète des «fafs», il me dit qu'il ne supportait pas d'entendre crier «Au four» : une partie de sa famille était morte dans les camps. Ces salauds de fascistes promet-

---

1. Union des étudiants communistes.

taient la même mort aux Arabes. Cela le rendait fou, et, dans ces moments-là, il était habité d'une telle rage qu'il n'avait peur de rien. Il en devenait invincible.

La nuit du 14 juillet 1963 était chaude. Comme chaque année à pareille époque, on dansait dans les rues de Paris. L'Union des étudiants communistes avait organisé un « bal » devant son local, place Paul-Painlevé, en face de la Sorbonne, en plein cœur du Quartier Latin. L'orchestre était formé de militants, musiciens amateurs. Ils jouaient plus ou moins bien, mais qu'importait ? Bruno Queysanne était au piano ; il avait le sens de la mélodie et de l'improvisation. Un vrai jazzman ; les autres venaient de la Fanfare des Beaux-Arts. La soirée s'écoulait, douce. Chacun se sentait bien. L'orchestre alternait les airs de be-bop et les slows. Bruno entama, à l'improviste, une rumba afro-cubaine. Alors Pierre Goldman fendit la foule des danseurs et prit d'emblée la place du batteur. Négligeant les baguettes il se mit à taper avec la paume de ses mains sur la caisse claire. Il tapait de plus en plus fort, de plus en plus vite. Les yeux fermés, il psalmodiait une mélopée, le haut du corps se balançant à une vitesse vertigineuse. Il était en transe. Saisis, les musiciens s'étaient arrêtés de jouer et les danseurs de danser. Seul Bruno l'accompagnait en sourdine. Son solo dura un temps que nul ne fut en état d'évaluer. Goldman s'arrêta enfin, inondé de sueur. Il fut longuement applaudi. Il salua le public et se perdit dans la foule.

C'est ce Goldman tour à tour sartrien, combattant antifasciste, musicien inspiré qui nous fascina tous. Il portait en lui nos désirs d'ailleurs et refusait violemment ce qui nous révoltait. Mieux que nous, il savait le manifester.

Ce jeune homme amoureux de la philosophie, fou de musique, enragé contre les infamies du siècle, est resté

intact dans mon souvenir. Il est mort, mais il me semble
que ce qu'il a vécu, pensé, écrit, est plus que jamais vivant.

Aux jeunes d'aujourd'hui, à qui n'est proposé que le
chômage ou la soumission, Pierre Goldman a quelque
chose à dire.

Pierre Goldman, le voici.

Première partie

DU QUARTIER LATIN
À LA GUÉRILLA VÉNÉZUÉLIENNE

Un héros sartrien

Dans les années 1960 presque tous les étudiants sont des héritiers de la bourgeoisie. Ceux qui ne le sont pas se divisent en deux catégories. D'abord la première génération des enfants des dirigeants et des cadres communistes accédant à l'Université. Il va sans dire que ces enfants de militants adhèrent en masse à l'Union des étudiants communistes. La deuxième en fait n'en est pas une, car il ne s'agit pas d'un groupe — si minime soit-il — possédant au moins une qualité en commun qui pourrait servir de critère d'appartenance. Ce que l'on peut dire c'est qu'outre les deux catégories d'étudiants, l'immensité des héritiers bourgeois et le tout petit cercle des héritiers communistes, il existe des individus singuliers, irréguliers, hors normes, comme évacués, expulsés des catégories sociales, politiques et religieuses habituelles. Pierre Goldman est une de ces exceptions.

Il débarque au Quartier Latin, baccalauréat en poche. Il ne prépare pas une licence et ne s'inscrit pas dans une « prépa » (hypokhâgne et khâgne) comme c'est l'usage et la voie normale pour les étudiants en philosophie. Il est auditeur libre à l'Ecole pratique des hautes études, ce qui sans doute est très enrichissant pour sa formation personnelle, mais ne débouche sur aucun diplôme valable au plan national. Bref Goldman tourne le dos à la carrière. Ses études ne valent rien en termes de métier.

Pourquoi ressent-il le besoin de s'inscrire en philosophie, alors que manifestement sa culture est des plus réduites dans ce domaine et qu'il ne fait rien pour combler ses lacunes, se contentant de parsemer sa conversation de termes philosophiques, utilisant les « en soi » et « pour soi », comme d'autres se servent d'idiotismes qui leur sont propres ? Chacun semble accepter cette intrusion du philosophique au beau milieu d'une conversation ou d'un propos qui n'ont aucun rapport avec la philosophie, sans y voir marque de pédanterie ou ridicule d'autodidacte snob.

A vrai dire, Pierre Goldman ne parle jamais de philosophie ; il n'aborde pas un problème philosophique, ni ne le traite selon les techniques requises et utilisées par les professionnels de la philosophie. Il ne rédige d'ailleurs jamais une dissertation, ni ne prépare un exposé. Il est philosophie, métaphysique dans chacun de ses mots et surtout de ses gestes, de ses attitudes, de ses postures. La métaphysique prend ses traits et ses accents, ses paroles et ses silences. Il n'est ni philosophe, ni métaphysicien ; au contraire, il rend palpable l'absence. Là et ailleurs en même temps, plein et vide ; unifié et divers.

Il montre qu'il est ce qu'il n'est pas, et se montre comme n'étant pas ce qu'il est au regard de tous. Il y a bien sûr du Neveu de Rameau chez lui, du paradoxe du comédien ; mais précisément, il n'est pas comédien comme Genet ; il est mauvais comédien, car il est incapable de faire croire qu'il est saint ou martyr. Il est double, duplice, clivé, cela et son envers. Il n'est pas dialecticien, l'un et son contraire, et son dépassement. Il est, et néant. Il est, et rien. Son vide le creuse, bloc d'angoisse qui existe là, comme rien. Et il peut beaucoup, comme cela, pour rien. Telle est sa puissance, sa capacité de s'affirmer dans cette absence même de toute détermination. Il en joue, bien sûr; sans savoir comment. Il ne joue pas comme un acteur; au contraire, il joue d'être le non-acteur absolu, pure réceptivité au corps; le sien, les autres, les choses elles-mêmes. C'est comme si son corps pouvait éprouver l'expérience de la « mise entre parenthèses husserlienne » et qu'il n'y avait plus de distance entre la chose et lui, de sorte que le dehors expire en lui et que lui s'éteigne, s'absente et se dissolve dans l'ouvert. Alors il devient inhumain. Il n'est plus quelqu'un, un individu composé d'âme et de corps, mais un bloc — pensée, chair et os —, inengendré, surgi de nulle part, pour-soi pur, souverain dans sa régence. Bloc de contingence, corps tout entier ramassé dans sa posture. Corps d'instant : Goldman ne grandit pas, ne vieillit pas, ne change pas.

Quand il survient sur le pavé du Quartier Latin, il n'a pas plus de dix-neuf ans. Et pourtant il n'est pas adolescent. Mystérieusement il échappe à cette durée. On ne voit pas le temps à l'œuvre dans son corps. Il n'est pas vieux, encore moins « jeune », tel qu'on l'invente, dans ces années-là, à la jointure des années 50 et 60. Il a un corps d'histoire immémoriale. Un corps liberté, un corps pour soi-même qu'il a choisi, un corps de réflexion, et cela jamais aussi intensément que dans les combats de rues. Goldman se battant, rue Saint-Jacques, contre les fascistes d'Occident, c'est la liberté pure en action. Rien avant le combat, ou plus exactement, en attente de lui-même. C'est comme si, au combat, il fondait sur son corps, non tel un aigle sur sa proie mais comme un commando qui vient libérer un prisonnier. Au combat, Goldman advient à ce qu'il est : non plus seulement l'incarnation d'un concept sartrien, non plus le héros sartrien par excellence, incomparablement vivant, plus vrai et plus juste

quant à la rectitude de pensée que tous les personnages que Sartre a pu inventer dans *les Chemins de la
liberté* ou dans ses pièces de théâtre, plus convaincant
parce que plus libre que les Mathieu, les Hugo et les
Goetz. Dans la conduite de l'affrontement, le courage
physique et l'intelligence stratégique, la concentration
et le sang-froid, l'absence d'hystérie et de haine, Goldman est la philosophie souveraine. Il ne commente pas
Héraclite ; il agit sa sentence : « La guerre est le père
de toutes choses. » Il n'y a pas deux Goldman en cette
année 1963, quand il paraît sur la scène publique du
Quartier Latin. L'autodidacte sartrien, venu de nulle
part, qui propose d'emblée, lui complètement inconnu
aussi bien des sartriens que des marxistes, un compte
rendu de la *Critique de la raison dialectique* aux
jeunes communistes désorientés de l'UEC, comme s'il
était assuré que Sartre les sortirait de leur crise politique en les plongeant dans une crise existentielle ; et
le combattant, le capitaine qu'il est déjà un peu dans
les batailles de rues et qu'il pourrait être plus encore
dans une guerre à venir. C'est la même flèche tirée
dans le monde ou du moins c'est la flèche qu'attendent les jeunes archers qui veulent rentrer en guerre
contre le vieux monde. Peu importe que cette flèche
soit légère, encore mal effilée. Goldman appelle sa
génération à se confronter à l'éternelle question à
laquelle est confrontée toute génération — et à
laquelle elle doit répondre pour exister en tant que
génération, faute de quoi elle ne laisse que les lamen-
tations des chantres de la génération perdue : déclarer la guerre au monde pour le penser. Penser comme
on fait la guerre, agir toujours à l'horizon de la guerre.
Goldman devient le nom de ce défi, en même temps
qu'aux yeux des plus ardents le drapeau sous lequel il
peut être relevé. Penser pour faire la guerre, faire la
guerre du fait même que l'on pense.

En 1963, pour la jeunesse qui s'est engagée politiquement contre la guerre d'Algérie, de Gaulle seul aurait pu correspondre à cette figure du philosophe guerrier. Pour son malheur, il est son ennemi le plus redoutable, celui qui a dit non à l'asservissement en 1940 mais qui en 1958 a dirigé le camp des putschistes. Et pourtant il est le seul à pouvoir répondre à la question essentielle : qu'est-ce qui importe ? Résister. L'homme du 18 Juin est devenu le maître du signifiant Résistance. Comment résister alors contre lui, telle est la situation tragique — au sens du théâtre tragique, c'est-à-dire une situation sans issue — où l'histoire a placé les jeunes rebelles des années 1960. Ils ne peuvent pas adopter la voie Malraux, c'est-à-dire résister au néofascisme des factieux et aux pratiques terroristes de l'armée française — tortures généralisées, déplacements forcés de populations, transgressions des lois de la guerre —, en faisant confiance à la fidélité à soi-même du Grand Résistant. Bien que beaucoup de ces jeunes gens se soient engagés dans la voie révolutionnaire après avoir lu *les Conquérants, la Condition humaine, l'Espoir*, ils ne peuvent admettre que Malraux cautionne toutes les compromissions, les reniements et les trahisons.

Alors que beaucoup sont marxistes et officiellement inscrits à l'UEC, ils ne peuvent pas non plus se satisfaire du mythe du parti des fusillés. Ils savent bien que la résistance du PCF ne commença vraiment qu'avec l'invasion de l'URSS, et qu'elle fut précédée par le pacte Ribbentrop-Molotov et les tentatives maladroites de faire réapparaître *l'Huma* en juillet 1940 avec l'aide de la Kommandantur. Et surtout, tous les lecteurs passionnés de la réédition d'*Aden Arabie* de Paul Nizan, préfacée par Jean-Paul Sartre, connaissent les calomnies ignobles, voire les assassinats perpétrés contre des opposants communistes au nouveau cours de l'Internationale, imposé par Staline et les staliniens. Ils ne peuvent dans ces conditions accorder au PCF le brevet de résistance, bien que l'épopée des francs-tireurs et partisans les fasse rêver.

Ce double refus de la tradition gaulliste et communiste va marquer de son sceau la jeunesse de la guerre d'Algérie, car elle devra inventer une nouvelle voie où la fidélité aux valeurs de résistance passe par une mythification du héros et une diabolisation d'une génération : celle des pères martyrs ou défaillants. Goldman bénéficie d'un avantage considérable : par son roman familial, il hérite de la gloire pure et sans tache de la MOI, l'organisation de la Main d'œuvre immigrée, contrôlée par les communistes et où les juifs sont très nombreux. La MOI yiddish n'a pas approuvé le Pacte, et dès septembre 1940, elle reprend ses activités politiques. Des juifs participent aux actions de l'Organisation spéciale — l'appareil armé du PCF —, constituée au cours du deuxième semestre de 1941 et alors seule unité de résistance armée à Paris. La constitution d'une unité de combat spécifiquement juive intervient au mois d'août 1942, après la rafle du Vélodrome d'hiver : le 2ᵉ détachement FTP-MOI. Les survivants de ce détachement furent incorporés dans deux autres unités FTP-MOI à Paris. La plupart d'entre eux tombèrent en novembre 1943 dans un coup de filet des « brigades spéciales ». La Gestapo fit condamner onze juifs par une cour martiale en février 1944. Ce fut le procès du groupe Manouchian [1]. Il y eut d'autres groupes en zone Sud, à Lyon, Grenoble, Toulouse (bataillon Carmagnole) et Marseille.

---

1. Manouchian était arménien et son groupe rassemblait beaucoup de nationalités. Aragon célébra leur héroïsme dans le poème *l'Affiche rouge*, mis en musique et chanté par Léo Ferré.

Toute cette histoire est le bien propre de Pierre Goldman, intégrée à sa vie à un point tel qu'elle se confond avec l'histoire de sa famille ; et il lui arrive même de penser qu'il y a participé d'une certaine façon. Sa mère n'a-t-elle pas caché des grenades dans son berceau ? Il peut donc se prévaloir de l'esprit même de la Résistance : non seulement lutte contre toute forme de domination d'un peuple sur un autre peuple, mais combat internationaliste contre l'exploitation, l'oppression et la domination, quelles qu'elles soient. Goldman, en combattant la guerre menée par l'armée française contre le peuple algérien, reprend le flambeau de la MOI. Mais de même que les juifs communistes habitant en France pendant l'Occupation participèrent à la lutte nationale contre l'hitlérisme et le fascisme, sans jamais oublier que leur lutte prenait une dimension qui dépassait le cadre national et concernait la question de l'humanité en tant que telle, c'est-à-dire l'idée que chacun se fait de l'être humain, de même Pierre Goldman considère la lutte du peuple algérien comme un maillon important de la lutte universelle de tous les peuples pour la venue du règne de l'humanité.

Il restera toujours intraitable sur ce trait du prophétisme révolutionnaire, et quand il découvre les manuscrits de 1844 du jeune Marx, il les psalmodie comme les rabbins marmonnent des prières.

Dès ce moment surgit une contradiction essentielle dans la vie de Goldman qui, non résolue, voire déniée comme contradiction, l'assigne à la place de la « belle âme » hégélienne que Sartre popularise en ce temps-là sous l'appellation de « mauvaise foi ». On sait que pour ces deux philosophes, la moralité effective consiste à ce que la conscience dépasse le moment où elle se mire dans l'innocence de sa pureté et de la concordance à soi-même pour s'objectiver dans la substance, c'est-à-dire le cours du monde. Ne pas franchir ce pas dans l'autre et se tenir à l'abri du dehors, tout en (se) faisant croire que la conscience s'abîme et disparaît dans le grand Autre, tel est le moyen pour la conscience de s'afficher « bonne ». La conscience est bonne quand elle s'aliène dans la foi, qui, à son tour, ne peut être que bonne, puisque précisément elle est foi, et non action, affirmation du bon droit, sous la forme du droit à la conscience de s'affirmer, c'est-à-dire d'agir pour elle-même, et par elle-même, par *conviction*.

Enfer des bonnes intentions, cercle vicieux dessiné à partir du centre de la vertu, propreté d'un corps sans mains sales, Dieu sait si Goldman et quelques autres, comme lui juifs et rebelles, et surtout juifs et communistes, connaissent par cœur ces antiennes et savent jouer en artistes émérites de ce thème cent fois repris. C'est une figure imposée de la rhétorique révolutionnaire à l'époque, où les plus brillants peuvent déployer à loisir leurs dons d'improvisation. Pierre Goldman est un virtuose de ces joutes où la mauvaise foi joue le rôle du mistigri que chacun se repasse pour s'assurer des positions de domination, là où, en *principe*, ne *devrait* exister qu'une présence, en pleine clarté, la vérité même.

Pierre Goldman parle du point de vue de la vérité. De ce fait, il s'exempte — dans un geste d'orgueil inouï — de la médiation du savoir, sous couvert d'un devoir de mémoire. Car bien sûr ce n'est pas lui, Pierre Goldman, qui parle et ce n'est pas de ses jugements, de ses convictions, de ses opinions qu'il entretient ses camarades de combat, mais de la vérité juive, la vérité de la résistance plus spécialement juive, la vérité plus spécialement résistante parce que juive.

Or la Résistance juive n'est pas tombée du ciel. Un athée comme Goldman en est la preuve la plus éclatante, bien qu'il rende plus énigmatique encore la question de l'athéisme juif et par conséquent la question juive elle-même. Pierre Goldman se recommande de la résistance juive, la considère comme l'incarnation vraie, non entachée de contrefaçons comme la Résistance gaulliste nationale ou la Résistance communiste stalinienne. De ce fait il se place ainsi dans une position de singularité, se présentant comme autre à ses camarades communistes goys, confirmant par son propre exemple la thèse défendue par Sartre dans *la Question juive* : le juif n'existe que dans le regard de l'antisémite. Sauf qu'il en renverse radicalement les termes. C'est le juif qui fait le goy.

Alors, question : d'où vient la judéité dont il se réclame ? Ni de Yahvé, puisqu'il n'y croit pas, ni de son appartenance à un peuple — à Israël —, puisqu'il n'est pas sioniste, ni d'une tradition culturelle, puisqu'il ne fréquente pas le Livre : Bible, Talmud, Torah. Il ne se recommande que de Sartre.

Bref, il est véritablement athée et pourtant, il refuse de dissoudre son être juif dans une position de classe, comme le recommande la vulgate du matérialisme dialectique.

Une lutte acharnée opposait les juifs révolutionnaires depuis plus de cinquante ans, particulièrement implantés en Russie, devenue URSS, en Europe centrale, surtout en Pologne, mais aussi en France, en Allemagne, aux Etats-Unis. Elle mettait face à face les bundistes d'un côté, et les sociaux-démocrates — devenus bolcheviques — de l'autre. Lénine, dans sa lutte contre les bundistes, contestait radicalement la nécessité pour les ouvriers et les révolutionnaires juifs de se regrouper à part, dans la mesure où leurs intérêts et leur émancipation ne se séparaient pas des intérêts généraux et de l'émancipation du prolétariat. Bien qu'il rejetât les thèses — à son avis gauchistes — de Rosa Luxemburg, qui niait toute espèce de droit des peuples à l'autodétermination, Lénine récusait la vocation des juifs à se considérer et à se constituer en peuple. Les bundistes — qui refusaient le nationalisme sioniste et ne pensaient pas que le sort des exploités juifs se confondait avec celui de leurs exploiteurs, fussent-ils juifs — prônaient la solidarité de classe avec tous les autres prolétaires, sans distinction de religion ou de nationalité, mais revendiquaient néanmoins pour les ouvriers juifs une autonomie de décision et d'organisation, car ils avaient des intérêts spécifiques à défendre, du fait même des formes particulières d'oppression auxquelles ils étaient soumis. L'antisémitisme généralisé dans toute l'Europe imposait une prise en compte particulière. Le fascisme et surtout l'hitlérisme donnèrent plus tard tragiquement raison aux bundistes. Leurs militants et leurs dirigeants s'illustrèrent dans l'insurrection du ghetto de Varsovie et leur secrétaire général qui informa régulièrement et exactement tous les chefs alliés du déroulement de la solution finale se suicida en guise de protestation publique contre la passivité et la complicité de crime contre l'humanité, quand les états-majors des armées alliées refusèrent de bombarder les camps et de parachuter des armes sur le ghetto insurgé.

C'est au nom de cette judéité héroïque que Pierre Goldman se singularise comme juif. Se réclamer de l'insurrection de Varsovie c'est pour lui prendre un parti métaphysique. Pour lui, être juif, ce n'est ni croire en un Dieu unique, Yahvé, ni faire partie d'un peuple, Israël, ni recevoir en héritage et en partage le Livre ; mais c'est s'assumer et se proclamer ontologiquement comme *solitude* irréductible. Solitude de l'homme, auquel rien ne répond, pas même Dieu. Métaphysicien du néant, comme il y eut des mystiques de la théologie négative, tel Jakob Böhme, ainsi se veut Goldman à l'époque. Il évoluera plus tard. Il n'est pas sûr qu'il ait bien connu Kafka, mais spontanément il retrouve sa posture éthique. Il pourrait reprendre à son compte ce que Kafka a dit un jour au sujet de son appartenance au peuple juif : « Mon peuple, à supposer que j'en aie un. » Pour Goldman le peuple juif ressemble au prolétariat pensé par Marx. Ce n'est pas une réalité sociologique ou nationale, mais une lutte pour l'émancipation. Peuple opprimé, classe opprimée en mouvement vers la liberté. En un sens, un processus collectif de libération peut rencontrer une entreprise de libération individuelle. Il n'existe pas un rapport d'assimilation ou d'intégration de l'une dans l'autre — début de tout asservissement, ou plutôt d'auto-dissolution — mais un rapport de compagnonnage. Solitaire et solidaire, comme l'écrivait à l'époque Camus dans *l'Exil et le Royaume*. Que Camus fasse son apparition à ce moment donné de la formation de Goldman peut paraître étrange aujourd'hui, quand tous ces écrivains et philosophes, Sartre, Kafka, Camus, le jeune Marx, Merleau-Ponty, Lukács et bien d'autres encore, se résument au mieux à des idées plus ou moins honnêtement exposées dans des manuels, au pire à des icônes servant de faire-valoir à des combats de politiciens.

A l'aube des années 60, ceux qui refusent les formes les plus oppressives de l'ordre moral et en particulier les contraintes insupportables de la morale sexuelle patriarcale comprennent d'emblée la révolte des peuples colonisés, et sympathisent spontanément — sans aucun a priori politique — avec les ouvriers en lutte contre leurs patrons. Un même souffle libertaire les anime. En révolte contre leur famille réelle, ils s'en inventent une de bric et de broc, où coexistent et se répondent passionnément *A bout de souffle* de Godard et *le Chien andalou* de Buñuel, Breton, et *la Colonne* de l'anarchiste espagnol Durruti, les conseils ouvriers et Rimbaud, Kafka et Einsenstein, et pourquoi pas Sartre et Camus.

Mais, en pleine guerre d'Algérie, Camus a déclaré préférer sa mère à la justice. Quel choc pour ceux qui ne peuvent imaginer que la justice ne soit pas aimable, et qu'existe un conflit entre elle et l'amour !

Une jeunesse qui se constitue en génération, et veut changer l'ordre du monde qui lui vient de la précédente, par nature, par essence, par espérance ne peut supporter le réel. Pour s'ouvrir à l'infini du possible elle doit se montrer intraitable, injuste dans sa lutte, intolérante dans son combat pour la liberté, de mauvaise foi pour s'opposer à tous les mensonges, et triompher de toutes les hypocrisies. En cette affaire, Camus joue le rôle du bouc émissaire, car il correspond à la figure type de la comédie mise en scène par Sartre dans *l'Etre et le Néant*. Aux yeux des jeunes gens révoltés, ses anciens admirateurs, il joue à être le bon fils comme le garçon de café joue au garçon de café. Lui qui avait si bien compris le rôle de juste que l'intelligentsia lui avait assigné aux temps héroïques de la Libération et du journal *Combat*, en se caricaturant dans *la Chute* sous les traits d'un juge alcoolique qui sombre dans les bas-fonds d'Amsterdam, comment peut-il faire en politique ce qu'il fustige en littérature ?

Ceux qui l'aiment se sentent trahis et déchirés ; ils le quittent. Comme consolation à ce chagrin d'amour, Sartre propose l'alcool décapant de l'intelligence critique en action. Dans un texte paru aux *Temps modernes*, au moment de la parution de *l'Homme révolté*, il a anticipé la prise de position de Camus. Il y démonte en effet les ambiguïtés et les impasses de la révolte pure, qui, faute de s'incarner dans une pratique révolutionnaire concrète, soumise comme toute entreprise humaine aux aléas de la bataille, aux violences, aux compromis, se réfugie dans un moralisme abstrait, qui cautionne le pouvoir établi. Cette polémique conduit les étudiants écœurés moralement par les pratiques de leur milieu social aux mêmes conclusions que les lecteurs de *Combat* quinze ans plus tôt : de la Résistance à la Révolution. Mais cette fois-ci les rôles sont renversés : Sartre, directeur des *Temps modernes*, incarne la nouvelle Résistance.

Résistance encore. C'est bien le maître mot. Une organisation clandestine, Jeune Résistance, se crée, dans le sillage du plus radical des rédacteurs des *Temps modernes*, Francis Jeanson, l'ancien critique de Camus, qui anime un réseau de soutien au FLN. Cette organisation clandestine appelle les jeunes «appelés» à refuser la guerre et à déserter.

Goldman n'est pas de cette tradition de la gauche pacifiste qui a sa grandeur et ses figures d'objecteurs de conscience : Lecoin, directeur du *Monde libertaire*, Romain Rolland, d'*Au-dessus de la mêlée*, Alain, de *Citoyens contre tous les pouvoirs*, et bien sûr la bohème, Prévert, Boris Vian, Mouloudji, l'antimilitarisme associé à la mythologie de la «sociale». Il y a chez Pierre Goldman un aristocratisme d'individu séparé, qui le rapproche beaucoup plus du côté hidalgo de Camus; une certaine élégance, une *arrogance* machiste qui les éloigne de la mythologie populo du Front populaire. Eux ne brocardent ni ne persiflent. Ce type d'homme n'a aucun humour. Méchamment et tendrement, Sartre a noté chez Camus le côté beau mec, voyou. Les maîtres mots pour ces hommes fiers :

dignité, honneur. Ils s'imposent des règles de conduite dont ils se font les seuls juges et les seuls garants. Pour eux, il n'y a pas de morale collective, et aucune politique révolutionnaire ne peut empêcher de faire ce que l'on se doit à soi-même. Solidaire, oui, mais d'abord de sa propre éthique. Ne pas se trahir pour ne pas trahir les autres. Solidaire et solitaire. C'est la première faille dans la construction intellectuelle de Goldman. Sartrien métaphysiquement, camusien éthiquement. Solidaire dans le combat mais solitaire quant aux raisons du combat.

Goldman est d'autant plus sartrien que Sartre, comme le montre avec férocité Merleau-Ponty dans *les Aventures de la dialectique* au chapitre «Sartre et l'ultrabolchévisme», est le philosophe de l'engagement, c'est-à-dire non pas tant une manière de rentrer dans le monde qu'une opération imaginaire qui consiste à se mettre en règle avec lui. L'action pure de Sartre rejoint ici le refus pur de Camus. Cette sacralisation de l'acte ne peut déboucher que sur la fascination du terroriste. *Les Justes* et *les Mains sales* mettent en scène ces jeunes gens au cœur pur qui signent leur appartenance au camp des humiliés et des opprimés par la mort donnée à l'oppresseur, fût-ce au prix de leur propre mort. Les jeunes gens des années 60 s'échangent comme un mot de passe les paroles de Sartre, dans sa préface au livre de Frantz Fanon *les Damnés de la terre*. Rien ne les fait plus jouir que cet appel au meurtre. «Abattre un Européen, c'est faire d'une pierre deux coups, supprimer un oppresseur et un opprimé : restent un homme mort et un homme libre.»

Ces jeunes gens ne sont pas spontanément kantiens : incertains d'eux-mêmes, ils projettent dans une idée d'action pure — c'est-à-dire une action imaginaire — leur incapacité d'être. C'est pourquoi ils sont spontanément fanatiques. Ce n'est pas à quelque chose qu'ils s'emploient, c'est à leur futur emploi dans la vie qu'ils songent. Ils n'agissent pas, ils rêvent d'une œuvre. Or la politique n'est pas une œuvre, mais une tâche. Pour un adolescent, le passage à l'âge adulte ne peut être que la mort de cette œuvre rêvée. Soit il tue en lui le désir d'œuvre et se coule dans l'inauthentique du « ON ». Alors il meurt à lui-même et devient un salaud ; ou un « chef ». Soit il se plie à la dure loi de l'action, et accepte que le sens et les mobiles de son action s'intègrent dans le plan plus vaste d'une action humaine, c'est-à-dire collective. Il devient alors, comme Goetz[1], un militant. Soit il préfère ne rien renier et s'accomplir dans son unique et ultime œuvre, sa mort, conçue comme apocalypse de l'ancien monde à détruire.

C'est le destin du bâtard, du déclassé, de ceux qui renient leurs pères parce que leurs pères les ont délaissés, ne leur laissant rien en héritage si ce n'est un monde invivable.

Les jeunes bourgeois en rupture de classe rêvent dans les années 1960 de cette apocalypse, comme mythe héroïque. Goldman, lui, l'intériorise naturellement. Il est l'incarnation de cette politique littéraire que Sartre fustige dans ses pièces de théâtre tout en la revendiquant, non sans malaise et mauvaise foi, dans ses pamphlets.

Goldman n'est pas le Hugo des *Mains sales*, et il n'est pas Sartre. Il n'est ni le héros tragique piégé, ni le créateur qui, non sans perversité, manipule le destin

---

1. Goetz : personnage principal de la pièce de Sartre, *le Diable et le Bon Dieu.*

de ses personnages. Il est cette étrange figure de l'auteur sans œuvre, et qui vit pourtant sa vie comme la duplication de l'œuvre non faite.

Lesté du poids de la Résistance juive, Pierre Goldman se présente comme la réconciliation de la subjectivité absolue et de l'action. Il est la dialectique en acte qui anime en sous-main le travail de Sartre dans *Saint Genet* et plus tard *l'Idiot de la famille* (Flaubert). Vide de détermination : ni écrivain, ni étudiant, ni politique, ni homme d'action, ni français, ni communiste, ni juif, il représente *le tout du possible*, point focal où peuvent converger les fantasmes. Encore une fois sur-sartrien, comme Bataille a pu parler de surfascisme, puisque Pierre Goldman prétend par sa seule existence dépasser l'antinomie entre littérature et morale, singularité et lutte collective.

Goldman, dans son dénuement intellectuel, fait fonction dans ce milieu surchauffé de jeunes intellectuels en délicatesse avec leur classe, leur pays et leur corps, de *supposé savoir* de la vie. Il donne à désirer, il se donne à désirer, sans rien savoir — ou plutôt sans rien vouloir savoir — du désir, de son désir, et par cela même, il s'instaure sujet de la connaissance pour des idéologisés à outrance. « Forgerie de mâle », dira Lacan.

Sur la scène de la jeunesse étudiante radicalisée de ces années 60, Goldman fait fonction d'analyseur de cette communauté de mâles. Les jeunes mâles, qui ne se savent pas mâles, et se veulent et se vouent sujets de connaissance, citoyens libres, révolutionnaires, abstraits de corps, n'ont d'autre moyen de montrer et de faire vivre leur désir que sous la forme du désir de révolution. Leur désir de corps se branche alors sur le corps de la révolution. Pierre Goldman est ce corps même. En Goldman ils s'aiment, ils aiment ce qui est refoulé : leur corps, mais aussi le corps défendu. Ce qui fascine c'est le corps de l'autre, le corps de l'ennemi. Pour eux, les femmes n'existent pas; elles les effraient. Il y a la mère et les putains. La femme est oubliée, totalement refoulée, le libertinage est réservé aux bourgeois dépravés. Plus tard, après la fin de la guerre d'Algérie, Roger Vailland sera lu par cette génération anticolonialiste. Pour l'heure c'est le combat frontal, physique : extrême droite-extrême gauche. Dans l'imagerie du Quartier Latin une nouvelle figure s'est imposée, celle du « para ». Diabolisé par les militants antifascistes, popularisé par les journaux à grand tirage, *Paris-Match, France-Soir,* et revendiqué par Le Pen et ses amis, le para, image mythifiée du guerrier, déclenche, chez les jeunes gens, des peurs et des désirs dont l'intensité révèle qu'il représente beaucoup plus que son rôle effectif dans l'armée française.

Le para, depuis la guerre d'Indochine et surtout la bataille d'Alger menée par Massu et Bigeard, incarne la force conquérante et victorieuse. La mythologie parachutiste joue sur les aspirations élémentaires, donc les plus enracinées, de l'adolescence mâle : la recherche de l'intégration dans le groupe par la victoire sur la peur. Affronter la mort, pour vivre soi, sujet, libre. Tout jeune homme doit passer par cette épreuve, pour se mesurer à son courage. Cette lutte à mort pour la reconnaissance dont parle Hegel dans *la Phénoménologie de l'esprit* est un invariant du développement psychique de chaque jeune mâle, fût-il totalement analphabète et le moins machiste du monde. En 1960, chez les jeunes étudiants, héritiers, bien malgré eux, de la défaite de 40 et de la honte de la soumission à l'occupant, la nécessité de se projeter dans un modèle d'homme vainqueur est encore plus impérieuse. La nation française et ses fils ne peuvent perdre une fois encore. Il en va de la survie de leur espèce. Une défaite de plus et ils sont littéralement défaits. C'est pourquoi le mythe du para est si fort, car il représente, pour tous, la victoire possible, c'est-à-dire le corps non défait, le corps entier, érigé, non castré. Bref, pour tous les adolescents de la fin des années 50, quels que soient leur histoire personnelle, leur choix politique et, d'une manière plus générale et plus vague encore, l'idée qu'ils se sont faite de leur entrée dans la vie adulte, la figure du para devient métaphore de leur rapport à leur propre corps et au corps de l'autre.

Que désirent-ils pour le corps de l'autre ? Eprouvent-ils la peur, la haine de soi ? Comment désirer, aimer et se faire aimer ? La figure du para annonce une nouvelle érotique par rapport à laquelle les jeunes gens sont sommés de se situer. Erotique, et non érotisme, le para n'est pas un objet sexuel, pas plus que tous les jeunes mâles ne sont consciemment ou inconsciemment homosexuels. Cela veut dire que tous les jeunes mâles sont en proie à la violence du désir qui prend — forcément ? — la forme du désir de violence. Comment bander si l'on n'accepte pas de se faire guerrier ? L'idéologie de gauche et d'extrême gauche bute sur cette interrogation lancinante.

S'interdire la violence, comme les pacifistes, les anti-militaristes, n'est-ce pas renoncer à l'exercice de sa sexualité, mais plus encore interdire d'y penser et de la vouloir ?

C'est pourquoi être de gauche, c'est être révolutionnaire, c'est-à-dire se préparer à un combat violent, une manifestation interdite, une grève insurrectionnelle, voire une guerre civile. Dans l'imaginaire de Pierre Goldman et de ses camarades, le militant est un soldat, et la politique la *continuation de la guerre par d'autres moyens*. Personne ne peut imaginer être un jeune « modéré », hormis pour des raisons sordides d'arrivisme ou, pire encore, d'impuissance sexuelle. La plus grande injure est précisément celle d' « intellectuel impuissant ». Pour que le substantif « intellectuel » ne rime pas avec l'adjectif qualificatif « impuissant » il faut agir, c'est-à-dire combattre, faire la révolution, c'est-à-dire faire une guerre *juste*.

Ce qui fait rêver toute cette génération de la guerre d'Algérie, c'est la guerre d'Espagne. Guerre d'idées par excellence, où tous les intellectuels et les artistes ont dû montrer ce qu'ils étaient réellement, et quel prix ils attachaient à ce qu'ils défendaient. Bernanos, Mauriac et le plus grand de tous, Malraux, dans le bon camp ; les autres, les crapules, les ignobles dans le camp des tueurs : Drieu La Rochelle, Montherlant, Rebatet, Brasillach et toute la racaille de *Je suis partout*.

Le philosophe dont rêvait Boukharine doit être capable de travailler en bibliothèque et de tenir son tour de garde armé de sa mitraillette. C'est cet homme-là qu'il faut opposer au parachutiste comme symbole du désirable. Protester contre les tortures avec les chers professeurs et les curés de gauche, c'est bien ; s'identifier au Nizan des *Chiens de garde* et à Frantz Fanon des *Damnés de la terre*, c'est mieux. Mais surtout, c'est une mythologie contre une mythologie, un agencement de désir contre un autre agencement de désir, non un refoulement du désir. Goldman n'est pas antiraciste, mais combattant internationaliste, et s'il se dit, avec tous les jeunes gens de sa génération, antifasciste ou anticolonialiste, ce n'est pas par moralisme de belle âme, mais par affirmation d'un

corps désirant la vie et pour cela bravant la mort haïe.
Vive le combat jusqu'à la mort s'il le faut : la liberté
ou la mort ! Mais pour en finir avec le mot d'ordre
fasciste : « Vive la mort ! »

Ambiguïtés, certes. Mais impossible de confondre
fascisme et communisme. Question de peau ! Car c'est
bien de cela qu'il s'agit. Grattez l'opinion politique, le
sexe revient au galop. Pour la droite plus ou moins
extrême, le réflexe est toujours le même. Un homme
de gauche est toujours un « asexué » ou un « désaxé »,
terme qui revient naturellement sous la plume de Jean
Dutourd ou Philippe Barrès pour stigmatiser les signa-
taires du *Manifeste des 121*[1] : « Nous respectons et
jugeons justifié le refus de prendre les armes contre le
peuple algérien. Nous respectons et jugeons justifiée la
conduite des Français qui estiment de leur devoir d'apporter aide et protection aux Algériens opprimés au
nom du peuple français. La cause du peuple algérien,
qui contribue de façon décisive à ruiner le système
colonial, est la cause de tous les hommes libres. »
Les femmes, quant à elles, sont des salopes, et
M. Charles Richet, de l'Académie de médecine, devine
« la sensation d'extase qui les étreint à l'idée du
sadisme musulman ».
C'est tellement bas et infâme que tout le monde en
rit. Une sexualité stéréotypée et surtout un discours sur
la sexualité, en 1960, que même les plus réactionnaires

---

1. A l'occasion du procès du réseau de soutien au FLN, dirigé par
Francis Jeanson, fut rendu public en septembre 1960 un texte rédigé
en grande partie par Maurice Blanchot et Dionys Mascolo, signé par
André Breton, Sartre, Simone de Beauvoir, et toute la rédaction des
Temps modernes, mais aussi des actrices comme Simone Signoret, des
metteurs en scène comme Roger Blin, etc., et beaucoup d'autres (121
en tout). Ce texte approuvait les soldats du contingent qui refusaient
de faire la guerre d'Algérie et prônait le droit à l'insoumission.

des jeunes gens ne peuvent partager. Le modèle néofasciste n'a rien à voir avec ce conformisme sexuel ; il puise dans un néopaganisme une exaltation de la jeunesse et un vitalisme exubérant. La figure du parachutiste réinvestit les thèmes qui avaient été disqualifiés par les atrocités nazies : la camaraderie virile, le plaisir physique du dépassement de soi, la revendication du bien-être corporel. La sexualité néopaïenne ne se réfère pas à des critères de normalité ; elle se veut en dehors des limites bourgeoises de bienséance. Le guerrier n'est pas un mari qui rentre tous les soirs du bureau. La littérature d'extrême droite n'a jamais proposé la tempérance sexuelle comme idéal de vie. Louis-Ferdinand Céline, le génial romancier *antisémite et raciste*, ne recule pas devant la perversité. Bref, le fascisme et l'extrême droite n'ont rien à voir avec l'ordre moral.

Mais c'est précisément sur ce fil du rasoir de la contestation de l'ordre moral que l'ambiguïté et les équivoques peuvent se donner libre cours.

La récusation de la loi peut engendrer des comportements « révolutionnaires » semblables, anarchistes de droite ou anarchistes de gauche. C'est pourquoi, d'ailleurs, dans l'Allemagne de la République de Weimar avaient pu se nouer d'étranges alliances entre l'ultragauche et les jeunes révoltés des corps francs comme l'aventurier Ernst von Salomon, auteur des *Réprouvés*.

De la même façon, le futurisme en Italie avait accompagné l'élaboration de l'idéologie fasciste, toujours sous le signe de l'exaltation, l'enthousiasme, le mépris et le dégoût des jours et des mœurs ordinaires. Pour y mettre un terme on peut choisir comme le Garine des *Conquérants* de Malraux le camp des exploités chinois, mais tout aussi bien celui des condottieri.

Ce que recherchent les jeunes mâles, qui se sentent seuls, étrangers au monde établi, et incapables de concevoir des rapports d'égalité avec l'autre sexe, c'est la communauté, communion avec les autres mâles, combattants, amis ou ennemis, peu importe. Goldman ressent très fortement cette étrangeté au monde. Il lui arrive quelquefois de se sentir plus près de ses ennemis — qu'il affronte à poings nus — que de la masse des étudiants indifférents, repliés sur leurs intérêts et leurs préoccupations personnelles. Il pourrait basculer mais il a une fidélité, celle de la mémoire juive. Il se réclame de cette sentence d'un des personnages de *l'Espoir* : « Un homme actif et pessimiste à la fois, c'est ou ce sera un fasciste, sauf s'il a une fidélité derrière lui. »

Le point de la disjonction radicale entre cette génération et le fascisme, c'est l'absence chez elle de la passion de commander. La jouissance sadique est radicalement exclue chez Goldman. Transgresser, se faire maître, bref assumer un illégalisme, oui; mais ne jamais consentir à la communauté des seigneurs. Goldman joue avec la perversion délinquante; il se sent quelque affinité avec le romantisme expressionniste, Pabst, le Brecht anarchiste. Rien d'étonnant à ce que le réalisme socialiste ne le touche en rien. L'art stalinien lui répugne tout autant que l'art fasciste. Cette élection de l'expressionnisme qui privilégie les héros déclassés traduit le trouble qui caractérise cette génération de jeunes gens, en révolte contre l'autoritarisme patriarcal, mais tout imprégnée encore de préjugés machistes.

Pierre Goldman aime passionnément la musique tsigane, le bouzouki grec, le flamenco, les chants russes. Danses, rythmes, autant que mélodies, ces appels à se regrouper, à se toucher, hommes, femmes, à s'étreindre tous sexes et tous âges confondus, l'entraînent dans des transes où peut s'abolir la différence entre sa singularité et son désir de fusion dans le tout. Ces sons et ces cris venus du plus loin de la mémoire des peuples nomades, de communautés en marge, d'étendues démesurées, s'accordent à son mouvement perpétuel et à son horreur de toute frontière et de toute clôture. Boire, rire avec des compagnons de combat, mais pas vautrés comme les buveurs de bière nazis. A l'instar de Zorba le Grec : sauter, tourner toujours plus vite dans la farandole, seul dans le groupe, rattaché par l'extrémité des doigts à d'autres doigts, lançant de plus en plus loin les petits verres de raki qui mettent le feu au corps. Tendu à l'extrême, pousser au paroxysme la fatigue et tomber droit dans le néant, voilà ce qui doit se vivre dans une fête.

Transes physiques, communion charnelle et toujours le retranchement d'avec les autres, l'exaltation du vide, l'expérience de la solitude la plus radicale au milieu des compagnons, des frères de combat. Goldman aime les fêtes folles, dionysiaques et immensément tristes, où une chanteuse psalmodie des couplets déchirants qui parlent de l'amour rêvé et impossible, et rend d'autant plus présente l'absence de femmes dans ces lieux où les jeunes hommes désespérés partagent leur désespoir. Posture romantique révolutionnaire qui met en scène le constat établi par Sartre dans la préface d'*Aden Arabie* : « Les vieux ont toutes les femmes. Révoltez-vous jeunes gens.» Goldman participe de cette manière au complot des fils ligués contre l'Ancêtre de la horde, le Père primitif.

Cependant, il n'est jamais dans le ressentiment. Il ne participe pas au serment de confraternité, car il n'a pas besoin du poids du groupe pour se sentir exister. Hypersexuel, il ne donne jamais l'impression d'être en manque et de baigner dans la misère sexuelle étudiante. Il n'est jamais accompagné de femmes. On ne lui connaît aucune aventure, mais tout se passe comme s'il avait plusieurs vies et qu'il se réservait pour une autre scène amoureuse, bien loin de la scène du Quartier Latin. Pour tous ses amis et ses camarades, il a l'aspect d'un jeune homme délivré des angoisses de son âge, débarrassé des entraves de la sexualité, tout entier tendu vers une action à entreprendre. Il pourrait reprendre à son compte ce que dit un héros de *l'Espoir* : « L'homme est la somme de ce qu'il fait, pas l'addition de ses sales petits secrets. »

Pierre Goldman ou l'antipsychologie. Quelques années plus tard, à l'un de ses amis qu'il voit draguer une psychanalyste, il demande : « J'espère que tu as baisé la psychanalyse ! » Quelques années avant Deleuze et Guattari, l'anti-Œdipe c'est lui. Non pas corps sans organes, mais asexuel comme d'autres sont athées ; métasexuel comme on est métaphysicien.

Tel est Goldman quand il monte sur la scène publique.

CHAPITRE II

Place Paul-Painlevé
Rendez-vous des étudiants révolutionnaires

A la rentrée universitaire 1963, la vie militante se concentre autour de trois lieux stratégiques : la Sorbonne, le nouveau local parisien de l'UEC, place Paul-Painlevé, juste en face de la Sorbonne, et, en bas du boulevard Saint-Michel, rue Saint-Séverin, les Editions Maspero. Goldman apprend très vite à se situer dans ce triangle magique. Dans ce petit territoire s'inventent, se diffusent, s'entrechoquent les nouvelles idées, et se rencontrent tous ceux et toutes celles qui aspirent à s'en faire les producteurs et les diffuseurs.

La Sorbonne est encore la seule faculté où se retrouvent tous les étudiants en lettres et en sciences. Jussieu est un projet, Censier et Nanterre sont à l'état d'ébauches. La philosophie jouit d'un prestige incomparable. Tous les jeunes étudiants en lettres rêvent de faire partie de la cohorte glorieuse des intellectuels que Sartre symbolise. Le philosophe, dans ces années-là, incarne la figure bien française du Grand Ecrivain, à laquelle s'agrègent les attributs du penseur engagé dans les débats et les combats de son temps. Goldman sent d'emblée que c'est dans la langue philosophique que sa parole a la chance de trouver le plus d'écho, car plus encore que l'histoire, où pourtant les enjeux idéologiques des questions traitées sont forts, la philosophie questionne tous les systèmes de légitimation des pouvoirs. Il veut s'approprier ce qui est encore considéré comme la discipline phare.

Depuis 1945, quelques générations de jeunes gens se sont approchées de cette lumière. Ils se sont rendus au premier étage de la vieille Sorbonne, dans l'aile gauche du bâtiment, là où se trouvent les salles de cours et tout au fond du couloir le secrétariat du département, en charge plus particulièrement de la bibliothèque et de l'accueil des étudiants. Bien qu'essentiellement administratif, ce service fonctionne comme un centre social, pédagogique et même quelquefois d'assistance psychologique. Tour à tour salle d'études surveillées, bureau de réclamations, club de discussions, c'est le cœur du département de philosophie, où convergent aussi bien les enseignants que les étudiants. Ici règne le gardien vigilant de ce minicloître lettré et républicain, un bonhomme à la voix de stentor, qui roule les *r* comme les cailloux de ses Pyrénées natales, ancien résistant, radical-socialiste, laïque de toujours, ayant perdu sa jambe dans les bagarres du siècle : Romeu. Il est le principe de permanence autour duquel se rassemblent les générations ; le trait d'union entre les maîtres et les disciples, et surtout la preuve vivante que la philosophie ne se résume pas à un enseignement mais qu'elle peut être un mode de vie, une qualité d'hospitalité et d'amitié.

Romeu est un passeur. Il assure la continuité de la mémoire résistante et anticolonialiste. Dans son petit bureau toujours ouvert, il reçoit le jour durant les doléances, les confidences, les secrets quelquefois, des étudiants. Là, il leur indique le livre qu'il faut lire pour la dissertation ou l'exposé, il fait se rencontrer ceux qu'il estime avoir des choses à se dire, et ménage des entrevues amicales ou même plus, si nécessaire.

Mais la nuit tombée, après le strict service de sa charge, il reçoit ses chouchous pour des parties de belote acharnées, prétexte à retrouvailles chaleureuses avec les anciens élèves, qui sont devenus entre-temps professeurs, chercheurs, écrivains. Ainsi se retrouvent des membres de l'ancienne cellule Sorbonne lettres, dissoute pour cause d'opposition à la direction du PCF, dont tous les combattants algériens et les partisans français de l'indépendance de l'Algérie dénoncent le chauvinisme et la lâcheté. Ainsi Lucien Sebag et Pierre Clastres, tous deux anciens étudiants en philosophie qui ont opté pour l'ethnologie, rencontrent au cours de ces parties de cartes François Châtelet qui est rentré d'Algérie où il a été professeur, et quelquefois Félix Guattari qui, depuis la clinique psychiatrique Laborde à Cour-Cheverny, anime un journal communiste oppositionnel : *la Voie communiste*. Tous sont très profondément impliqués dans la lutte contre la guerre d'Algérie, et la refondation du marxisme et de la pensée révolutionnaire, convaincus qu'on ne peut séparer l'entreprise philosophique de l'entreprise de libération, mais qu'il faut cependant en respecter les spécificités. Ces philosophes militants, tendus vers la transformation du monde, prennent du monde dans lequel ils vivent, pensent, militent, tout le plaisir qu'ils peuvent, sans attendre les lendemains qui chantent.

Ce petit cercle d'anciens s'élargit avec l'arrivée d'une nouvelle venue : une jeune étudiante très brillante, belle, désinvolte, qui se déplace dans une voiture de sport décapotable, dans ces années où c'est un luxe pour la majorité des étudiants de rouler en scooter. Elle fait ses études comme elle traverse les couloirs de la vieille Sorbonne, en coup de vent. Elle est bonne en grec et quand on l'interroge, elle répond calmement, détachant ses mots, sur un ton égal, la voix légèrement perchée. Elle a de longs cheveux, tantôt ramenés en chignon sévère, tantôt répandus sur les épaules. Bien qu'elle soit assidue aux cours et aux travaux pratiques, elle ne fréquente pas les étudiants au-dehors. La rumeur lui prête des activités plus ou moins secrètes en relation avec la guerre d'Algérie. Elle s'appelle Judith Bataille.

Au cours de l'année 1963, Goldman intègre le cercle des étudiants communistes. Là, il retrouve la belle Judith qui avait adhéré à l'UEC pour couvrir ses engagements clandestins en faveur du FLN. Chaque semaine Judith visitait en prison sa sœur Laurence et son cousin Diego, jeune compositeur, fils du peintre surréaliste Masson. Elle se faisait souvent accompagner d'un autre membre du cercle philo, Bruno Queysanne. Installé depuis peu en France, celui-ci a passé son enfance et sa jeunesse au Maroc, où son père enseignait les maths. Très en pointe sur les questions de la décolonisation, et ardent défenseur de l'indépendance de l'Algérie, il ne voyait aucune contradiction entre le soutien au FLN, l'adhésion au marxisme et le goût pour la philosophie, qu'il a entretenu dans ses années d'hypokhâgne et de khâgne à Henri-IV. Il était bien l'un des seuls de son espèce. Car, à l'UEC, il était interdit de participer d'une manière ou d'une autre à une action en faveur du FLN. La ligne était celle d'un combat de masse pour la paix en Algérie. Tous les communistes savaient ou devaient savoir que la force déterminante était constituée par la classe ouvrière et que c'était faire preuve d'aventurisme que de s'aligner sur les positions nationalistes petites-bourgeoises et d'aider le FLN. Les étudiants communistes et marxistes convaincus étaient donc en retrait sur la question algérienne. Les militants comme Judith qui se décidaient à adhérer à l'UEC ne le faisaient que par tactique, pour se protéger dans une organisation de masse. Ceux qui agissaient comme elle n'étaient ni communistes ni marxistes. Sartriens, ou même quelquefois anticommunistes, anarchistes, anciens trotskistes radicalisés, ils adhéraient à cette organisation de jeunesse alors que d'autres investissaient l'UNEF ou les Jeunesses du Parti socialiste unifié. Question d'opportunité.

La majorité des étudiants de l'UEC est encore sur les « positions du Parti ». Seule une minorité est anti ou acommuniste. Bruno Queysanne est marxiste, communiste, membre d'un réseau de soutien au FLN, ami de Judith, amateur passionné de jazz et grand propagandiste de la philosophie, surtout auprès des jolies filles. Il devient vite populaire chez les étudiants en philosophie, car il réconcilie en sa personne ce qui semble s'exclure mutuellement : un marxisme ludique, un militantisme joyeux, un gai savoir philosophique. Par exemple il compose force chansons où les « cogito » cartésien, kantien et husserlien se croisent, s'allient, se battent et traversent mille épreuves avant de se retrouver apaisés dans le corps, « la chose même » ou le monde de l'« intersubjectivité ». Il met en scène des saynètes à la manière de Brecht, où la dialectique hégélienne, jeune acrobate, marche sur sa tête, là-haut, dans les nuées, sur un fil au-dessus d'un précipice. Elle rencontre alors un charmant garçon, fort, joyeux, plein de vie, tapant sur une immense forge avec son marteau. La dialectique tombe amoureuse du beau forgeron, l'ouvrier du nouveau monde, le prolétaire vulcain. Elle bondit de joie, saute de plus en plus haut, et enfin retombe sur ses pieds.

La dialectique hégélienne, en se mariant avec le forgeron prolétarien, n'est plus obligée de *marcher sur sa*

tête, elle peut maintenant marcher sur ses pieds. Elle
est devenue matérialiste, marxiste.

Evidemment, à part quelques rabat-joie, tout le
monde rit au spectacle de cette sotie et en particulier
notre bon Romeu. Pourtant l'époque est rude. L'OAS
devient de plus en plus violente. Presque toutes les
nuits il y a des explosions dans les rues de Paris. Au
Quartier Latin les fascistes attaquent sur tous les
fronts, provoquent les étudiants aux portes des res-
taurants universitaires, lancent des expéditions puni-
tives contre les bastions de gauche — la Sorbonne, les
lycées Louis-le-Grand, Henri-IV —, agressent jour
après jour les distributeurs de tracts ou les vendeurs de
journaux qui prônent la fin de la guerre et l'indépendance de l'Algérie. Les intellectuels et tous les militants
un peu en vue, engagés dans la lutte, sont plastiqués.
Une sourde inquiétude emplit les rues de Paris. Dans
certains quartiers, en particulier à la Chapelle, à la
Goutte-d'Or, c'est le couvre-feu. Au Quartier Latin la
présence policière est obsédante ; là aussi, dans certaines rues peuplées d'Arabes, rue de la Huchette, rue
Saint-Séverin, rue Maître-Albert, après huit heures du
soir il n'y a plus personne.

Les jours de manifestation, l'occupation policière
commence dès le matin, et dès le matin, pour les militants, l'angoisse et la peur grandissent. Car les manifestations sont toujours interdites et la répression augmente chaque fois. Dans la nuit froide — nous sommes
en plein hiver 1962 —, les agents de la police parisienne, renforcés à l'occasion par les CRS, sont armés
de longs bâtons, les « bidules ». Ils cognent d'autant
plus fort sur les étudiants qu'ils sont durement « allu-
més » par les militants de la fédération de France du
FLN, et de plus en plus infiltrés par des membres de
l'extrême droite. Alors pour se donner du courage,
Bruno Queysanne, Judith Bataille et les autres boivent
quelques petits verres de cognac. Bruno Queysanne —

qui fume des petits cigarillos — préfère, lui, quand il
en trouve, l'alcool blanc italien, la grappa. Petit à petit
la grappa et le cigarillo se transforment en emblème
des étudiants en philosophie de gauche. Même certaines filles s'y mettent. Mais un soir de février 1962,
à Charonne, il y a huit morts.

Une fois par semaine, il y a la réunion du cercle, rue
Gît-Le-Cœur, une rue très noire, sale, perpendiculaire
à la rue Saint-André-des-Arts, et débouchant sur les
quais. Les immeubles sont délabrés ; quelquefois des
taudis. En face du local de réunion des étudiants parisiens de l'UEC se trouve l'hôtel Gît-Le-Cœur où traînent quelques silhouettes, souvent titubantes, parlant
anglais. A cette époque vivent rue Gît-Le-Cœur des
représentants de la Beat Génération, en particulier Bur-
roughs et des musiciens de jazz. Mais ils sont totalement inconnus des étudiants.

Cette année-là, le cercle philo compte, outre les nouveaux arrivants, Bruno Queysanne, Judith Bataille,
quelques figures marquantes, Pierre Kahn et André
Sénik.

Ceux-ci, âgés d'à peine plus de vingt ans, se comportent déjà comme de vieux apparatchiks. Alors que
la grande majorité des étudiants portent leurs livres et
leurs cahiers sous le bras, quelquefois attachés par une
lanière, eux ne se déplacent jamais sans d'énormes car-
tables, de l'intérieur desquels ils sortent, une fois installés dans la salle de réunion, quantité de dossiers. Ils
s'habillent comme des adultes rangés : costumes, cra-
vates, accoutrement incongru au milieu des jeunes gens
qui, bien avant que le jean soit l'uniforme, portent tous
des blousons ou des pulls à col roulé. Mais c'est surtout le ton de leur voix et le débit de leur élocution qui
les distinguent de leurs camarades. Ils parlent lentement — alors que Pierre Goldman déboule ses mots à

toute vitesse —, avec un accent un peu grasseyant, et commencent presque toutes leurs phrases par « effectivement ». La fréquentation ultérieure des hiérarques du Parti, présents aux réunions importantes du secteur lettres, pour contrôler le bon déroulement des opérations — c'est-à-dire pour vérifier que l'orientation politique des étudiants ne dévie en rien de celle définie par le bureau politique du PCF —, expliquera ces tics de langage. C'étaient les marques de fabrique obligées de tout bon cadre prolétarien, s'exprimant comme un métallo de Boulogne-Billancourt. Le mythe de l'ouvrier parisien, gouailleur et toujours prompt à se révolter contre l'injustice, domine encore largement depuis que les films de Renoir, Duvivier et Grémillon ont popularisé le réalisme poétique du Front populaire, d'autant que Yves Montand l'a repris à son compte dans les années 50.

Mais ces bizarreries de langage ne sont rien en comparaison de celles de leurs comportements. Massif jeune homme, Pierre Kahn, aux mains très fines, au maintien aussi empesé qu'un col de chemise bien repassé, ne rit jamais. Il préside les réunions du cercle philo avec un sérieux inaltérable, quelles que soient les circonstances. Depuis que Bruno Queysanne est adhérent et qu'il anime de sa verve les sévères discussions autour de thèmes aussi palpitants que les campagnes contre le militarisme allemand renaissant ou la recherche de convergence avec les étudiants catholiques, tout en psalmodiant quelques citations sacrées de Lénine au rythme du be-bop ou du cha-cha, le président Pierre Kahn devient un peu plus président chaque jour, ramenant le nouvel impétrant à une juste conscience de la situation et au respect de la dignité de l'assemblée avec un « Voyons camarade, n'oublie pas que tu es avec des camarades ». Entendant ce mot magique, effectivement les camarades, spontanément, se redressent comme s'ils devaient rectifier la position et se mettre au garde-à-vous avant l'inspection et la montée des couleurs. Sénik est d'un abord plus jovial. Il lui arrive même de plaisanter, mais c'est surtout à propos d'histoires du Parti. Jamais il ne fait référence à un texte philosophique, à un roman à la mode, à un film. C'est comme si lui, dont les étudiants du cercle philo savent qu'il exerce de grandes responsabilités à la direction de l'UEC et qu'il milite activement à la fédération parisienne du Parti, et son confrère en chefferie Pierre Kahn n'étaient pas des étudiants en philo, mais des inspecteurs du Parti envoyés en mission chez les étudiants. Ils n'ont pas l'âge des autres étudiants, car ils ne sont pas leurs contemporains. Eux sont contemporains de Lénine, Staline, Thorez, mieux encore, ils sont contemporains du communisme et de sa doctrine scientifique, le marxisme-léninisme, unifiant le matérialisme historique et le matérialisme dialectique.

A l'opposé de ces deux spécimens du stalinisme français apparaissent à l'hiver 1964 des personnages extravagants, Yves Janin et Delseneur [1], dont la présence à l'intérieur de l'austère Sorbonne paraît tout à fait irréelle.

En effet, ce genre d'individu ne se rencontre pas dans les lycées, et on se demande comment ils ont pu atterrir dans l'enseignement supérieur. Bien que singuliers et profondément originaux, ils ont le même air de famille.

L'un, Janin, se fait tout de suite remarquer, par sa grandeur et sa force. Dans les manifs il se place aux premiers rangs ; il devient très vite, avec Goldman, l'un des responsables du service d'ordre. Mais sa réputation de bagarreur ne suffit pas à expliquer l'ascendant

---

1. Pseudonyme de Michel Butel.

qu'il prend très vite sur les étudiants philosophes. Le
« grand Janin » a déjà eu une vie très aventureuse, du
moins le talent romanesque qu'il met à la raconter le
laisse supposer. Quelquefois on s'y perd, car on n'arrive plus à savoir si, avant de s'inscrire à la Sorbonne,
il a été parachutiste ou marin. Quoi qu'il en soit, ses
antécédents sportifs et guerriers jurent avec l'antimilitarisme virulent qu'il professe.

Mais son opposition à l'armée n'est rien moins que
pacifique, et ne s'apparente d'aucune façon aux états
d'âme des objecteurs de conscience ou des amis de la
nature. Il combat l'armée au nom d'une stratégie révolutionnaire dont il affirme que les partis communistes
staliniens se sont faits les fossoyeurs. Il s'indigne que
l'on ne prenne plus au sérieux le couplet de *l'Internationale* où il est clairement dit que les « balles doivent
être tirées contre ces cannibales, nos propres généraux » et il rappelle — en fait il l'apprend à la quasi-
totalité des militants, y compris aux dirigeants — la
vieille tradition défaitiste révolutionnaire, animée aussi
bien par les anarcho-syndicalistes de la grande époque,
que par les théoriciens de l'ultragauche et des conseils
ouvriers : Pannekoek, Bordiga. Ces noms sont totalement inconnus sauf pour un autre venu, qui, lui, —
ceci explique peut-être cela —, se fait appeler Delseneur. Ce Delseneur en question, qui rappelle bien
quelque chose à des lecteurs de Shakespeare [1], mais qui
sonne bizarre pour tous les autres, radicalise encore les
positions de Janin. Il ne se contente pas de professer
un antimilitarisme teinté d'anarchisme, il combat
ouvertement le stalinisme du PCF — cela n'est pas
minoritaire dans le cercle philo — et aussi celui de
l'UEC, et tout ce qu'il désigne comme « le prétendu
communisme de gauche » incarné par les trotskistes.

Lui se réclame de Rosa Luxemburg, dirigeante alle-

---

1. Le Prince du château d'Elseneur, Hamlet.

mande assassinée par les sociaux-démocrates alle-
mands, adversaire acharnée de Lénine[1], mais sur des
positions de gauche, c'est-à-dire contre le parti unique
pour l'absolue liberté de pensée et d'expression, la
démocratie ouvrière intégrale, contre toute forme de
nationalisme, pour la république mondiale des soviets.
Quand il expose les thèses de Rosa Luxemburg, Delseneur s'allonge; il jette ses bras en avant, comme pour
toucher cette terre heureuse de l'égalité intégrale. Sa
voix enfle, elle se fait chantante. Il aime bien tonner
aussi, s'indigner. Même quand personne ne veut l'in-
terrompre ou lui objecter quelque raison, il feint d'être
victime d'une obstruction ou, plus grave encore, d'un
complot qui l'empêcherait de parler et de semer les premiers grains d'une histoire enfin rendue à sa vérité. Ses
yeux fixent l'assemblée, il relève sa mèche, un peu à la
Malraux, et s'arrête, ou plus définitif encore se retire
de la pièce. Mais ces gestes théâtraux, il les dément
aussitôt par un sourire narquois, parfois même sardo-
nique. Goldman est très sensible à son art oratoire et
on comprend bien, dans le cercle philo, que ces deux-
là ont beaucoup en commun. D'abord leur secret et
leur mystère. Car pas plus que pour Goldman, on ne
sait grand-chose de la vie de Delseneur, hormis ses
apparitions spectaculaires aux réunions et sa partici-
pation aux manifestations. On ne le voit jamais en
cours ou à la bibliothèque.

Bien que le mot d'ordre enjoigne à chaque étudiant
communiste d'être le meilleur dans sa discipline, il est

---

1. Rosa Luxemburg approuvait la révolution des soviets mais
condamnait la dictature du parti bolchevique. Bien qu'elle fût extrêmement critique vis-à-vis du cours de la politique menée par les dirigeants bolcheviques, Lénine l'assura toujours publiquement de sa très
grande admiration.

notoire que beaucoup sèchent les cours de philosophie. La vérité est que la vieille Sorbonne n'a pas beaucoup changé depuis que Nizan a écrit, dans les années 30, son pamphlet contre *les Chiens de garde*. Ce livre, qui vient d'être réédité par Maspero, en même temps que *Aden Arabie*, semble excuser à l'avance le désintérêt que des jeunes apprentis philosophes radicaux ressentent à comparer les vertus respectives de l'induction et de la déduction ou à s'initier aux méthodes de la psychologie expérimentale. A l'époque quelques rares professeurs ouvrent des voies nouvelles. Ils n'ont rien de marxiste, sont même antimarxistes, mais on peut tirer d'eux un enseignement ou un profit pour comprendre le monde, et plus fondamentalement encore, pour en savoir un peu plus sur ce pourquoi nous savons, nous connaissons, nous sentons. Beaucoup des adhérents du cercle philo se veulent marxistes mais ils sont aussi sincèrement en quête d'une vraie réflexion philosophique. C'est pourquoi, comme l'ensemble des étudiants philosophes de la Sorbonne, ils élisent Paul Ricœur et Jean Wahl pour la métaphysique, l'étude de Hegel et de Husserl, Vladimir Jankélévitch pour la morale, et Raymond Aron pour la connaissance de Marx. Il se trouve que ces quatre grands professeurs, ces quatre mandarins sont aussi des libéraux humanistes, ils permettent aux étudiants de s'exprimer, de poser des questions, et même aux plus militants d'entre eux de faire de courtes interventions en fin de cours pour appeler à des manifestations contre les fascistes.

Un jeune assistant fascine et jouit d'une notoriété extraordinaire. On se presse à ses cours. Pourtant, il accumule les obstacles comme à dessein pour dissuader les auditeurs. Exposer *la Critique de la raison pure* à huit heures du matin un lundi, il semblerait qu'on ne puisse trouver plus mauvais moment. Eh bien non, une foule passionnée vient écouter et essayer de comprendre Gilles Deleuze, qui parle d'une voix feutrée, suave, et jubile constamment, comme si déployer les détours de la déduction transcendantale, expliquer les catégories, expliciter ce qu'il faut entendre par intuition a priori, l'emplissaient d'une joie ineffable. Certains savent qu'il est nietzschéen et adepte du « gai savoir ». Il impressionne et séduit, en particulier les filles ; les garçons sont éperdus d'admiration. Tous sont portés par son alacrité incroyable et son bonheur de penser. Il est beau et chacun fantasme sur sa vie privée. Certains assurent qu'il est marié à une très belle femme, un mannequin. Lui passe, frôle plus qu'il n'aborde, d'allure très décontractée, désinvolte dandy comme les héros de Louis Malle, mais en même temps lointain, tout à fait extérieur à cette momerie universitaire, entièrement habité par les concepts.

Paradoxalement, alors qu'il ne fait jamais directement allusion à l'actualité politique, c'est le seul professeur de philosophie à faire comprendre de façon physique, qui engage tout le corps et tout l'être, que penser libère et que la philosophie est une action d'*arrachement* au monde de la répétition. Chaque lundi Deleuze produit du nouveau, de l'inouï, ce qui n'a pas encore été ouï, et il fait événement. Producteur de concepts, son enseignement — si on peut appeler ainsi ce qui ne se donne pas comme exposé de savoir mais position de problèmes et invention d'outils conceptuels à leur mesure — est au sens propre subversif. Il est *le* philosophe révolutionnaire que tous les militants rêvent de devenir : révolutionnaire parce que tranquillement ailleurs : la vraie vie.

Il faut comprendre qu'au tout début des années 60, la société française baigne dans le mensonge le plus total, en même temps qu'elle prétend, avec la plus parfaite hypocrisie, vivre et défendre les valeurs les plus sacrées.

La République patriarcale bourgeoise qui — hormis le très fugace épisode du Front populaire — gouverne la France depuis la chute de Napoléon III agit à l'inverse des principes de liberté, d'égalité et de fraternité qu'elle est supposée mettre en œuvre.

Néanmoins un territoire est censé échapper à cette domination de l'ordre social et moral : l'Ecole, que l'Université couronne et inspire. Le Royaume des Clercs, les Franchises Universitaires, bornent la toute-puissance temporelle, politique et économique. C'est du moins ce que les puissants font croire, et ce que les intellectuels veulent croire. Cette fiction vole en éclats en temps de crise : révolte surréaliste dans les années de l'entre-deux-guerres, et de nouveau en pleine guerre d'Algérie, crise et révolte pour une génération de jeunes intellectuels à qui est dispensé le même brouet « humaniste », alors que la politique réelle de la classe dirigeante consiste à exploiter et à tuer sans merci ceux qui se révoltent.

Ainsi l'Université devient pour le pouvoir un maillon faible dans le dispositif de la reproduction de légitimité, et se transforme en terrain d'une lutte acharnée entre les défenseurs de l'ordre ancien et ceux qui veulent s'en affranchir.

Seulement, dans cette lutte, sauf à se nier eux-mêmes, des apprentis philosophes ne peuvent se servir de n'importe quelles armes, car ils ne doivent pas oublier les exigences inhérentes à la recherche de la vérité. A la différence des apparatchiks qui utilisent les facilités rhétoriques pour séduire et manipuler, Goldman et ses amis du cercle philo, échaudés par les littérateurs et leurs pensées molles, exècrent les sophistes qu'ils assimilent, dans leur ardeur naïve et quelque peu fanatique, à des politiciens, c'est-à-dire à des canailles. Ils sont platoniciens comme tous leurs congénères ; for-

cément pour Socrate contre Gorgias et Calliclès. Il
n'est certes pas facile d'être marxiste-néoplatonicien,
mais une telle monstruosité théorique est plus ou
moins assumée avec candeur, dans la mesure où pour
ces jeunes gens ce qui compte avant tout c'est l'apprentissage de la liberté, qui n'est pas séparable de
celui de la vérité. Ils s'efforcent d'être honnêtes, même
si par ailleurs ils font preuve de niaiserie.

Deleuze précisément les aide à se déniaiser, car
même si à l'époque il n'a pas encore publié son livre
sur Nietzsche, il pratique déjà la méthode nietzschéenne de la recherche en généalogie de puissance.
Qui, quelle force est à l'œuvre dans telle ou telle pensée ? Qui agrandit, rend plus fort, plus libre ? Non pour
être plus fort pour gagner — politiquement, par la
révolution — mais pour n'être assujetti à aucune
condition, être volonté pure, autonome, comme la raison pratique kantienne.

Il ne s'agit pas — Deleuze l'apprend via Kant pensé
sous le regard de Nietzsche — de s'affirmer dans la
lutte, car on fait preuve alors du conformisme qui
consiste à entrer en compétition avec d'autres, au nom
des mêmes valeurs. Il ne s'agit pas de gagner dans ce
monde, mais de créer un monde...

Belle leçon pour des révolutionnaires qui oublient
trop souvent que le but n'est pas la prise du pouvoir
mais la transformation du vieux monde.

Il y a aussi, pour d'autres raisons, Aron, l'adversaire
préféré, mais le plus coriace, car, lui, sait ce dont il
parle, quand il critique Marx et le marxisme. Parmi les
étudiants de gauche, il en impose d'autant plus qu'il
met ses actes en conformité avec ses idées. Ainsi la
rumeur court qu'il est en proie à l'hostilité des mandarins, qui ne lui pardonnent pas son combat dans le
monde réel et son rôle de journaliste. Pour des mili-

tants c'est plutôt un bon point, même si le professeur milite dans un sens opposé à ses étudiants. Qu'il soit de droite est certes regrettable, mais au moins il ne se réfugie pas dans sa tour d'ivoire. Pour des jeunes sartriens, ignorants des différends profonds entre Aron et Sartre, un professeur de Sorbonne qui ne refuse pas la position d'intellectuel engagé tranche tellement dans le paysage qu'il en paraît exceptionnel. D'autant que s'ajoute, dans le cas d'Aron, le courage intellectuel. Il a publié en 1957 *la Tragédie algérienne* qui a mis le feu aux poudres dans le landerneau politique et intellectuel. Il y explique, avec une implacable rigueur, que l'indépendance algérienne est inéluctable, thèse que les journaux de gauche *le Monde, l'Express,* et même le parti communiste, n'osent soutenir. Seule la gauche intellectuelle ultraminoritaire, celle qui soutient les réseaux Jeanson et signe le manifeste des 121 pour le droit à l'insoumission, l'a approuvé. La droite le vomit. Si elle l'avait pu elle l'aurait fait taire.

Là aussi, Aron a agi en philosophe, il a subordonné ses intérêts — légitimes —, ses amitiés politiques — compréhensibles — au souci de la vérité. Dire la vérité, quoi qu'il en coûte. C'est pourquoi il est écouté avec une extrême attention lorsqu'il analyse les formes de la société industrielle et qu'il compare le capitalisme de l'Ouest avec ce qu'on appelle le socialisme de l'Est, et qu'il décrit comme des sous-ensembles — non encore développés — de la société industrielle c'est-à-dire du mode de production capitaliste. Bien entendu ce jugement est violemment contesté, objet de mille réfutations argumentées. La critique du cours magistral d'Aron tient lieu d'exercice imposé pour qui veut obtenir un succès de tribune à l'UEC et se faire remarquer des dirigeants. L'analyse commentée des textes d'Aron devient presque aussi nécessaire que celle de Marx et de Lénine, et infiniment plus instructive que celle de Thorez et de tous les autres hiérarques du PC. Le texte aronien se trouve ainsi placé dans une étrange posture. Il est réfuté ; c'est donc qu'il est réputé inexact au mieux, erroné au pire. Mais il n'est pas stigmatisé comme mensonger au même titre que la presse bourgeoise ou les innombrables livres antimarxistes ou anticommunistes. Aron bénéficie de son courage intellectuel qui l'oblige à dire des vérités — même partielles, comme par exemple la nécessité de la décolonisation — et impose aux étudiants révolutionnaires, plus ou moins marxistes, une tolérante expectative qui ne leur est pas coutumière. Ce qu'il dit n'est pas vrai, mais la vérité n'est sûrement pas le contraire de ce qu'il dit, ce qui relativise la vérité proclamée des communistes dans la ligne. Cela n'est pas pour déplaire à Goldman et ses camarades.

Aron, de par sa prise de position philosophique, acquiert une autorité éthique qui lui permet de déstabiliser ses adversaires. Car s'il est vrai que toute vérité est bonne à dire, alors qui prétend ou aspire à se conduire philosophiquement doit accepter de douter de ce qu'il tient pour vrai quand un autre — qui a fait la preuve qu'il dit le vrai, quoi qu'il lui en coûte — en conteste radicalement la véracité.

Deleuze ou Aron, dans les deux cas, le prestige philosophique l'emporte, aux yeux des étudiants philosophes de l'UEC, sur la proximité idéologique et politique. Preuve d'une grande honnêteté intellectuelle ou, si l'on veut être plus méchant ou plus lucide, symptôme d'une confusion mentale et indice d'un comportement légèrement schizophrénique, caractérisé par une fantastique dissociation entre la sphère « spirituelle » et la pratique politique.

Il est vrai que la jeunesse étudiante de cette époque

est totalement désorientée. Quand elle se revendique
de gauche, c'est pour marquer son rejet violent d'une
classe dirigeante et possédante délégitimée à ses yeux
par sa capitulation de 1940, son pétainisme rampant,
et dont les aventures coloniales absurdes, cruelles et
sanglantes accentuent la malfaisance, jusqu'à la rendre
intolérable. Mais ce refus ne vaut pas adhésion à un
marxisme ossifié ni à un stalinisme despotique et totalitaire. Toute parole libre et vraie est bonne à prendre.
Or ces paroles sont rares. En 1963 la jeunesse révol-
tée se sent seule. Pour la première fois peut-être depuis
1789, la transmission des valeurs républicaines et révolutionnaires se fait mal, ou pas du tout, car les fils ont
l'impression que les pères, dans leur grande majorité,
ont failli. Aucune organisation, aucun ordre adulte
n'est épargné par le soupçon : l'Eglise, l'Armée, la
Famille pour les jeunes cadets de la droite ; mais tout
autant l'Université, la République des Lettres, et les
Partis de gauche, parti socialiste et parti communiste en
tête, sont incapables d'offrir aux jeunes militants des
raisons de reprendre à leur compte une tradition
d'émancipation dont ils auraient dû être les « pas-
seurs ». Cette solitude extrême de la jeunesse est plus
que l'épreuve rituelle imposée par tout groupe à ceux
qui aspirent à s'y intégrer. Elle est au contraire vécue
dans la douleur comme un processus de désagrégation
par ceux-là même — les aspirants — qui désirent le plus
ardemment s'inscrire dans la chaîne des générations.
Les fils doivent s'organiser seuls pour retrouver les
grands-pères, les fondateurs, par-delà les pères.

Plus tard, les sociologues dateront de cette époque
l'émergence de la jeunesse comme classe distincte et
milieu d'appartenance. Mais ceux qui vivent et surtout
militent, en ces années de grand désert politique, n'ont
pas le sentiment de construire une nouvelle catégorie

sociale et moins encore d'inventer un sujet historique : la jeunesse. Ils sont acculés — parce qu'ils ont été abandonnés pendant toute la guerre d'Algérie — à bricoler de nouveaux espaces de rassemblement, autour précisément de solitaires plus vieux qu'eux, qui entendent faire retour pour avancer. Faire retour à Marx, à Freud, pour ne pas stagner ou pire encore régresser et se trouver pieds et poings liés devant la bêtise et la sauvagerie du monde.

Pendant la traversée du désert il y a eu Sartre, *les Temps modernes, Esprit,* quelques hebdomadaires, des héros, morts guillotinés comme Yveton, communiste algérien d'« origine européenne » qui n'avait tué personne, mais qui avait eu le tort de proclamer son soutien à la lutte du peuple algérien en déposant des bombes dans un édifice public, et le professeur Audin, assistant en mathématiques à la faculté d'Alger, mort dans d'affreuses tortures, victime à dix ans d'intervalle du même martyre que Jean Cavaillès, philosophe mathématicien, succombant aux tortures des hitlériens.

Il y avait les héros survivants, Henri Alleg, directeur d'*Alger républicain,* dont le récit de sa victoire sur la torture dans *la Question* marque toute la génération « algérienne », les amis emprisonnés, Laurence Bataille, Diego Masson, Jean-Paul Ribes, Jean-Jacques Porchez.

Il y avait aussi les héros de la mythologie ouvrière et révolutionnaire, Babeuf et sa conjuration des égaux, la Commune de Paris, le cuirassé Potemkine et les marins de Cronstadt, les internationalistes du congrès de Zimmerwald exigeant pendant la guerre de 1914 la fin de la tuerie et la fraternisation des soldats ennemis, Karl Liebknecht et Rosa Luxemburg, Lénine jusqu'à l'écrasement du soulèvement des marins de Cronstadt, Gramsci théoricien de l'*Ordine nuovo* et des soviets de

Turin et Milan, secrétaire du PCI, adversaire irréductible de Mussolini et de Staline, la création du Comité de vigilance des intellectuels antifascistes, la guerre d'Espagne, la colonne Durruti et la Pasionaria «No pasaran», les FTP, le cri de Jean-Pierre Timbaud, ouvrier communiste français, devant son poteau d'exécution : «Vive le parti communiste allemand.» La MOI, bien sûr, et les grèves de Shanghai, Canton, la Longue Marche. Et un livre d'un ancien communiste allemand devenu férocement anticommuniste, Jan Valtin, qui raconte toutes les trahisons, les absurdités, la complicité active de la direction du PC allemand avec les hitlériens et qui pourtant, malgré tout, malgré lui, rehausse encore plus le mythe révolutionnaire «sans patrie, ni frontières».

Etrange manière de refuser et de combattre le mensonge bourgeois que cette mythologisation effrénée de la révolution. Pour des apprentis philosophes, même inexpérimentés, ce parti pris devrait apparaître déconcertant, voire aberrant. On ne restaure pas la vérité à coups de mythes, surtout quand ces mythes ne sont pas analysés, interprétés, conçus comme un système symbolique complexe tel que Lévi-Strauss en conduit l'étude à l'époque, mais qu'au contraire ils sont intériorisés et revendiqués comme une mémoire commune.

Goldman et ses amis, révulsés par l'hypocrisie de l'histoire édifiante, telle qu'elle est proposée, d'un côté par les chantres gaullistes de la France éternelle et de l'autre par la vulgate stalinienne du prolétariat émancipateur et de l'URSS, patrie du socialisme, font la difficile expérience de la perte. Venus à l'extrême gauche par le dégoût de la vérité officielle, tout autant que par le refus des pratiques injustes et cruelles, contre le peuple algérien en premier lieu, mais d'une manière générale vis-à-vis de tous les exploités, ils se rendent compte que le rejet des mensonges ne suffit pas à calmer la douleur d'avoir été trompé. Certes le travail de démystification, de désaliénation — mots fétiches de l'époque — excite et allège. Dans un premier temps il agit comme un alcool fort et donne la sensation de mettre fin à l'humiliation. Etre mystifié, c'est-à-dire croire à ce qui n'existe pas, faire confiance à tort, constitue la pire des humiliations. Se défendre de ce qui vous amoindrit et vous abaisse produit un très grand plaisir, et peut même donner de la joie. A condition que la dénonciation des masques, des apparences, des simulacres ne se transforme pas en ressentiment. La démystification devient alors diabolisation, ou imposture de la rébellion, qui se préfère toujours à ce contre quoi elle se rebelle, et s'érige en censeur suprême.

Comment ne pas retomber dans la rhétorique de l'inquisition sous prétexte de pourfendre les faux-semblants, les tromperies, les bourrages de crâne, les dogmes, les croyances, les superstitions ? Comment vivre la recherche de la vérité qui ne soit pas goût morbide et policier de la transparence ? Il est toujours difficile quand on est jeune de ne pas succomber aux charmes de l'absolu, surtout quand il prend la forme irréprochable, incontestable et néanmoins bienfaisante de la vérité ! Quelle jouissance que de se mettre en quête de la vérité et de la trouver, quelle sensation de maîtrise !

La vérité est révolutionnaire : formule incantatoire mille fois proclamée et qui peut s'entendre de deux façons. Dans un premier sens : ce qui démasque le faux, dévoile ce qui est voilé, met en crise l'ordre établi, et pour finir le met à bas. Cette acception de la formule est optimiste et dynamique, car elle raconte les aventures, tumultueuses et épiques, mais en définitive

triomphantes d'une vérité prisonnière des illusions et
des censures qui, à force de luttes et de tentatives avor-
tées, finit par se libérer. Mais il existe un deuxième
sens, beaucoup plus inquiétant. La vérité existe. Il suffit de faire la révolution, ou même simplement d'être
révolutionnaire, pour la rencontrer, pour la posséder.
C'est avec de telles certitudes qu'on justifie l'inquisition et les procès de Moscou.

Alors pour ne pas tomber de Charybde en Scylla,
c'est-à-dire échanger la mystification bourgeoise
contre le dogme prolétarien, il n'est pas mauvais de
mythologiser la révolution et les révolutionnaires qui
l'incarnent, car cela évite de croire que la révolution
est un fait, une chose, un objet maîtrisable, connaissable. En effet, quand les étudiants du cercle philo
choisissent leurs héros et s'inventent l'histoire de leur
révolution — comme le romancier invente ses personnages —, ils essaient de baliser une terre inconnue,
d'imaginer un possible qui présentement est impossible, sans s'égarer ni délirer. Cette terra incognita c'est
évidemment la révolution vraie, c'est-à-dire ce qui
délivre du mensonge bourgeois et ce qui s'oppose à la
révolution défigurée, à la fausse révolution des staliniens. Comment tenir ces deux exigences qui en 1963
sont contradictoires sans verser dans l'angélisme des
groupuscules qui prétendent détenir l'orthodoxie révolutionnaire ?

Au contraire le recours à la mythologisation permet
de se servir de l'idéologie, pour la bonne cause. La lecture attentive de Gramsci en donne le mode d'emploi.
Gramsci, en effet, réfléchissant en prison sur les conditions de l'exercice du pouvoir, remarque que le pouvoir ne se réduit pas à la contrainte ; à part des cas
éphémères de dictature absolue, il fonctionne à
l'adhésion. Cette adhésion librement consentie suppose — et en même temps exprime — la capacité du
pouvoir à se présenter comme représentant de la loi

juste. Cette possibilité de maîtrise Gramsci la désigne sous le nom d'*hégémonie*. Cette hégémonie résulte de la croyance-confiance des sujets dans le bon prince qui installe l'espace du bien commun. L'idéologie est ce qui institue et structure cette confiance-croyance. Tout pouvoir hégémonique a besoin d'une idéologie hégémonique ; ceux qui contestent ce pouvoir doivent, pour l'emporter, construire à leur profit une idéologie hégémonique alternative. Les révolutionnaires ne peuvent se contenter de « démystifier » et dénoncer le pouvoir hégémonique, au nom d'une vérité plus haute. Ils doivent produire une idéologie — non mystificatrice — qui incite les mystifiés, les dominés, les assujettis à se délivrer du pouvoir. Autrement dit, il n'y a pas un accès direct à la vérité-délivrance. Il faut la médiation d'une force qui, avant de délivrer du mensonge, désinhibe le désir de se délivrer. Etre asservi au mensonge ce n'est pas seulement être dans le faux, c'est aussi perdre toute volonté de connaître la vérité, ne pas vouloir savoir et s'enfoncer dans la dénégation. Pour se délivrer du mensonge il faut adhérer à la bonne illusion de la parole vraie, qui se trouve incarnée, partagée et vécue par des hommes libres.

Gramsci racontait toujours la même anecdote au sujet de la nécessité et de la force de l'idéologie prolétarienne. A quelqu'un qui lui demandait pourquoi il était marxiste et communiste, un ouvrier turinois répondit qu'il n'était pas capable de savoir si Marx disait vrai, mais qu'il savait absolument que ceux qui se battaient le mieux dans son usine et dans la région pour les ouvriers disaient que Marx disait vrai. Il pensait donc que Marx disait vrai. Gramsci ajoutait que telle était la nature et la fonction du prince : donner aux hommes le courage de vouloir lutter pour leur émancipation en leur garantissant le bien-fondé de la loi juste. Le prince moderne — le parti révolutionnaire — est ce désinhibiteur de la peur et ce multiplicateur d'énergie dans la mesure où il fait fonction de maître de la vérité, supposé savoir.

N'est-ce pas ce qui était arrivé à Gramsci lui-même ? Un jour un prisonnier, force de la nature, est enfermé dans la même prison que lui. Des détenus l'informent que Gramsci se trouve dans cette forteresse. Le prisonnier se met en colère quand un jour ils lui montrent un petit homme bossu en le désignant du nom de Gramsci. Il refuse de les croire, se met à les frapper. Les autres ont beau protester, il n'en démord pas : ce n'est pas Gramsci — Et pourquoi ? — Parce que, dit-il, tout le monde sait que Gramsci est un géant. La réputation du combat singulier de Gramsci contre Mussolini, défiant à lui seul la toute-puissance de l'Etat fasciste, était venue jusqu'à ce prisonnier sarde inculte, mais qui savait ce qu'étaient les vrais géants, ceux qui défient les puissants et sont les vrais maîtres. Gramsci ne pouvait être qu'un colosse.

Cette histoire plaît beaucoup à Goldman, à Bruno Queysanne et à moi-même. Seulement en 1963 les étudiants communistes ne sont plus dans la position de Gramsci. Ils connaissent les ravages de l'idéologie prolétarienne : les crimes du stalinisme, dénoncés par le rapport Khrouchtchev. Ils ne peuvent donc plus croire, comme l'ouvrier de Turin, que Gramsci est un géant, dans la mesure même où ceux qui se réclament de Gramsci, en premier lieu la direction du PCI, n'ont pas incarné le prince moderne ; au contraire même eux, souvent à leur corps défendant, ont inventé une nouvelle figure du despotisme oriental, en jouant sur la demande d'amour des opprimés pour le maître, ils ont imposé une domination encore plus terrible que celle du mensonge capitaliste. Bref, Goldman et ses amis se trouvent — comme tous les militants plus âgés ou plus aguerris — sommés de se débrouiller avec ce que la langue de bois appelle la « perversion » des pratiques socialistes, sans avoir les moyens théoriques ni l'« expérience psychiatrique » nécessaires pour penser ou simplement s'y reconnaître dans cette dite « perversion ». Faute de pouvoir comprendre cette énigme monstrueuse — à l'époque aucun d'entre eux n'a la moindre connaissance psychanalytique, et par conséquent ne peut comprendre les apories de la jouissance et les retournements d'un objet de désir en son contraire —, ils se réfugient dans la position du comédien. Plus précisément ils adoptent vis-à-vis du parti communiste la même position que le Neveu de Rameau vis-à-vis du monde, et s'efforcent, comme lui, de jouer (du) paradoxe du comédien.

Pour le comédien, il n'y a pas de définition claire et intangible de la vérité parce qu'il n'y a pas de délimitation précise de la réalité par rapport à son contraire, l'irréalité du songe ou le travestissement. Paradoxalement le comédien est d'autant plus réel qu'il joue un rôle et que sa personnalité est tout entière effacée au profit du personnage qu'il incarne. Le comédien n'est vrai et sincère que sur scène, dans la mesure où il s'absente de lui-même, de ses mensonges, « ses pauvres petits secrets », et qu'il donne forme vivante à la fiction imaginaire de l'auteur. Quand il incarne un texte il n'est plus lui, il s'aliène dans le texte, mais en retour l'auteur, grâce à lui, se métamorphose en tranche de vie-moment du monde. Le monde se transforme en théâtre. Un monde sans acteur pour le représenter est vide, ou plus exactement fantomatique. Seul l'acteur peut injecter la densité de la véracité. Mais c'est sa densité à lui acteur, monstre sacré, qui donne de la vérité au personnage et au monde inconsistants de la mauvaise fiction, de la pièce sans vérité. La vérité de l'acteur pallie alors le mensonge de la pièce. La mauvaise fiction s'absente grâce à la présence de la vie de l'acteur.

Ce va-et-vient entre présence et absence, cette aliénation de l'acteur dans le comédien, de la personne
dans le personnage pour la plus grande satisfaction de
l'auteur et du spectateur, c'est ce à quoi s'exercent les
jeunes militants révolutionnaires qui veulent encore
jouer le jeu de la révolution, sans être sûrs que la révolution soit autre chose qu'un songe.

Dans ces miroitements de semblants et de faux-semblants Pierre Goldman est à l'aise ; peut-être parce que
depuis toujours il est en porte à faux dans le monde
de la légalité. Dans la partition antistalinienne de
gauche que jouent les étudiants de la Sorbonne (UEC)
son interprétation du romantisme révolutionnaire rallie tous les suffrages. C'est avec la nouvelle version de
cet air récurrent et indémodable, depuis le romantisme
et le soulèvement des peuples, que les étudiants communistes entendent se battre contre la ligne « opportuniste » et sectaire de la direction du PC.
Depuis les révélations de Khrouchtchev sur les crimes
de Staline l'ensemble des partis communistes — et en
particulier le PCF — tentent de ne pas « jeter le bébé
avec l'eau du bain », selon l'expression constamment
répétée, c'est-à-dire conserver l'essentiel de la pratique
et de l'idéologie communistes, tout en abandonnant
quelques aspects les plus caricaturaux du stalinisme :
culte de la personnalité des dirigeants, absence totale
de discussion dans le Parti, agressivité forcenée contre
les ennemis de classe, terreur dans les pays de l'Est,
refus de toute alliance avec les partis de gauche dans
les pays capitalistes, proclamation de la fatalité de la
guerre avec l'impérialisme.
Cet aggiornamento plus ou moins sincère prend le
nom de « coexistence pacifique ». Pour les anticommunistes, c'est le mariage de la carpe et du lapin, pour
les révolutionnaires de gauche, la renonciation de fait

à la révolution, dans la mesure où aucune transformation radicale ne peut s'accomplir pacifiquement. Autrement dit, une très légère «démocratisation» dans le fonctionnement des PC se paye d'une «droitisation».

Or Goldman et ses amis se battent sur une ligne de gauche qui exige à la fois une réelle démocratisation : existence reconnue des tendances organisées à l'intérieur du Parti, ouverture beaucoup plus franche aux courants d'avant-garde politiques et artistiques, fin du rigorisme sexuel et de l'ostracisme antilibertin et antihomosexuel, et une véritable politique internationaliste révolutionnaire de soutien à tous les mouvements révolutionnaires, en particulier dans la zone des tempêtes : Afrique, Asie, Amérique latine. Séduisant programme en vérité, mais le malheur c'est qu'il est totalement incohérent, car la démocratisation et la libération des mœurs sont en contradiction avec la lutte révolutionnaire armée ; surtout elles ne proviennent pas du tout des mêmes couches sociales et traduisent des aspirations et des intérêts qui sont bien souvent antagonistes.

Dans la France de 1963, après la fin de la guerre d'Algérie, les Français aspirent majoritairement à la paix et à la prospérité. Toute une partie de la jeunesse, avec à sa tête les étudiants, revendique un desserrement des carcans traditionnels et la fin de l'ordre autoritaire qui régit les rapports familiaux et sociaux. Ces aspirations sont soutenues par une large fraction des milieux intellectuels et artistiques, ainsi que par la nouvelle couche sociale en ascension : les ingénieurs, les techniciens. Cette nébuleuse se reconnaît dans la Nouvelle Vague, et tente d'inventer une sociabilité qui rompe avec les anciens comportements de la France bourgeoise, provinciale, catholique et rurale. La nouvelle

gauche essaie de traduire politiquement cette demande
de rupture.

La masse ouvrière et les couches populaires vivent
encore dans des conditions d'extrême précarité matérielle. Salaires bas, protection sanitaire réduite, loge-
ments étroits, sans confort élémentaire, nourriture
grossière, arrêt précoce des études, cadences épuisantes sont le lot de la plupart. Pour la classe ouvrière,
le combat contre l'exploitation et la misère est encore
prioritaire, et l'aspiration à changer le monde prend
la forme très concrète du changement des conditions
et des cadres de vie. Les choix politiques des ouvriers
sont largement déterminés par leur situation sociale.
Depuis le Front populaire, le vote communiste y est
très important. La force du parti communiste provient
de ce qu'il réussit à amalgamer ce vote ouvrier à une
solide implantation en milieu intellectuel, sous le
thème unificateur de la nécessité du changement. Mais
entre le changement de mœurs et l'approfondissement
de la démocratie souhaités par les uns, et le changement des conditions de vie, l'écart se creuse ; et, à
l'aube des années 60, le divorce entre les aspirations
intellectuelles et les revendications ouvrières est
consommé.

La rupture se fait à front renversé : la jeunesse étudiante et les «nouvelles couches» sont les plus sensibles au pathos de la révolution, alors qu'ils s'éloi-
gnent du modèle bolchevique et prolétarien, fait de
discipline militaire et de conformité au collectif. Les
ouvriers en revanche qui sont loin d'avoir conquis le
minimum de la civilisation de la consommation s'ac-
commodent des formes archaïques et autoritaires du
Parti et du syndicat «de classe» qui reproduisent les
comportements réglés par la discipline de fabrique. En
retour ils espèrent une augmentation sensible de leur
niveau de vie.

Ceux qui fantasment sur la révolution sont ceux qui

en pâtiraient *le plus*. Ceux qui y sont *le plus* indifférents sont ceux qui profitent du combat entre les deux
formes les plus autoritaires renvoyant à deux mytho-
logies guerrières épiques nées de la guerre : le communisme et le gaullisme. Les étudiants communistes sont évidemment pris
dans ce rapport des forces, et leur gesticulation « révolutionnaire », en opposition déclarée au monde de la
marchandise et de son système d'exploitation, tient
lieu de point d'honneur à ceux qui se préparent à en
jouir le plus possible, tout en le condamnant avec le
plus de virulence.

Ils ne sont pas dupes de cette situation ambiguë et
la vivent avec plus ou moins d'humour. Goldman,
encore très sartrien, peut se référer aux analyses de la
mauvaise foi pour contrer les poses déclamatoires de
guérilleros d'assemblées générales, nombreux chez les
étudiants en lettres, singulièrement chez les apprentis
historiens. Il vient de découvrir les textes politiques de
Marx qui fustigent les acteurs de la grande Révolution
française mimant les attitudes héroïques des grands
hommes romains ou grecs. L'heure n'est pas encore
aux posters de Che Guevara et de Hô Chi Minh, mais
déjà le choc des images (cubaines) l'emporte sur le
poids des mots (de la vulgate), au moment où c'est au
nom du signifiant pur Révolution que les opposants de
gauche reprochent l'abandon, la *révision* des textes
sacrés des grandes figures : Lénine, Trotski.

C'est la représentation photographiée et filmée des
guérillas qui émeut et enflamme Goldman et ses
amis. Seulement, un bon marxiste ne doit pas se laisser guider par l'émotion mais se déterminer au terme
d'une analyse scientifique de la situation. « L'analyse
concrète d'une situation concrète » : maître mot de
tout léniniste sérieux. En conséquence, la nécessité de

la lutte armée et le refus de la coexistence pacifique sont défendus comme des *thèses* découlant logiquement de l'état mondial de la lutte des classes, qui se réfléchit nécessairement dans la conjoncture française. Le romantisme révolutionnaire n'est pas la ligne politique revendiquée de Goldman; simplement, il la colore. C'est au nom du plus parfait réalisme intellectuel que se déploie la sensibilité de jeunes gens soucieux de faire marcher le monde sur ses pieds, y compris en prenant les risques du risque absolu, la conflagration nucléaire.

Au moment de la crise des fusées qui met aux prises Khrouchtchev et Kennedy, après que l'invasion contre Cuba a été stoppée à la baie des Cochons et que Fidel Castro a entreposé des missiles nucléaires par solidarité avec le camp socialiste, les nerfs des militants sont mis à très rude épreuve. Faut-il croire aux menaces apocalyptiques de Kennedy et capituler? Une étrange atmosphère d'irréalité et de détachement plane sur les débats menés à l'intérieur du secteur lettres de l'UEC. On croit à la menace, tout en n'y croyant pas. L'angoisse diffuse augmente à mesure que les bateaux soviétiques s'approchent des côtes cubaines et donc de la flotte américaine qui croise au large. Que va-t-il se passer quand les bateaux ennemis se feront face? Ouvriront-ils le feu, déclenchant alors la frappe atomique? Mais cette angoisse vertigineuse se dilue dans l'impossibilité de se représenter la guerre nucléaire totale.

Cette tension insoutenable se révélera peut-être comme un vaste bluff, une partie de poker. Que le monde, sa fin, se jouent en une partie de dés n'est pas pour déplaire à ces jeunes philosophes qui connaissent Héraclite et sa partie d'osselets avec les enfants sur les marches du temple.

Il n'empêche qu'envisager la possibilité d'une conflagration mondiale les terrifie, et ils s'efforcent de colmater cette terreur en ne se quittant plus. Toute la journée se passe en réunions, en comités de rédaction, en écriture et tirage de tracts expliquant la position politiquement correcte sur la crise. Non au chantage nucléaire ; solidarité totale avec Cuba héroïque. Le travail apaise, mais le soir venu, la peur renaît et l'idée de la vivre en solitaire semble intolérable. Une nuit, au plus fort de la tension, après que les éditions de *France-Soir, Paris-Presse, l'Intransigeant* et *le Monde* ont titré en immenses lettres « Est-ce pour demain ? », quelques étudiants errent dans le quartier, de la Sorbonne à la place Saint-Germain-des-Prés, en passant par la rue Saint-Séverin, et la librairie Maspero, la rue Saint-André-des-Arts, le restaurant grec de la rue Grégoire-de-Tours. La nuit est claire, il fait encore beau en ces premières journées d'automne. Le monde leur apparaît d'autant plus beau qu'il va peut-être cesser d'être. Cette sensation de beauté en sursis les étreint. Ils ne peuvent rien dire et pourtant, tous savent qu'ils partagent la même sensation. Ils vivent peut-être leur dernier jour ; rien ne peut les rendre plus proches que cette mort imminente. Une grande paix les rend amoureux les uns des autres et les porte vers un orgasme collectif. Ils ne font plus qu'un.

Bruno Queysanne met brusquement fin à cette communion mystique en proposant d'aller faire des parties de flipper rue de Seine où il a ses habitudes. Devant le flipper il est pris d'une rage frénétique, le secoue sans ménagement pour faire rouler la boule dans la direction qu'il lui imprime, l'empêcher de terminer sa course et taper dans les panneaux lumineux aussi longtemps que possible, pour accumuler le maximum de points. Il prend tous les risques. La bataille qu'il engage contre la boule résume et symbolise la lutte grandiose en cours entre l'impérialisme et les forces de la révolution. Tous le regardent fascinés. Ils sont pris dans sa bataille et poussent des hourras de plus en plus enthousiastes chaque fois que les parties gratuites s'accumulent. La nuit avance et eux parient sur le hasard. Ils jouent comme des fous ; le patron exaspéré est obligé de les expulser. Dans la nuit l'excitation ne retombe pas. Personne ne va se coucher, ils attendent l'aube, heureux et grelottants.

La crise s'apaise. Personne n'a dégainé. Ni vainqueur, ni vaincu. Début de l'ère de la simulation atomique. C'est un peu cela leur vie, excitation vraie, jouer avec les dés, prendre des risques, mais comme en apesanteur, sans gravité. Vraie simulation ; simulation de la vérité. Comédiens. Comédiens et engagés.

CHAPITRE III

Rue d'Ulm

Pour tous les étudiants en lettres de la Sorbonne, l'Ecole normale supérieure est beaucoup plus qu'une grande Ecole, c'est le lieu par excellence où souffle l'esprit. Même pour les étudiants « révolutionnaires », philosophes matérialistes, l'esprit existe, quand il est incarné dans des personnes aussi mythiques que Jean Jaurès, Sartre, Merleau-Ponty, Cavaillès. Nizan, l'élu qui fustige la Terre promise dans *Aden Arabie* et *les Chiens de garde*, est pour cette raison même l'incarnation du mythe. Ulm, signifiant maître, échappe à la localisation. Topologiquement une adresse, dans le Ve arrondissement, derrière le Panthéon. Mais qu'importe au *logos* sa fixation à un *topos*. Ceux qui habitent ce lieu s'en trouvent comme déréalisés ; c'est du moins ce que voudraient faire croire tous ceux qui n'ont pu accéder à cet Olympe. Par dépit et jalousie, ils feignent de croire que les ulmiens sont de purs cerveaux, donc inaptes à l'action et au sexe.

Certains des membres du cercle philo règlent leurs rapports de rivalité et soignent leur complexe d'infériorité en décrétant qu'ils n'ont pas passé le concours d'admission à Normale par choix militant et zèle révolutionnaire. Eux ont tout sacrifié à la cause des combattants du FLN et ont préféré distribuer des tracts, organiser des manifestations, convoyer des armes et de l'argent, plutôt que faire du latin et du grec pour obtenir les meilleures notes aux épreuves de version et de thème au concours d'entrée. Ce n'est pas faux bien sûr, car en pleine guerre d'Algérie, pour des élèves brillants d'hypokhâgne et de khâgne le choix pouvait être dramatique : s'abstraire du temps et de ce fait pactiser, laisser faire les horreurs commises au nom du peuple français, ou bien s'engager et délaisser ses études. La paix revenue, certains anciens khâgneux regrettent d'avoir gâché leurs chances et de s'être fait doubler par des concurrents plus opportunistes.

Mais la vraie déchirure sépare les amis, pareillement révoltés, presque aussi actifs dans la protestation. Les uns ont réussi à intégrer l'Ecole ; les autres, moins chanceux, moins « bosseurs » — ou pire, mais cette hypothèse est taboue, uniquement ressassée dans le plus intime de la souffrance, moins doués intellectuellement — ont échoué. Cette rivalité censurée, logée au cœur de l'amitié, pèse sur les choix politiques des uns et des autres. Entre les étudiants philosophes communistes de la Sorbonne et ceux de Normale s'engage une lutte acharnée pour s'imposer comme les représentants de la ligne la plus radicale. A côté de l'affrontement qui se prépare entre une partie de l'UEC et la direction du PCF, une autre bataille se livre, à l'intérieur de la gauche de l'UEC, opposant ceux qui se présentent comme les représentants les plus authentiques du marxisme-léninisme, donc les seuls habilités à proposer une alternative au révisionnisme et à l'opportunisme.

Les hostilités commencent avec un texte signé Louis Althusser, publié par *la Nouvelle Critique*, la revue des intellectuels communistes. Ce texte critique sévèrement les orientations politiques de l'UNEF qui remet violemment en cause le mode de transmission des connaissances pratiqué dans les universités. Le secteur Sorbonne lettres, animé par des étudiants communistes, rejette le modèle du cours magistral et plaide pour l'abolition de la distinction de nature entre les enseignants et les enseignés, s'autorisant pour ce faire de la critique radicale de Marx au sujet de la division sociale du travail — intellectuel, manuel — imposée par le capitalisme. Dans son texte, Althusser récuse cette analogie entre les rapports exploiteurs et exploités, patrons et ouvriers au sein du mode de production capitaliste, et les relations entre professeurs et étudiants. Il existe une autonomie de la sphère de la science, et la division entre ceux qui savent et ceux qui apprennent est légitime car elle renvoie non pas à la division sociale du travail, stigmatisée par Marx, mais à la division technique du travail, tout à fait acceptée par le même Marx. D'avoir mélangé les deux concepts conduit les dirigeants étudiants à une grave erreur politique. Ils divisent le camp des intellectuels — professeurs et étudiants — en butte à la politique néfaste menée par le gouvernement à l'université. En ce sens — l'accusation est grave — les dirigeants de l'UNEF font preuve d'aventurisme gauchiste. Cette philippique lancée à l'égard des étudiants communistes de Sorbonne lettres est relayée par le cercle des ulmiens qui, perfidement, incriminent leur manque de rigueur intellectuelle dû à un manque de travail, leur style nonchalant, incompatible avec le sérieux des révolutionnaires marxistes qui doivent acquérir la science de la révolution au prix de la dure ascèse du concept.

Goldman a vaguement entendu parler d'Althusser. Il ne fréquente pas les « philosophes » ulmiens, car il ne souffre d'aucune fascination, ni d'aucune jalousie à leur égard. Ils ne font pas partie de son monde. En revanche, quelques-uns de ses camarades du cercle Sorbonne philo sont des amis de Régis Debray et d'Etienne Balibar qui leur ont déjà fait part du choc qu'ils ont ressenti quand ils ont découvert leur *caïman*, répétiteur de philo, cet Althusser dont personne en dehors des hauts murs de l'Ecole ne soupçonne l'existence. Debray, sartrien fervent, reçoit son premier choc quand Sartre, venu faire une conférence à l'Ecole au sujet de la *Critique de la raison dialectique*, se fait sèchement contrer par un certain Althusser. A cette fameuse soirée, à laquelle assistent aussi Jean Hyppolite et Maurice Merleau-Ponty, Althusser — toujours au dire de Debray — déploie une stupéfiante maestria dialectique et donne l'impression aux spectateurs d'annoncer la fin du règne sans partage de Sartre et de la phénoménologie dans le champ philosophique.

Cette grande nouvelle ne peut évidemment rester sans écho dans le petit monde sorbonnard, qui brûle d'impatience de voir et d'admirer ce David philosophique comme on admire un outsider qui défie le champion en titre. Seulement pour les étudiants en philosophie, c'est impossible. Les « simples » étudiants — c'est-à-dire ceux qui ne sont pas normaliens — ne peuvent assister aux cours et aux séminaires réservés à l'élite. Althusser est donc invisible. Debray se charge d'en décrire quelques traits qui accroissent d'autant sa notoriété naissante. Il est grand, costaud, d'un abord cordial, pas du tout le genre pincé d'un petit marquis ou l'air compassé d'un notable universitaire.

Les premiers « althussériens » au cercle philo se recrutent évidemment parmi les anciens khâgneux, comme si l'intérêt qu'ils portent à ce répétiteur de Normale les intégrait, par substitution, à la communauté

normalienne, bien que l'interdiction qui leur est faite
— un peu trop facilement acceptée par leurs camarades et amis ulmiens — ravive l'ancienne blessure de
s'en savoir exclus dans les faits. Goldman se désintéresse des subtils jeux de la jalousie et de l'orgueil
blessé. La comédie intellectuelle lui semble dérisoire et
il ne comprend pas que des militants qu'il estime, qu'il
a vus se battre courageusement contre les nervis de
l'extrême droite, se sentent en position d'infériorité
vis-à-vis de militants de fraîche date, sous prétexte que
ceux-ci se proclament, comme Althusser, matérialistes
conséquents, marxistes scientifiques. Ces convertis de
la dernière heure se moquent, à l'instar de leur maître,
de l'imprécision des notions sartriennes, entre autres
celle d' « aliénation », employée par Feuerbach et le
jeune Marx. Mais pour Goldman, ces afféteries, ces
disputes de Trissotin et de Précieuses ridicules, ne
changent rien à l'affaire. Il est sartrien parce que Sartre
est un philosophe métaphysicien qui s'engage pour la
liberté. Il s'est battu pendant toute la guerre d'Algérie.
Althusser n'a rien fait. Et ce n'est pas un hasard. Sa
revendication scientifique sert à masquer ce fait : pour
lui, la révolution est conceptuelle. Sa philosophie —
ou tout au moins ce qu'en disent ses élèves, puisque
personne ne peut lire un de ses écrits — fait l'impasse
sur la Résistance, la violence, la guerre. D'ailleurs, ses
émules parlent haut maintenant, en 1963, parce que la
guerre d'Algérie est terminée et que les combats en
France se sont apaisés. La joute idéologique a pris le
pas sur la bagarre de rue et maintenant les cuistres prétendent tenir le haut du pavé, alors qu'ils ne sont
jamais sortis de leurs classes et de leurs bibliothèques.
Pour Goldman, le courage reste le critère décisif qui
opère une discrimination radicale dans l'espèce
humaine : il y a les valeureux et les lâches. Il se méfie
d'Althusser, et plus encore des premiers althussériens,

car ils ne mettent pas leurs idées à l'épreuve de leurs corps.

Ce débat autour d'Althusser divise le cercle philo, et surtout son aile gauche, jusqu'alors totalement solidaire dans sa lutte antifasciste et antirévisionniste. L'après-indépendance de l'Algérie ouvre une nouvelle période. Tous en sont bien conscients, mais les perspectives sont floues. Comment aborder cette nouvelle période ? Comment la penser ? L'antistalinisme et l'antiautoritarisme, plus ou moins théorisés par le Sartre existentialiste et celui de la *Critique de la raison dialectique,* inspirateur du parti communiste italien, sont-ils suffisants pour cimenter l'unité des étudiants de la tendance gauche de l'UEC ?

La grève ratée de la Sorbonne lettres et la violente critique d'Althusser précipitent la crise et répartissent les forces à l'intérieur du secteur Sorbonne lettres. Dès lors, la préparation du septième congrès de l'UEC qui doit conclure la longue dispute entre la direction du PC et la gauche étudiante prend un nouveau sens. Goldman en devient le pivot.

Comme toujours, il est, et surtout, il agit double. Il ne peut ni ne veut devenir le chef d'un courant, car il a horreur de tout appareil qui entraverait sa liberté et le disciplinerait. Pourtant, il ne se contente pas du rôle de théoricien, fût-il aussi inattaquable qu'Althusser. Il désire entraîner, façonner des assemblées, conduire au combat ; bref être chef, mais chef de bande, ce qui lui assure les bénéfices du pouvoir — charismatique — sans les inconvénients de la bureaucratie. Le risque, évidemment, c'est l'isolement ou la bouffonnerie, « l'irresponsabilité de grand seigneur », que lui reprochent d'une même voix les partisans de la direction du PC et les althussériens.

Les dirigeants de l'UEC opposés à la ligne du PCF au nom d'une plus grande démocratisation, et que l'on appelle les «Italiens» parce qu'ils s'inspirent de Togliatti et de sa déstalinisation affirmée, les Forner, Kahn, Sénik, Kouchner le ménagent, mais se méfient de son impertinence et de sa propension à dévoiler toutes les *combinazione* dont ils sont friands. Krivine, leader incontesté de la gauche de l'UEC, l'estime, et plus encore éprouve pour lui une véritable amitié, mais il ne comprend pas toujours ce qu'il considère comme des lubies philosophiques, c'est-à-dire des ratiocinations sans conséquences — et quelquefois dangereuses — pour la lutte révolutionnaire. Comme toujours Goldman est seul, mais cette fois rayonnant, au centre du dispositif. Le septième congrès de l'UEC est la scène idéale où il fait montre de toutes les facettes de son talent. La distribution est à sa mesure.

Côté PC, Roland Leroy représente la direction. Cet élégant apparatchik profite de sa ressemblance avec Roger Vailland. Il en joue. Sec, le visage maigre, le nez recourbé comme un «milan», il est le seul hiérarque communiste français à ne pas s'habiller comme les dignitaires du camp socialiste. Pas de chapeau mou, pas de gabardine et de pantalons pattes d'éléphant à la Khrouchtchev, mais le genre jeune universitaire, polo et col ouvert, coupe à l'italienne, et quand il le faut vraiment, cravate en tweed. Il affecte de se plaire en compagnie d'Aragon, Picasso, Soulages, Jean Ferrat, et de préférer les intellectuels et les artistes à ses camarades du secrétariat du comité central. Il joue les critiques désabusés, allant jusqu'à s'identifier avec le Don César de *la Loi*, décrit par son sosie Roger Vailland. Assez bon orateur, c'est-à-dire ne récitant pas mot à mot un discours préalablement écrit et passé au tamis de la censure et de l'autocensure — ce qui est un exploit pour un dirigeant stalinien moyen —, il vient rôder quelquefois aux alentours du local de l'UEC, place Paul-Painlevé, et entame même des joutes oratoires au Champo, café annexe du siège où se déroulent les réunions. Doué d'un certain humour il ne défaille pas à la moindre plaisanterie dont le PC ou lui-même sont la cible. Il lui arrive même de se moquer de ses bévues. Pour le reste, bureaucrate implacable, retors et menteur quand il faut, brutal, sans aucun état d'âme. Servile devant plus haut que lui et cassant, méprisant, quand il sent qu'il n'y a aucun risque à humilier. Bref, comme beaucoup de dirigeants du PCF, un Rastignac conforme et conformiste, qui s'est cru un instant un bolchevik et qui depuis se rattrape.

Une de ses attributions consiste à « suivre » l'UEC, en fait à briser sa direction — trop frondeuse encore au goût de Thorez, alors que ses écarts sont minimes et surtout presque clandestins — et plus encore à empêcher, avant qu'il ne soit trop tard, la tentative du secteur lettres parisien de rallier à sa cause tous les étudiants communistes de Paris et d'introduire le ver dans le fruit en province, enfin de créer une organisation de jeunesse révolutionnaire autonome. Pour ce faire, Roland Leroy forme et gère des « cadres » loyaux, aptes à diriger une UEC normalisée. Il a sélectionné deux futurs dirigeants, qui forment un couple à la Laurel et Hardy. Hermier, long jeune homme sérieux, dont l'accent marseillais détonne, tant paraît incongru dans son maintien et son discours ce qui peut suggérer la galéjade à la Raimu. C'est un clergyman qui monte à la tribune, convaincu et pieux, sans aucun doute, rendant grâces au parti de la classe ouvrière et à sa direction éclairée, fustigeant les provocateurs et les fourbes qui se servent du prestige de l'UEC et du Parti pour tromper les militants honnêtes, et détourner la masse des étudiants de la lutte contre le pouvoir gaulliste.

Cathala, « Hardy » plus rustaud, fait dans le populaire, le parler grasseyant et plus ou moins argotique. Dans les couloirs et les coulisses, il contrôle les troupes fidèles, compte les mandats des pro-Parti, et au besoin essaie le débauchage ou la menace, au gré des situations et des opportunités.

Le secrétaire général de l'UEC, Alain Forner, traîne une espèce de désinvolture quelque peu forcée. Etre toujours en décalage, trop sérieux pour sa jeunesse, il semble par d'autres côtés enfantin, petit garçon monté en graine, perdu dans le monde des adultes. Timide sous des allures de meneur d'hommes, il n'a pas le contact facile avec les militants. Tour à tour hautain et faussement copain, jeune séminariste qui voudrait paraître libertin, il séduit les femmes quand il s'en donne la peine, mais semble vite fatigué, comme cassé de l'intérieur, rongé par on ne sait quel spleen[1]. Le congrès débute par la lecture du rapport d'activité du secrétaire général Alain Forner. Il est interminable. L'orateur s'anime quelquefois et vibre seulement à l'évocation de Maïakovski, poète suicidé de la Révolution de 17 trahie par Staline, et à celle de la venue récente d'Evtouchenko, défenseur de la liberté de création et des droits de la jeunesse. A la tribune, Roland Leroy lit *l'Humanité* ostensiblement. Dans la salle, une partie applaudit et l'autre ronchonne. Forner force la voix ; il exalte le romantisme révolutionnaire, mais stigmatise le gauchisme qui en est sa contrefaçon dogmatique. Goldman et tous les délégués de la gauche du secteur lettres ricanent, car ces phrases

---

1. Après avoir passé son agrégation d'histoire et activement participé au mouvement de Mai 68, Alain Forner, désespéré de l'état du monde, se suicidera en 1969. Il fut le premier mort de notre génération.

codées indiquent que la direction de l'UEC tente de
négocier un compromis avec la direction du PCF sur
leur dos. En effet, la critique chinoise — c'est cela le
« dogmatisme » en langue de bois — se fait de jour en
jour plus menaçante pour tous les appareils néostali-
niens. Et dans ces conditions, il peut leur paraître avan-
tageux de s'allier avec les « révisionnistes » déclarés, les
dirigeants du PCI, mentors de la direction de l'UEC.
Roland Leroy n'a-t-il pas interpellé dans les couloirs,
au début du congrès, un membre de la gauche de
l'UEC, ancien « Italien », en ces termes : « Alors maintenant, camarade, tu manges des spaghettis avec des
baguettes ? »

Donc le marchandage est en cours. Dans ces situations Goldman s'abstient. Non par réprobation ; il est
cynique et même volontiers truand dans tout ce qui
concerne les rapports sociaux. Il ne rend jamais ce
qu'on lui prête et ne paie pas. Une maxime attribuée
à Staline le fait tordre de rire : « Ce qui est à moi n'est
pas négociable et tout ce qui est à vous doit être négo-
cié. » Goldman n'est pas moral, dans la mesure où il
ne se détermine pas par rapport à des règles déduites
de la loi morale ; il n'est pas non plus immoral, car il
ne poursuit aucune entreprise de destruction ou même
de dénigrement de cette loi. Simplement cette loi n'est
pas pour lui. N'étant pas particulièrement pascalien ou
rousseauiste — il les a à peine lus —, c'est pourtant à
la loi du cœur de ces deux grands philosophes qu'il
obéit. Et précisément, selon cette loi du cœur on ne
marchande pas. C'est bon pour les boutiquiers. Pour
lui, ou bien on s'aime et l'on se donne en partage, ou
bien on est ennemis et l'on se bat. Celui qui gagne
prend tout ; celui qui perd, perd tout.
　　Mentalité archaïque de guerrier et d'aventurier solitaire ? Certes, mais dans ce début des années 60, où la

France rattrape son retard économique et rentre dans l'ère capitaliste de l'économisme et du mercantilisme généralisé, beaucoup choisissent, comme Goldman, le militantisme révolutionnaire comme moyen et substitut imaginaire d'échapper au réel de leur temps. Imaginaire, parce que précisément ne s'inscrivant pas dans une perspective politique. Goldman ne fait pas de politique. Il se veut l'instance d'honneur sous l'autorité de laquelle peut s'évaluer toute pratique politique. Il laisse la politique à d'autres.

A Krivine, bien sûr ! Une force semble toujours le pousser en avant, comme si quelque chose de lui précédait son corps, ou plus exactement comme si sa course ne s'arrêtait jamais et que d'être assis ou de rester immobile n'étaient que les rares moments de repos qu'il concédait par politesse à tous ceux — la plupart — qui ne pouvaient suivre son rythme. D'allure sportive, grand, les cheveux coupés court, il ressemble à ces jeunes étudiants décontractés et volontaires, héros de cette nouvelle Amérique de Kennedy qui tentent de sortir du long sommeil conservateur de l'Amérique blanche et bien-pensante. Mais deux traits de son visage démentent cette impression de jeune homme sain et plein d'allant, idéal de toutes les belles-mères. Des lunettes, à grosse monture, lui donnent un air si ce n'est sévère, du moins réfléchi, concentré, surtout quand il lit. Or Krivine lit beaucoup — et il peut lire dans le pire tohu-bohu, comme un intellectuel habitué aux salles de rédaction et aux débats publics. Car Krivine c'est aussi — d'abord, peut-être — un orateur. Sa voix est naturellement gouailleuse, ce qui adoucit son ton âpre et surtout colore la rigueur du propos. Quand il parle, Krivine garde encore dans ses mots et son intonation la chaleur de son rire et l'éclat de sa gaieté. Un sourire flotte presque continûment sur ses lèvres, comme si la révolution était d'abord un bon tour joué aux réactionnaires et aux staliniens.

En effet, Krivine n'est pas seulement un organisateur courageux qui entraîne et dirige des militants dans les batailles de rue, il sait aussi manœuvrer. Expert en coups tactiques, il décide de soutenir le bureau national de l'UEC comme la corde soutient le pendu, pour mieux battre son ennemi principal, la direction du PC. Pour cela, il est prêt — en bon léniniste — à faire deux pas en arrière pour faire un pas en avant. En l'occurrence, il accepte une sous-représentation tout à fait disproportionnée au détriment de la gauche de l'UEC, et au profit de la reconduction de la direction sortante qui ne devra qu'à lui son pouvoir et son implantation militante face aux fidèles du PC. Alors pourra commencer le grand jeu.

C'est compter sans Goldman et ses petits camarades du cercle philo.

Au deuxième jour du congrès, après des séances épuisantes de procédures où les motions préalables succèdent aux motions préalables, il apparaît que les militants sont répartis à peu près également entre pro-Parti et anti-Parti. L'impasse est totale. L'atmosphère est de plus en plus lourde ; la haine sourd, les adversaires se fusillent du regard. Chaque camp est muré dans ses certitudes et tendu vers la victoire totale impliquant l'écrasement et la capitulation du vaincu. Le moindre incident peut dégénérer en bagarre généralisée. Pour se détendre et surtout se préparer à un événement exceptionnel que chacun redoute et en même temps attend, beaucoup se réfugient à la buvette. Goldman, avec deux amis, Bruno Queysanne et moi-même, se console du manque de grappa en éclusant quelques vodkas, dont la présence à ce congrès prouve s'il en était besoin à quel point le PCF et ses sbires de l'UEC sont organiquement liés à l'URSS. Des plaisanteries à la drôlerie pas évidente sont bruyamment lancées à la cantonade pour provoquer l'adversaire encore un peu plus et avertir que l'esclandre est pour bientôt. Dans ces moments-là, Goldman est exaspérant de morgue. Toisant quiconque s'approche de lui, les sourcils relevés, un rictus mauvais à la bouche, il ressemble à ces blousons noirs de l'époque qui cherchent noise à n'importe qui et dont l'agressivité est inversement proportionnelle à leur taille, d'autant plus grande qu'ils sont petits. Goldman, dans ses moments de rage, un peu avant que l'orage éclate, s'arc-boute comme un jeune taureau, le poitrail frémissant et le mufle en avant. L'alcool ne lui monte pas à la tête. Il décuple sa force, et l'énergie concentrée semble se répandre dans tout son corps. Son visage et son buste se durcissent. Sa voix sonne métallique. Il joue ou il devient — qui peut savoir — Paul Muni, l'acteur américain qui incarne le personnage de Scarface.

Soudain, un flot d'arrivants envahit la buvette. Des cris fusent, des bousculades, un désordre indescriptible s'ensuit. Une rumeur enfle : suspension du congrès, coup de théâtre, dégueulasses, saboteurs, ça devait finir comme cela, sales gauchistes, crapules staliniennes, trotskistes, menteurs, liquidateurs ! Goldman rayonne. Il a perdu toute sa froide détermination ; son œil pétille maintenant, le sourire revient. Il est hilare ; ça y est, ça y est, exulte-t-il. Pressé de toutes parts, encerclé, il réussit pourtant à remonter le flot à contre-courant et à sortir de la buvette qui est devenue une véritable étuve.

Bien joué, bien joué Marie-Noëlle Thibault ! Je suis sûr que c'est Marie-Noëlle. Bruno Queysanne et moi nous n'y comprenons rien et le pressons de s'expliquer. Qu'est-ce que c'est que ce coup ? Goldman nous entraîne dans la grande salle du congrès où plusieurs groupes se sont formés. Toute la gauche fait cercle

autour de Krivine. Une des membres du bureau national : Marie-Noëlle Thibault, hier encore « italienne »,
explique pourquoi elle a craqué. La nuit précédente
une entrevue secrète a réuni Roland Leroy, Pierre Kahn
et le bureau national de l'UEC conduit par Alain Forner. Un accord s'est fait pour la répartition des nouveaux membres du comité national qui doit être élu à
la fin du congrès : 35 membres à la tendance du bureau
national, 35 aux pro-Parti et 13 à la gauche. Elle n'a
pas supporté cette *combinazione* d'appareil qui ne
règle rien et qui cautionne les pires mœurs staliniennes.
Elle a donc décidé de la révéler en plein congrès. C'est
fait. Les dirigeants du PC sont atterrés ; surtout, les
jeunes militants pro-Parti sont effondrés. Depuis plus
d'un an le Parti leur dit que les membres du bureau
national de l'UEC sont des traîtres, des ennemis, et
maintenant ils apprennent que c'est avec des traîtres,
des renégats qu'il faut s'entendre et travailler.

Dans ces conditions, que faire ? Krivine plaide pour
un traitement politique de la crise. Le moment n'est pas
encore venu de faire scission d'avec le PC et de créer
une nouvelle organisation. Il faut donc prendre appui
sur cette manifestation éclatante de cynisme opportuniste pour éclairer les militants sincères, encore influencés par la direction du PC. La gauche de l'UEC peut se
renforcer et même devenir hégémonique, si elle sait
démontrer que, fondamentalement, le révisionnisme
qui croit pouvoir obtenir une pause dans le combat
acharné contre l'impérialisme et le capitalisme déve-
loppé, au nom de la prétendue coexistence pacifique,
n'offre pas une alternative valable au stalinisme. Dictature stalinienne sans principe et révisionnisme néoli-
béral oublient tous deux l'exigence première de toute
stratégie révolutionnaire : l'internationalisme. Krivine
conclut en proposant que les délégués de gauche du

congrès protestent énergiquement contre le manque de transparence des méthodes de direction de l'UEC et du PCF, exigent une représentation proportionnelle à tous les échelons des postes de responsabilité, une libre discussion dans toute l'organisation, le droit de se réunir en tendances. Mais il désavoue par avance toute attaque frontale, au nom d'un moralisme abstrait, contre la direction de l'UEC, et s'oppose à une condamnation publique du PCF. Enfin, il demande qu'on vote sur cette tactique et que tous les délégués de gauche se sentent tenus par la discipline de vote. L'assemblée écoute, tendue. Un long silence prolonge l'intervention de Krivine. On passe au vote. Unanimité pour la proposition de Krivine, sauf trois abstentions, Goldman, Bruno Queysanne et moi. Aucun commentaire, mais chacun pressent que quelque chose d'extrapolitique va se jouer sur une scène politique et que ce moment comptera comme événement fondateur pour notre vie à tous. Le congrès reprend à huis clos. La « gauche » n'a pu obtenir la publicité des débats, malgré le renfort de militants pro-Parti encore sous le choc.

Pierre Kahn, sous les huées, essaie piteusement de justifier le marchandage conclu entre le bureau sortant de l'UEC et le PCF, au nom de la survie de l'UEC. Puis Roland Leroy, qui a repris tout son calme, plaide, surtout en direction des jeunes adhérents soudainement déniaisés mais encore fort influençables, la complexité de la lutte des classes et la nécessaire adaptation aux conditions mouvantes de la situation dans les milieux intellectuels et estudiantins, particulièrement sensibles à l'air du temps. Il faut comprendre, camarades, analyser, ne pas céder à l'impatience, toujours œuvrer pour l'unité et le rassemblement. Tout cela dit avec un ton placide, légèrement narquois, laissant entendre qu'il en a vu d'autres et qu'il tient la situation bien en main. Son intervention est reçue dans un silence glacial, mais du moins a-t-il pu la tenir. Pour le PC, c'est l'essentiel. Deux interventions attaquent les pratiques staliniennes mâtinées d'un socialisme à la française, nouveau leurre inventé par Thorez. L'un des orateurs traite Leroy de clown politique, qui à ces mots se contente de sourire et d'un léger signe de main, plein d'onction cardinalesque, empêche ses partisans de protester.

Krivine monte à son tour à la tribune et développe les thèmes qu'il a évoqués devant les délégués de la « gauche ». Son ton est extrêmement ferme. A plusieurs reprises il se tourne vers Roland Leroy, le fixe et l'oblige à soutenir son regard quand il l'accuse de malhonnêteté politique et d'arrivisme sans scrupules, capable de défendre publiquement ce qu'il condamne en privé, et pire encore de traîner dans la boue d'anciens amis personnels, prêt à toutes les bassesses, comme l'ont été les organisateurs et les complices des procès de Moscou, de Prague et de Budapest. Roland Leroy veut protester, mais Krivine l'arrête d'un cinglant « si tu veux, camarade Leroy, je peux donner des informations plus précises ». Roland Leroy pâlit. La salle gronde, les pro-Parti retrouvent de la voix, quelques-uns crient « Trotski, Trotski ! » à quoi toute la gauche répond « Staline, Staline ! ». Un hiérarque du PC à la tribune élève le ton. On entend « aventurier, démagogue ! ».

Krivine réplique : « Si je suis un aventurier, toi tu es un bureaucrate qui a cautionné tous les crimes du KGB et de la Guépéou. » Sifflets, cris, vociférations. De nouveau la salle s'enflamme, une bronca ponctue chacune des phrases de conclusion de Krivine qui finit par un vibrant appel à soutenir le renouveau révolutionnaire dans le monde et tout particulièrement les camarades cubains et vietnamiens, en première ligne contre l'impérialisme américain. « Sortons de nos limites nationales, camarades, balayons nos querelles de boutique.

Que cette préparation calamiteuse de congrès et ces manipulations honteuses d'appareil servent au moins à nous concentrer sur le point décisif. Comme le disent Fidel et le Che : "Le devoir d'un révolutionnaire c'est de faire la révolution." » Toute la gauche se lève et l'acclame. Les pro-Parti n'osent le siffler. Roland Leroy et ses acolytes baissent la tête, à la recherche fébrile de je ne sais quelles notes ou documents décisifs. Krivine est à peine descendu de la tribune que Goldman s'empare du micro.

Sa rage l'a abandonné. Pour la première fois, il donne l'impression d'être tout à fait sûr de lui. Il parle doucement, sans aucun effet oratoire. Il dit qu'il est entré à l'UEC en souvenir de la MOI, et parce que des militants révolutionnaires inscrits au parti communiste français, qui n'étaient en rien responsables de l'infamie de leurs dirigeants, mais qui se sentaient comptables de la tradition révolutionnaire française et de l'honneur du peuple français, avaient refusé de plier et s'étaient soulevés contre l'occupant nazi et avaient engagé, avec la MOI, la lutte armée en vue de la libération et de l'insurrection. Récemment encore, des militants inscrits au parti communiste et à l'UEC se sont opposés aux directives de la direction de l'UEC, ont participé au combat anticolonialiste et ont saboté, autant qu'ils l'ont pu, la machine militaire et l'appareil policier français. C'est avec eux que lui, Goldman, continue à lutter, à espérer, quoi qu'il arrive. Et d'ailleurs, partout dans le monde, il y a toujours des bourreaux et des justes qui les combattent ; partout il y a de l'infamie et de la lâcheté, et partout il y a de l'honneur et du courage. Communisme ou pas, coexistence pacifique ou pas, intérêts stratégiques ou intérêts tactiques, exploitation ou oppression, soulèvement de peuples colonisés ou guerre de classes, à la fin des fins, peu importe. Ce qui compte, c'est ce que chacun, au nom de ses fidélités et du sens qu'il veut donner à sa vie, choisit comme cause pour laquelle il accepte de mourir. Aujourd'hui, dans ce congrès, deux directions se dévoilent : des groupes d'individus sans vergogne, dénués du moindre scrupule, prêts à tout pour conserver le pouvoir. Des êtres veules et obscènes. A cette heure, chaque militant doit trancher en conscience. Sera-t-il complice de ces fossoyeurs de l'idéal révolutionnaire et de la grandeur humaine ? Lui ne se sent plus rien de commun avec ces renégats du communisme. Mais au nom du communisme justement, parce qu'il est communiste, comme les combattants de la MOI et de la Résistance internationaliste, comme les combattants vietnamiens d'aujourd'hui et ceux des Brigades internationales d'hier, mais aussi comme tous les militants sans carte, et même ceux que les staliniens accusent d'anticommunisme, les communistes libertaires, les trotskistes, les luxemburgistes, les conseillistes, tous ceux qui sans doctrine et sans parti se révoltent contre l'exploitation et l'oppression pour plus de liberté et plus de justice, il reste à l'UEC. Sans être tenu par aucune discipline de parti. Il y reste aussi longtemps qu'il pense que cela est utile pour le combat de l'émancipation humaine.

Quand il descend de la tribune, la salle est en suspens, un long silence s'installe que personne n'ose briser. A la tribune, Roland Leroy, Forner et les autres paraissent tétanisés. Les orateurs inscrits restent à leur place. Le congrès est à nouveau arrêté et cette fois nul ne semble en mesure d'en ranimer le cours. Goldman ne rejoint pas sa place. Il s'en va. Quelques amis, Bruno Queysanne, Delseneur, Janin, Prisca Bachelet et moi quittent avec lui les lieux du congrès. Goldman est pâle, silencieux, serein. Sitôt arrivés à Paris, ils se précipitent rue Monsieur-le-Prince, à l'Escale, chez les Sud-Américains. Ce soir, il faut boire et danser. Toute la nuit. Partir. Tout est là. Faut-il partir ? Goldman en est fortement tenté. Mais lui revient en mémoire ce vers de mirliton qu'a commis Aragon : « Mais vous êtes partis, et moi je suis resté. Oui j'ai choisi la France, j'ai choisi son Parti. » C'est devenu une véritable scie entre lui et ses amis, un mot de passe qui ouvre et ferme leur communauté de plus en plus soudée. A la moindre occasion d'un départ, ils entonnent la ritournelle « Mais vous êtes partis et moi je suis resté ».

Il n'empêche, la question se pose avec force, car en France la situation est bloquée. Certes, Goldman a affirmé au congrès qu'il resterait à l'UEC, mais plus par défi qu'au terme d'une analyse politique — car que peut-il se passer en France ? La situation paraît stabilisée après la fin de la guerre d'Algérie, De Gaulle est là pour longtemps. Les ouvriers découvrent les joies de la 4 L, de la machine à laver et des grands ensembles avec douche et WC. Les intellectuels sont accaparés par leurs travaux et leurs charges universitaires. Il reste Sartre et sa bande, mais précisément, ils sont de plus en plus seuls. Certains aux dents longues affûtent déjà les couteaux et annoncent la fin de l'engagement. Le Nouveau Roman et la bande de *Tel Quel* ne cherchent qu'un prétexte pour virer définitivement le Vieux. Les stals sont indécrottables. Aragon déclame son réalisme à la française et l'ineffable Garaudy se lance dans ses sermons sur le socialisme sans rivage, après avoir, tout aussi sentencieusement, soutenu sa thèse à l'université de Moscou sur la liberté.

De l'air, de l'air. L'Amérique latine, Cuba, les maquis, la musique, le rhum, la danse, les femmes. Goldman adore tout cet attirail « révolutionnaire », cette panoplie machiste. Il prend quelques contacts. En fait, il traîne dans les boîtes, rencontre des Antillais, mais sans conviction. Avec Debray, qui revient d'un long séjour à Cuba où il a participé aux campagnes d'alphabétisation, c'est plus sérieux. Mais justement, Debray est évasif, et surtout se méfie de la marginalité et de l'amateurisme intellectuel de Goldman. Les normaliens ne prennent jamais très au sérieux les autres étudiants, et les meilleures intentions politiques butent toujours sur leur fond de scepticisme, qui est le nom, plus anodin, de leur arrogance.

Alors, quoi ? Alors Bruno Queysanne et moi-même nous revenons à la charge et vantons à Goldman l'enseignement d'Althusser. En effet nous nous sommes beaucoup rapprochés du caïman de philosophie au cours de l'année. Après l'échec de la grève des étudiants de la Sorbonne, Althusser a écrit personnellement à Bruno Queysanne qui en fut un des leaders, pour compléter l'article de *la Nouvelle Critique* sur le même sujet. Il l'invite à participer au séminaire que Bourdieu anime sur la sociologie, autour d'une lecture de la *Critique de la raison dialectique* de Sartre. Quant à moi je rédige mon mémoire d'études supérieures de philosophie sur Feuerbach et m'adresse donc à Althusser qui vient de publier une traduction des *Manifestes philosophiques* du même Feuerbach. Celui-ci me reçoit très gentiment mais se récuse pour la direction de mon mémoire, et me conseille Aron. En cette circonstance j'observe à quel point l'estime théorique entre penseurs — et par ailleurs anciens élèves de la même école — prime sur les oppositions politiques. Mais surtout, je suis ébloui par l'accord qui existe chez Althusser entre la précision et la clarté de la parole et la netteté, l'évidence de sa présence corporelle. Le grain de sa voix semble s'ajuster très précisément avec la densité de ses mots. Pour la première fois je rencontre un philosophe — mes professeurs de philosophie, je ne les connais qu'en tant que professeurs et je n'ai jamais vu Sartre et Merleau-Ponty que dans de vastes assemblées, où l'orateur surnage au loin, au milieu d'une forêt de micros. En face à face, d'homme à homme — du moins Althusser favorise cette impression, car il ne prend jamais la pose du maître, ni ne s'abaisse à jouer les camarades —, Althusser se présente comme un prodigieux clinicien de la lecture. Cela me frappe d'emblée. En lisant notes et esquisses, en écoutant parler, Althusser délimite le problème, c'est-à-dire l'enjeu, à partir duquel devront s'articuler les recherches et les analyses. A ce don de clinicien s'ajoute chez lui une particularité que d'ordinaire s'attribuent les poètes, ce que Francis Ponge appelle « le parti pris des choses ». Pour lui, les concepts sont des blocs sensibles, doués de propriétés matérielles, dureté, souplesse, résistance, et la pensée prend corps. Et pourtant, quelquefois, la rigueur de l'énoncé, l'extrême tranchant de la démonstration, nimbent d'irréalité le monde et les hommes qui s'y perdent en tentant de le comprendre. Althusser donne alors, l'espace d'un instant, l'impression de décoller et son interlocuteur est pris, capté par ce cogito invisible qui pense et transmue toute chose et tout être en objet pour son « œil omnivoyant ». A cette seconde, dans l'*Augenblick* du philosophe, le sujet perçu se sent comme halluciné, dans la mesure où, percé à jour totalement, il devient proie de la capture visuelle. Il est ce chapeau, affublé d'un corps, que Descartes discerne du fond de sa retraite, entre deux méditations.

Etrange situation, qui, en définitive, renforce chez moi la conviction du caractère presque thaumaturgique de la philosophie quand elle est déployée comme il faut, dans son extension infinie. Ainsi, dès ma première entrevue, je suis convaincu qu'Althusser peut indiquer une voie parce qu'il est pleinement philosophe et que cette voie c'est la transformation du monde parce qu'il est philosophe marxiste. Il comprend la pertinence de la phrase de Lénine citée en exergue du petit bulletin édité par le cercle de l'Ecole normale : « Le marxisme est tout-puissant parce qu'il est vrai.» La personne d'Althusser singularise cette thèse, dans la mesure même où l'individu Althusser donne cette étrange impression d'exister abstraitement, d'incarner, au sens le plus pesant, le plus terrien, le plus organique, ce qui se détache du monde, ce qui en est séparé. C'est comme si Althusser résolvait l'aporie cartésienne de la composition du corps et de l'âme et qu'il réussissait la gageure d'être une substance pensante étendue.

Aussi étrange que cela semble à première vue, il y a quelque chose de commun entre Goldman et Althusser ; leur égale identification à la philosophie. L'un, Goldman, en souffre la passion, sous la forme d'un corps-à-corps, élémentaire, non médiatisé par le concept, avec l'idée, l'absolu, le pur vide indéterminé de la conscience et de la liberté. L'autre, Althusser, en aménage le site, en trace les frontières et les lignes de démarcation par l'élaboration des concepts et le bon usage de l'entendement, capable de démasquer les faux-semblants et d'éviter les impasses.

A l'UEC, certains se sont engagés dans cette voie et mis à la dure école du concept. Il se trouve que ce sont les élèves de l'Ecole normale supérieure — pas uniquement les « philosophes » mais aussi des « littéraires » et des « scientifiques ». Au dernier congrès, deux de leurs représentants, Robert Linhart et Jacques-

Alain Miller, ont adopté une position originale, refusant de trancher entre les pro-Parti et la « gauche », car selon eux ces deux orientations politiques, apparemment antagonistes, procèdent en fait d'une même confusion théorique. C'est pourquoi ils proposent une refondation de l'UEC sur la base d'une reformulation théorique. Les militants doivent s'éduquer et assimiler les concepts fondamentaux du marxisme, faute de quoi leur politique sera entachée alternativement de déviation révisionniste ou d'aventurisme gauchiste. Le fond de la discussion tourne autour d'une expression forgée par Althusser, la « pratique théorique ». Comment comprendre cette contradiction dans les termes, car chacun sait — et pas uniquement un marxiste mais tout individu sérieux — que pratique et théorie se distinguent. Le problème philosophique et politique consiste justement à trouver les justes rapports que théorie et pratique doivent entretenir et non pas à décréter le problème résolu en les fusionnant l'une et l'autre. Pour la plupart des adhérents de l'UEC, cette « pratique théorique » relève d'une spéculation purement philosophique à laquelle seuls des spécialistes, les philosophes de profession, peuvent s'intéresser. Elle ne les concerne en rien. Pour Krivine et ses amis, quelque peu ironiques, cette nouvelle problématique change agréablement des sempiternels poncifs dogmatiques, mais fait l'impasse sur les problèmes brûlants que pose une déstalinisation véritable, et en particulier la question de la liberté dans l'art et la théorie. Althusser et ses élèves admettent-ils le « droit de tendance » et l'existence de groupes, d'écoles, de philosophies dans l'Etat socialiste ? Y a-t-il pour eux une philosophie d'Etat et un art réaliste socialiste, dont le Parti est le pédagogue et le censeur ?

Les adhérents du cercle philo sont évidemment directement interpellés par Althusser. Ils ne peuvent se satisfaire du gros bon sens des tenants de la séparation indubitable théorie-pratique, ni de l'ironie quelque peu goguenarde des activistes de gauche. En effet, que dit Althusser ? Il y a une modalité spécifique de la pratique, c'est l'élaboration de la théorie matérialiste, qui prend pour matière première le sensible, le vécu (personnel et collectif) et, à l'aide de moyens de production adéquats (les concepts tirés du matérialisme historique et dialectique), produit le *concret de pensée* qui permet de connaître le réel, et par conséquent de le transformer.

Que la théorie puisse fonctionner comme une pratique permet aux intellectuels révolutionnaires de résister au chantage de la direction du PC vis-à-vis de militants « petits-bourgeois », loin de la classe ouvrière et de son œuvre transformatrice. Seulement, il faut en payer le prix. En finir avec les facilités des indignations moralisatrices et les séductions du romantisme, fût-il prétendument révolutionnaire. Il importe de faire son deuil des analyses du jeune Marx sur l'aliénation et la scission qui séparerait le travailleur exploité de son essence générique. Seul le dur travail du concept permet de saisir le procès du travail salarié comme marchandise, c'est-à-dire le procès de l'exploitation de la force de travail en vue de l'extorsion de la plus-value. Ce nécessaire détour par la science inaugurée par Marx — celle des rapports sociaux de production ou matérialisme historique — pour fonder une politique prolétarienne disqualifie toutes les fadaises « humanistes » d'un Garaudy.

Cela, c'est parfait. Mais, beaucoup plus douloureux à accepter — pour la génération de la guerre d'Algérie —, la répudiation de Sartre et de toutes les philosophies de la conscience, phénoménologie, hégélianisme, même dans sa variante de gauche, bref, la répudiation de toutes les affirmations d'un sujet libre et autonome qui peut plier le monde à sa volonté. Plus d'auteur, plus d'individu imprimant sa marque dans l'histoire de la pensée ou de l'art. Un procès de production, serait-il intellectuel : une pratique — non une œuvre — artistique. Dure contrainte de la vérité. Mais en regard, toute-puissance.

Car tous les efforts théoriques, les détours, les ascèses, ont leurs récompenses : la toute-puissance non pas bien sûr des sujets révolutionnaires, mais du processus révolutionnaire. Althusser propose un néospinozisme : non plus « Deus sive natura », mais « Révolution sive natura ». Cette immersion dans le mouvement même du réel résout la contradiction entre les aspirations subjectives à devenir libres, sans maîtres, et le désir de participer à la lutte commune contre les maîtres du monde.

Le *Pour Marx* d'Althusser s'offre comme livre du monde. Le lire et le comprendre, c'est entrer dans le monde comme livre. Certes, cette ambition existe chez Hegel avec la figure du savoir absolu, chez Mallarmé avec le Livre.

D'où vient une telle assurance ? Du désastre même de l'état du monde, quand son devenir vrai n'est pas connu et que sa révolutionnarisation se change en son contraire. C'est à cause même et non malgré le désastre déjà advenu, le stalinisme, que peut s'énoncer l'adéquation possible entre le mouvement du réel et le procès de sa transformation connaissable.

La monstruosité du stalinisme ne prouve pas l'inanité de l'entreprise révolutionnaire et la fausseté du marxisme, mais révèle en pleine lumière, pour qui veut voir, à quelle monstruosité aboutit l'involution du devenir vrai du marxisme, auquel correspond une

régression du mouvement réel. Le stalinisme est cette
tache intellectuelle que ne peut laver toute l'eau de la
mer dont parle Lautréamont. Althusser le détecte
comme tache, donc le connaît et l'intègre au mouvement de l'histoire. Ce processus d'intégration n'est pas
oubli mais dépassement. Il n'empêche, le mal est fait.
Voilà ce qu'il en coûte au mouvement révolutionnaire
quand il se détourne, se désintéresse ou même s'oppose
au travail théorique et philosophique qui l'ancre dans
le mouvement réel et l'empêche de sombrer dans la
fausse conscience de l'opportunisme économiste ou du
volontarisme subjectiviste. Quelle responsabilité mais
aussi quel champ ouvert à la philosophie marxiste !
Rien de moins que d'être garant du réel. Mais qui
garantit que le réel est garanti ? Rien de moins que la
vérité. Non point la vérité du cogito cartésien, mais la
prosopopée de la vérité.

Car c'est la lutte des classes qui parle en personne
en se déplaçant sur un autre terrain, la philosophie,
c'est-à-dire la forme selon laquelle se réfléchit et se
concentre la lutte politique de classe. Le texte philosophique est le terrain où se déroule la bataille et
l'arme avec laquelle le combat est mené. Toujours
effet de ce qui n'apparaît pas, la thèse philosophique
n'énonce pas ce que pense le philosophe, mais circonscrit le lieu et l'enjeu du combat.

Seulement, si la vérité c'est la guerre, il n'est pas
indifférent que les proclamations et les ordres du jour
donnés aux armées aient un ton, un style. Question de
moral.

Les jeunes gens des années 60, enfants de la Seconde
Guerre et de la défaite de leurs pères, militants, soldats
de batailles menées par procuration en Europe, alors
qu'elles se déchaînent dans les «zones des tempêtes»,
amoureux de la philosophie qui ne supportent pas de
la voir réduite à un inoffensif commentaire de textes,
ont besoin qu'on leur remonte le moral. *Pour Marx*

renoue le fil avec la pensée des Lumières, les grandes manœuvres philosophiques qui précèdent les révolutions.

Comment, dans ces conditions, Althusser ne séduirait-il pas tous ceux qui du mouvement réel n'ont l'expérience que du blocage et de la régression ? Séduire, c'est bien le mot. Althusser séduit par la théorie, ou plus exactement séduit ses élèves, et maintenant quelques militants en dehors du cercle étroit de la rue d'Ulm par la promesse d'une théorie à venir. Goldman comprend d'autant mieux cette entreprise de séduction que lui-même est un séducteur. Il détecte, sous la théorie même, la séduction, alors que beaucoup, dont Bruno Queysanne et moi-même, sont sensibles à la rigueur, et prennent l'entreprise d'Althusser comme une recherche « désintéressée » de la vérité, au même titre que la recherche scientifique fondamentale. La constitution d'une philosophie du concept — déjà mise en chantier par Cavaillès, ce philosophe des sciences, dirigeant de la Résistance, fusillé par les nazis — leur semble la meilleure voie pour sortir le marxisme de sa crise et de sa stérilité. Comment un intellectuel révolutionnaire ne souhaiterait-il pas que ce pour quoi il lutte soit éclairé par une philosophie et une théorie qui disent le vrai du monde ?

Mais Goldman pense avec son corps. Du fait même de ses ignorances conceptuelles il se méfie instinctivement de ce qui se présente comme concept sans corps. Le concept est un mot qui ne prend consistance que s'il est indexé sur la chose. Ce qui intéresse Goldman c'est la « chose ». Il est kantien non critique, amateur de « chose en soi ». La « chose corps » Goldman part à la rencontre des autres corps qui n'ont d'intérêt que de présenter d'autres irréductibilités, « choses en soi ». La révolution est la parousie des « corps en soi »

— choses, enfin rendus à eux-mêmes dans leur intégrité et non aliénés dans le pour autrui captateur et
réducteur. Or les concepts d'Althusser ne trouvent
jamais leur corps. La preuve pour Goldman? Les
élèves d'Althusser. La vérité de la théorie althussé-
rienne est déployée dans les corps désincarnés des
élèves d'Althusser. Ce sont les idées de puissance qu'ils
mettent en avant. La « toute-puissance » du marxisme
certes, mais cela pourrait être toute autre chose. Si
encore c'était la puissance nietzschéenne, celle qui
donne la « grande santé » ! Non, plus prosaïquement,
c'est la puissance de l'encyclopédiste, de celui qui possède le plus vaste des savoirs. Les althussériens ne sont
pas des militants mais des stratèges de la théorie. Ils ne
se soucient pas de l'avancée de la révolution mais du
triomphe de la « science », dont le marxisme est une
des composantes. Sorte de minisociété savante et
secrète, ils se partagent tous les champs du savoir : lin-
guistique, psychanalyse, histoire des sciences et épistémologie, et veulent s'approprier le monde théorique,
au nom de la philosophie marxiste. Barricadés dans
leurs chambres, leurs « turnes », ils ne se mêlent pas
avec le *vulgum pecus* sorbonnard et ne fréquentent que
les séminaires de Canguilhem — détenteur de la chaire
d'histoire des sciences —, continuateur de Bachelard.
Pour eux, les manifestations sont des gesticulations
puériles, et la dénonciation du révisionnisme est
inutile. Seules comptent la production de discours arti-
culés et la mise à jour des lois de « structures ». Structures élémentaires de la parenté de Lévi-Strauss, structure de la langue chez Jakobson, structure de l'inconscient
avec Freud et Lacan, structure des mythes indo-euro-
péens chez Dumézil.

Ils ont l'enivrante certitude de participer à un mouvement de pensée historique et à caractère universel, à
l'égal de ceux des années 20, du constructivisme russe,
du formalisme praguois et du surréalisme. Le débraillé

en moins, ils possèdent tous les traits et les tics des avant-gardes : impétuosité, ambition prométhéenne, intolérance, sens du groupe.

Depuis la fin du XIXᵉ siècle, les jeunes gens brillants débutent dans la carrière en proclamant haut et fort que l'intelligence commence avec eux et que l'humanité, si elle veut survivre, doit impérativement faire table rase de tout ce qui n'est pas eux. Les normaliens althussériens du début des années 60 reprennent à leur compte la phrase célèbre d'Aragon, prononcée à l'occasion du « cadavre » d'Anatole France : « J'aimerais avoir une gomme à effacer l'ignominie du monde.» Mais, comme ils sont des jeunes séminaristes de la science et non des promeneurs des boulevards, ils s'enchantent d'un mot d'apparence plus anodine, mais d'un effet plus tranchant. A la gomme à effacer ils préfèrent la fameuse « coupure épistémologique » qui sépare l'idéologie et la science, qui découpe dans la chair du concept ce qui est vivant et ce qui est mort. La bande chasse avec son chef de meute. Le loup Althusser est enfin sorti de la forêt, après une longue hibernation. Les jeunes loups l'escortent, l'entourent, et participent avec lui à la curée. Il y a de la horde, innocente, ludique, « sauvage », dans le maniement des armes de la critique. Les normaliens sont de redoutables bretteurs du langage, des artificiers de la bombe conceptuelle, tels que les décrit Hermann Hesse dans son roman, *le Jeu des perles de verre*.

N'empêche, ça sent la poudre. Goldman est donc intéressé. Mais s'il apprécie la férocité, l'« antihumanisme théorique », seule attitude digne de révolutionnaires, il est sceptique sur le passage éventuel du stade des « armes de la critique », dans lesquelles excellent les normaliens croisés du concept, le « parti spinoziste », comme ils s'appellent entre eux, « au stade de la critique des armes », moment de la vérité. Dans le fond Goldman reste hégélien ; disciple du théoricien de la lutte à mort entre le maître et l'esclave, et du philosophe de la guerre — tribunal de l'histoire où les peuples sont sommés de comparaître, avant que le verdict sur le droit à vivre ou la condamnation à mourir soit prononcé.

Pour Goldman il y a les althussériens purs, dont l'intérêt et l'ambition relèvent de l'ordre du symbolique. Héritiers des grands conquérants de la Lettre, du langage parfait et universel, ils tirent Marx dans le royaume du *signifiant*.. Ceux-ci sont les « vrais joueurs de perles de verre », compagnons en combinatoires, en quête de maîtrise mathématique et grammairière, « structuralistes » intransigeants, révolutionnaires de la forme, néoplatoniciens matérialistes. Ils sont althussériens, tendance lacanienne depuis l'article fameux d'Althusser paru dans la *Nouvelle Critique* : *Freud et Lacan*. Un des leurs prétend avoir inventé un concept : *la causalité métonymique*. Après d'âpres discussions, ses droits de propriété littéraire lui sont reconnus...

Goldman et ses camarades du cercle de philo Sorbonne sont informés avec quelque retard de ces péripéties conceptuelles. Bien sûr, ils en rient, mais surtout de dépit, car si se battre pour la reconnaissance en paternité d'un concept leur apparaît du dernier comique, ils ne peuvent s'empêcher d'admirer et d'envier quelqu'un de leur âge capable d'inventer un concept. Gloire des gloires pour un apprenti philosophe, Jacques-Alain Miller, surtout quand cette invention conceptuelle est reprise et utilisée par le maître. Or le maître Althusser fait un ample usage de *la causalité métonymique* dans sa lecture du *Capital*, «lecture symptomale», qui se veut lecture philosophique de Marx. Que lui apprend cette lecture ? L'absence d'un énoncé philosophique explicite dans *le Capital* induit une certaine mise en place des concepts fondamentaux, tels que «fétichisme de la marchandise», qui expliquent le «mystère» de la «valeur», scindée entre valeur d'usage et valeur d'échange. La philosophie introuvable du *Capital* — et pourtant présente dans l'énoncé des nouveaux concepts économiques — permet à Marx de critiquer l'économie politique classique. Seulement tous les économistes, y compris les économistes marxistes, ne voient pas — ne peuvent ou ne veulent pas voir — que l'implicite philosophique est la condition de possibilité de l'énoncé économique. L'apparente absence de la philosophie est la cause réelle de la critique dans l'économie politique. L'économie n'est pas une science car elle est incapable — quel que soit le degré de raffinement de sa méthodologie — de déterminer son objet. Dire comme l'économie classique qu'elle s'occupe de la richesse : production, consommation et distribution, masque la structure spécifique du capital. Cela, Marx peut l'établir, uniquement parce qu'il fait la critique philosophique de l'idéalisme hégélien et surtout feuerbachien qui découpe le monde selon l'opposition vérité-apparence, essentiel-inessentiel. Or ce que produit Marx dans *le Capital* ce n'est pas la vérité du capitalisme réel face à une mystification idéologique, le «concret» de l'exploitation contre les «abstractions» des lois économiques, mais le «concret de pensée», l'objet théorique «plus-value». La plus-value *n'existe pas en personne*. C'est pourquoi les économistes classiques Smith et Ricardo confondent la plus-value avec les *formes* de son existence : le profit, la rente et l'intérêt. Question de mots peut-être ? Oui, mais pour Marx, l'économie politique classique est enfermée par l'identité de son système d'idées et de sa terminologie. Or les écono-

mistes classiques parlent aussi de plus-value, sauf qu'ils
pensent qu'elle est quantifiable, parce que c'est *un fait
économique*, comme le sont les prix, les échanges, le
salaire, le profit, la rente, etc. Ce que démontre Marx
dans *le Capital,* c'est que précisément la plus-value
n'est pas un fait, n'est pas *une chose.* La plus-value
n'est pas une réalité mesurable mais le concept d'un
rapport, le concept d'une structure sociale de production, existant d'une existence visible, et mesurable seulement dans ses effets. Certes, les *objets de la production* — la terre, le minerai, le charbon, le coton, le
pétrole — sont des choses, des réalités mesurables,
ainsi que les outils et les machines. L'économie classique en conclut que ces objets sont visibles et donnés
immédiatement, sans s'aviser que ce qui importe pour
connaître la réalité du capitalisme, c'est la connaissance des *rapports* de production, qui ne sont pas des
choses, mais des structures. *Le Capital* est la critique
de l'économie politique, en tant que connaissance d'un
nouvel objet théorique : la plus-value qui est un rapport de combinaison, de complexité, consubstantiel au
mode de production tout entier, déterminant comme
loi de sa structure la réalité économique tout entière.

Cette démonstration de l'irréductibilité du concept
de plus-value aux variations conjoncturelles du capitalisme est d'un formidable intérêt idéologique et politique, car elle permet de contrecarrer les campagnes
incessantes tendant à prouver que la pensée de Marx
n'est plus adaptée aux conditions réelles de la seconde
moitié du XXᵉ siècle. La lecture symptomale du *Capital* — trouver la cause invisible présente uniquement
dans ses effets — permet de mettre en lumière le caractère scientifique de la critique de l'économie politique
et, par conséquent, procure aux révolutionnaires une

base d'appui inexpugnable pour se lancer à l'assaut de l'ancien monde. Raison de plus pour critiquer l'éclectisme qui règne en maître à l'UEC, avec la complicité de la direction révisionniste du PC. Les althussériens ne s'en privent pas. Dans leur revue *les Cahiers marxistes-léninistes*, ils s'en prennent violemment au laisser-aller théorique et assignent comme but principal à l'UEC la formation d'intellectuels communistes, préalable indispensable à toute pratique révolutionnaire.

Les althussériens, en s'appuyant sur le livre de Bourdieu-Passeron, *les Héritiers,* critiquent la structure de l'enseignement supérieur, particulièrement en faculté de lettres, l'irréalisme de l'idéologie étudiante et le dilettantisme promu comme comportement idéal, y compris à l'UEC. Or, dans leur pratique politique les étudiants ont besoin de techniques de travail intellectuel et nullement d'être originaux, pire encore autodidactes. Il leur faut se plier à la discipline de l'organisation léniniste d'avant-garde.

Goldman traduit : la dictature des pions et l'arrogance des maîtres à penser. C'est un monde qui lui est totalement étranger, et par conséquent il ne se sent nullement agressé par ces althussériens «joueurs de perles de verre». Quand Bruno Queysanne et moi lui communiquons ce que les militants du «cercle d'épistémologie» Miller, Milner, Grosrichard, et quelques autres disent ou écrivent, il écoute à peine. Non par hostilité mais par profonde indifférence. Les «formalistes», les forts en thème, les érudits, sont d'une espèce qu'il a de la peine à imaginer et dont le comportement le déroute.

En revanche il est très sensible aux althussériens activistes, ceux qu'il considère comme des néobolcheviques et qui se revendiquent d'un léninisme intégral.

Ils sont conduits par Robert Linhart. C'est un jeune homme d'allure austère, aux cheveux bruns, au regard tranchant, aussi métallique que ses fines lunettes à la Brecht. Tendu et fiévreux, comme un jeune Bonaparte impatient. Sa voix est claire, au débit extrêmement rapide. Il parle comme on donne des ordres ou on lance des proclamations. De taille moyenne, mince, il pourrait paraître frêle, et pourtant, dès qu'il est quelque part, sa présence remplit l'espace. Il aime porter une casquette noire de marin, comme celles des commissaires politiques bolcheviques de la période héroïque. Peu bavard, il réserve son éloquence pour les joutes politiques; mais à la différence des ténors du secteur lettres, il cultive le style sobre du compte rendu et préfère le raisonnement logique aux fleurs de la rhétorique. Il s'est imposé sans coup férir à l'UEC. Ombre furtive au sixième congrès de l'UEC, il entre au septième congrès, avec les pro-Parti, à la direction, mais chacun pressent que c'est l'alliance de l'eau et du feu. Il se recommande du marxisme-léninisme, prétend qu'une organisation de jeunesse communiste ne peut élaborer une politique autonome, en contradiction avec les intérêts généraux du parti du prolétariat. C'est pourquoi il assigne à l'UEC la tâche prioritaire de former des militants intellectuels marxistes-léninistes. De ce point de vue, il se réclame de l'enseignement philosophique d'Althusser, mais dans un but politique, révolutionnaire. Il se veut organisateur, futur révolutionnaire professionnel. Il sent qu'il en a la stature; il en a déjà l'aura.

Au même moment, Goldman cherche une issue à son oisiveté militante. Demi-solde de la révolte, il ne peut passer son temps à traîner au secteur lettres, à danser et boire chez ses copains antillais ou sud-américains. Maintenant que la lutte anticolonialiste n'a plus de raison d'être et que, pour l'essentiel, les bandes d'extrême droite ont été chassées du Quartier Latin, Goldman se rend compte qu'il ne peut compter sur sa seule rage contre le monde pour rester intègre. Sa force, son énergie, ne peuvent être conservées uniquement pour l'entraînement physique et la direction du service d'ordre. Il a besoin de se redonner des buts de combat et d'engager une nouvelle bataille. Depuis son arrivée au Quartier il n'a pas changé. Les cheveux courts, la nuque raide, étrangement semblable aux jeunes paras, les lèvres assez épaisses, le front large, ainsi que les épaules, il donne l'impression d'une force contenue, d'une immense énergie en réserve. Non pas Bonaparte à Arcole comme Linhart, mais plutôt Marcel Cerdan; d'ailleurs, il en a le gabarit et surtout le côté métèque. Bien qu'il ne soit pas originaire d'Afrique du Nord ou du Moyen-Orient, il émane de lui une sensualité alanguie, que dément l'aigu de son profil. En privé — c'est-à-dire entre deux réunions ou deux missions de service d'ordre —, la moue de sa lippe gourmande et l'éclat de ses yeux rieurs lui donnent quelquefois la bouille d'un gamin farceur, tel qu'on en voit souvent dans les photos de Doisneau et que la mythologie du poulbot l'a popularisé dans le monde entier. Un gavroche des faubourgs, ce fils de juif polonais, le plébéien de l'aristocrate Linhart.

Ainsi, sans doute, ces deux juifs polonais se jugent, se jaugent et envisagent de faire route commune. Seulement chacun veut bien faire alliance avec l'autre, pourvu qu'il sacrifie ses compagnons et mette fin à ses mauvaises habitudes.

Pour Goldman, il n'est pas possible qu'un léniniste comme Linhart puisse continuer à se sentir solidaire de gens, qui, sous prétexte de rigueur théorique, considèrent que Lévi-Strauss, Dumézil sont des alliés plus importants que Sartre, et que faire la révolution passe par la constitution d'un cercle d'épistémologie. Ce n'est pas qu'il méprise la théorie le moins du monde, mais il lui semble impossible d'admettre que les problèmes théoriques — sans même parler de leurs éventuelles solutions — posés par une pratique révolutionnaire conséquente soient d'ordre purement intellectuel. Pour lui, l'essence de la théorie révolutionnaire n'est pas *théorique*. En définitive, c'est la lutte des classes, la guerre des classes qui détermine les enjeux théoriques posés par la stratégie et la tactique révolutionnaire, et surtout qui circonscrit et définit les enjeux révolutionnaires dans la théorie. Goldman sait juste ce qu'il faut de Kant pour éprouver que c'est *l'idée de la révolution* — l'idée de son existence et de sa réalisation possible — qui rend possible et désirable la connaissance — par l'entendement — des lois de l'histoire et du monde dans lesquelles elle peut se déployer, de la même façon que dans la *Critique de la raison pure* Kant démontre que c'est l'idée de la raison qui rend possible et nécessaire la production de connaissance. Les « épistémologues » des *Cahiers pour l'analyse* font le contraire et prétendent retrouver l' « idée » d'une révolution « structurale » en produisant les concepts qui permettent de la distinguer d'une gesticulation aventuriste ou d'une simple révolution de la conscience, chère à Sartre.

Bref, pour Goldman, Linhart doit se séparer de ceux qui, sous prétexte de restaurer l'éclat du marxisme et de développer la science de la révolution, en viennent à confondre crise révolutionnaire et crise conceptuelle. Linhart, en léniniste conséquent, ne peut pas ne pas voir que ses « amis » épistémologues de la rue d'Ulm répètent une des variantes les plus classiques du révisionnisme, stigmatisée par Lénine justement, sous le nom de « marxisme légal », ou « marxisme de la chaire ».

Robert Linhart revient d'un long séjour en Algérie où, un an après l'indépendance, Ben Bella tente de mettre en œuvre, dans le plus grand désordre, une réforme agraire. Sur le terrain, Linhart a mis à l'épreuve les outils du matérialisme historique et a pu mesurer qu'il y avait loin de la théorie à la pratique. Cependant cela ne suffit pas à infirmer à ses yeux les avancées théoriques d'Althusser et par conséquent milite en faveur de la reconduction du front uni des althussériens, quelles que soient par ailleurs les réserves voire les sarcasmes qu'il réserve aux pratiques les plus caricaturales de ses chers petits camarades et à leur isolement complet vis-à-vis des militants de l'UEC. Il apprécie beaucoup le courage et la capacité de se lier aux masses de Goldman, mais il ne comprend pas son éclectisme politique, son refus de se démarquer de Krivine et de la tendance trotskiste, de ses faiblesses vis-à-vis de certains Italiens, malgré leur révisionnisme avéré. Au fond, ce que Linhart reproche à Goldman, c'est de préférer l'amitié à la rigueur doctrinale. La révolution est la seule amie du révolutionnaire, les révolutionnaires n'ont pas d'amis. Pour Goldman, évidemment, c'est exactement le contraire. La révolution ne vaut rien, si elle est incapable de susciter des amitiés, à la vie à la mort, pour ceux qui la chérissent et s'y vouent, quels que soient leurs désaccords sur la manière de la faire, et la variété des motifs de l'aimer. Ce qu'il reproche aux althussériens justement, c'est de ne rien aimer ; ni les autres, ni eux-mêmes. Comment et pourquoi pourraient-ils aimer la révolution ? Il pressent une imposture dans leur désir abstrait de révolution et leur obsession de la pureté du concept, pressentiment qui pour lui est largement confirmé par leur incapacité à prendre plaisir à faire la fête. Linhart peut-être... Mais pour l'instant, la transaction qu'il lui propose — son renfort théorique contre le fait que lui Goldman renonce à son mode de vie marginal, à ses copains les moins fréquentables —, il n'y est pas prêt. Car il perdrait toutes les raisons de faire la révolution — c'est-à-dire, pour lui, faire barrage au désespoir et à la mort dans l'esclavage —, sans gagner aucune puissance nouvelle de pensée.

Les althussériens ne sont pas des activistes de la révolution ; après tout, pourquoi pas ? Mais leur prétention à constituer un parti spinoziste relève du vœu pieux. Car si leur pratique est manifestement nulle, leur production d'œuvres est plus que problématique. Entre le jeune normalien surdoué et le philosophe demi-solde se joue un rapport impossible, qui les tient tous deux dans le désir d'un accord et les oblige à toujours le différer. Cette quête d'une entente qu'ils savent tous les deux improbable témoigne de ce qu'ils voudraient conjuguer, leur part respective d'inconciliable avec le monde. Ce qui les rend si proches l'un de l'autre, le refus radical de se réconcilier avec la réalité, les pousse aux extrêmes de ce qui ne peut se négocier. Linhart est un léniniste de principe, c'est-à-dire requis par la nécessité du vrai de la proposition révolutionnaire, et par conséquent de sa puissance infinie. Goldman existe dans la soumission à son destin révolutionnaire, qu'il accueille comme *amor fati*, affirmation de l'infinie puissance de son vouloir-vivre, face aux terribles séductions du néant. Pour Goldman, vivre c'est vivre en révolutionnaire, ou bien se laisser mourir, se consumer en s'abandonnant aux passions tristes de la destruction. Linhart ne peut vivre l'invivable de l'impensable. La bêtise enchaîne le corps à l'organique et au physiologique, et le coupe de tout rapport au monde et aux autres. La bêtise asservit, car elle transforme l'existence humaine en cycle répétitif de la reproduction, de la corruption et du pourrissement. L'homme se mue en légume. Pour Linhart la réalité marchande transforme les êtres humains en légumes, abrutis, asservis, choses parmi les choses. La révolution est l'exercice conscient et pensé d'une pratique humaine se donnant des objectifs autres que la perpétuation d'un cycle vital. Le socialisme et le communisme sont les conditions nécessaires — si ce n'est suffisantes — pour que chaque être humain œuvre à son devenir conscient humain, de sorte que l'humanité soit la libre association de sujets égaux, développant en eux-mêmes la part singulière. La révolution est commune, parce que raison commune. En ce sens, Linhart est un cartésien radical; léniniste parce que cartésien.

Si tant est que le bon sens soit la chose la mieux partagée, alors la révolution est ce qui peut le mieux se partager, puisque précisément elle consiste à rendre à chacun ce qui lui est dû et à permettre à tous d'agir selon leur puissance et d'affirmer leur pouvoir de pensée.

Tous les deux sont nietzschéens sans trop le savoir, par les deux côtés de Nietzsche; par ses deux bords : Goldman l'*amor fati*, l'acquiescement au destin révolutionnaire, Linhart par volonté de puissance, la puissance infinie du vrai. L'un et l'autre ne peuvent se réunir, car ils n'ont pas le « savoir du pont »; bien qu'ils en aient tous deux le désir. C'est ce désir du pont qui rend leur désir d'entente si fort; c'est cette incapacité de construire ce pont qui accroît leur douleur de rester chacun sur une rive. Car tous deux font de la pensée et de la révolution des biens, des évidences, des événements, et des intensités sur lesquels nul ne peut transiger. C'est ce qui les rend si frères dans leur refus de la comédie intellectuelle. Autant ils comprennent et admirent qu'un savant s'adonne tout entier à sa science et qu'un artiste sacrifie tout à son art — en ce sens ni l'un ni l'autre n'a jamais cru à quelque science ou art soi-disant prolétariens opposés à de non moins prétendues sciences ou arts bourgeois —, autant ils méprisent les intellectuels ou les artistes dits de gauche qui se croient quittes avec la pensée en ratiocinant sur l'état du monde, et profondément révolutionnaires parce qu'ils s'inscrivent au PCF ou se proclament marxistes comme on cotise à la sécurité sociale. L'espèce des pétitionnaires leur paraît comique et les professeurs d'université — dont l'assiduité à leurs réunions de cellule dispense de parler à leurs étudiants — les écœurent. Quant aux éternels étudiants, grands stratèges révolutionnaires de la Coupole, de l'Old Navy et du Flore, qui « font » les séminaires de Lacan, Lévi-Strauss ou Braudel comme les gentils membres du Club Med « font » la Grèce, la Tunisie ou le Mexique, ils les assimilent aux héros insignifiants que Perec — leur contemporain — décrit si cruellement dans *les Choses*. Ce monde débraillé de la jactance et de la veulerie les insupporte.

Ce sont des révolutionnaires classiques ; puritains, si on entend par là qu'ils ont horreur de l'adultère. Tromper la vérité ou la science leur paraît aussi sordide que l'intrigue répétitive des pièces de boulevard. Le mari, l'amant, la femme, c'est comme la révolution, le progressisme et l'intellectuel de gauche. Même le sartrien Goldman trouve l'« engagement » ridicule. On est ou on n'est pas enceinte. Les intellectuels engagés sont comme ces vierges qui ne veulent pas voir et sentir qu'elles sont engrossées et s'imaginent que le fruit qu'elles portent dans leurs entrailles les laisse cependant vierges, comme Marie la Mère de Dieu. Ils ne veulent pas comprendre qu'ils sont parlés et agis par leur place dans le procès de production. L'engagement n'est pas un choix; il n'y a pas de choix de la conscience, mais une production de connaissance de ce non-choix et une pratique révolutionnaire. Créer et agencer des concepts; créer des forces, agencer des rapports de forces. Les intellectuels de gauche, dits engagés, croient se faire les hérauts de l'histoire, alors qu'ils n'en sont que les ventriloques et les parasites. L'intensité de l'invention, l'irruption d'un événement non encore connu ou accompli, la rupture et non le progrès, voilà ce à quoi doivent se montrer fidèles poètes, savants et révolutionnaires.

Avant d'être politique, la méfiance qu'inspire à Goldman et Linhart la social-démocratie est d'ordre éthique, voire ontologique. La social-démocratie est un peu-d'être, comme diraient les platoniciens, de peu de réalité et qui se contente de peu. François Mitterrand et Madame Express du journal *l'Express* en incarnent l'essence. Le monde comme triomphe du simulacre, de l'ostentation; de la séduction sans les risques de l'amour, de la politique sans le tragique de la mort; des jeux de l'esprit sans la dure peine de penser. Précisément, telle semble s'annoncer la nouvelle période symbolisée par la candidature de François Mitterrand face au général de Gaulle. Que l'aventurier de la Résistance, l'opportuniste de la IVᵉ République, le ministre de l'Intérieur qui déclare que «l'Algérie c'est la France», le ministre de la Justice qui laisse exécuter des militants communistes algériens comme Yveton, coupables d'apporter leur soutien aux maquisards algériens, soit le représentant de la gauche paraît à Goldman tout aussi insensé — véritablement sans aucun sens — que la prétention des petits marquis «structuralistes» ou «tel quelistes» à se poser comme représentants de l'avant-garde intellectuelle. Il n'est pas de ce temps. Lui, il préfère l'archaïsme du courage,

de l'honneur et de la fraternité. Malgré l'emphase, face
aux quolibets.

Le jour où les cendres de Jean Moulin sont inhumées
au Panthéon, il est là, rue Soufflot. Le local de l'UNEF,
alors violemment antigaulliste, se trouve à portée de
voix des orateurs installés sur la tribune qui domine
l'esplanade du Panthéon. Goldman est là ce jour de
décembre 1964 très froid, en accord total avec ce qui
se célèbre. Ses copains rigolent de la pompe gaulliste,
persiflent sur l'emphase « anciens combattants » et
gentiment le suspectent de ne pas savoir résister à une
sonnerie aux morts et à une minute de silence devant
le front des troupes. Il n'entend pas, car il est à cet instant précis transporté en un autre mois de décembre,
par la grâce de la voix monocorde, hachée de spasmes,
de l'auteur de *la Condition humaine* : « Voilà plus de
vingt ans que Jean Moulin partit, par un temps de
décembre sans doute semblable à celui-ci, pour être
parachuté sur la terre de Provence et devenir le chef
d'un peuple de la nuit. » La voix se fait chuchotement,
râle. Goldman se raidit, blême, soudain abattu, fragile,
décomposé. De mots en mots, il se transforme ; parmi
la cohorte du « terrible cortège. Avec ceux qui sont
morts dans les caves sans avoir parlé comme toi ; et
même, ce qui est peut-être plus atroce, en ayant parlé ;
avec tous les rayés et tous les tondus des camps d'extermination, avec le dernier corps trébuchant des
affreuses files de Nuit et Brouillard, enfin tombé sous
les crosses ; avec les huit mille Françaises qui ne sont
pas revenues des bagnes, avec la dernière femme morte
à Ravensbrück pour avoir donné asile à l'un des
nôtres ».

Un grand silence s'abat. L'UNEF s'évanouit, et la
rue Soufflot et même le Panthéon. Goldman est cette
armée des ombres psalmodiée par Malraux et plus loin
encore il se bat avec les soldats de l'An II, Victor Hugo,

le ghetto de Varsovie, les marins de Cronstadt et les aviateurs de Teruel. Il est la mémoire.

Pendant une semaine, il reste introuvable. Il est parti. Il ne supporte plus le présent, mais il ne peut, comme Malraux et les survivants, se souvenir, se réchauffer à la flamme des anciens combats. Il est désœuvré; rien ne le requiert. Ses prestations de technicien de service d'ordre ne peuvent pallier son manque de projet politique et venir effacer la douleur lancinante de n'être pas, comme Malraux et ses compagnons, le survivant des combats du désespoir, mais d'en être le descendant.

Rattrapé par le passé qu'il n'a pas eu, Goldman s'enfonce encore un peu plus dans le vide d'avant sa naissance. Né trop tard, il s'expérimente dans l'angoisse infinie comme surnuméraire, bloc de contingence à jamais jeté dans le monde. Tout lui échappe; tout coule, rien pour arrêter le flux. Même la théorie révolutionnaire ne peut faire barrage à cette inondation du néant, car elle est morte dans la guerre du temps. Aucune époque vivante ne part d'une théorie; mais d'un jeu, d'un conflit, d'un voyage. En Europe, après la défaite du fascisme et, depuis peu, l'érection du mur de Berlin, tout s'est figé. Ceux qui furent grands se remémorent leur grandeur, ceux qui aspirent à le devenir en sont empêchés par ceux-là mêmes qui en payèrent le prix. Quant aux salariés, Goldman s'en tient aux sarcasmes de Rimbaud, « main à plume, ou main à charrue, cela dégoûte ». Toutes les idées sont vides quand la grandeur ne peut plus être rencontrée dans l'existence de chaque jour.

Bien sûr, la routine reprend. Mais depuis l'épisode Jean Moulin, Goldman s'éloigne : de ses camarades,

de ses activités, et de lui-même surtout. C'est comme
si le fragile équilibre était rompu, et qu'il ne coïncidait
plus avec ce qu'il s'efforçait jusqu'alors de représenter : le descendant d'un héroïsme passé qui aurait pu
survivre sur le même terrain, dans les mêmes conditions. En réalité, c'est justement maintenant que tout
risque d'extermination est écarté et que la fin est derrière lui, que Goldman prend conscience du travail de
l'extermination et vit la fin. Alors qu'il croyait poursuivre l'œuvre des générations antérieures — qui
avaient affronté l'épreuve suprême de l'anéantissement —, il vit une vie, d'après, dans la plus totale obscurité. Aujourd'hui il se trouve devant un ennemi sans
visage et s'enfonce dans le hors-du-temps. Il n'y a plus
d'issue pour lui dans ce monde-ci. Il lui faut donc soit
le déréaliser, dans des exercices répétés et très éprou-
vants de somnambulisme et d'hallucination provoqués
par toutes les puissances de rêve ; soit s'en extraire, le
fuir. Goldman rentre dans sa saison d'errance ; déchiré.
Entre la dette infinie qu'il a contractée, du fait même
qu'il est né, avec les survivants héroïques qui l'ont fait
naître, et le désir irrépressible de désirer, et de dépenser sans mesure, de telle sorte que la dette ne soit
jamais remboursée. Seule la musique calme sa mélancolie. Heureusement vient de s'ouvrir, en plein Quartier Latin, rue Saint-Séverin, peuplée pour l'essentiel
par des Algériens soumis au couvre-feu pendant les
dernières années de la guerre d'Algérie, une nouvelle
boîte, dirigée par une équipe fantasque et totalement
cosmopolite — événement inouï pour l'époque —, qui
devient très vite la Mecque de tous les fous de jazz, de
musique afro-cubaine et de cette autre musique de
l'âme, celle des steppes russes et du violon tsigane. La
Grande Séverine — comme il y a la Grande Catherine
jouée par la divine Garbo ou Lady Ella Fitzgerald —
sert le soir de refuge aux meurtris de tous les conti-
nents. Et quand le public est chaud, les musiciens ins-

pirés et l'alcool prodigue, certaines nuits abolissent le temps. Goldman et ses amis ne peuvent plus se passer de ces séquences d'éternité car alors l'infini de la peine et de la joie roule jusqu'en leur cœur, comme pourrait rouler la vague révolutionnaire.

Certes ils aiment les chants révolutionnaires, *l'Internationale, la Jeune Garde, Avanti Popolo, le Chant des Partisans* et toutes les vieilles chansons populaires qu'interprète Yves Montand. Quand la journée a été rude, quand une manifestation dangereuse s'est bien terminée ou qu'au terme d'un débat épuisant avec les apparatchiks du Parti, les thèses révisionnistes ont été analysées et démystifiées, ils aiment les entonner à pleine voix et former un détachement sonore, avant-garde de la foule en marche et des bataillons du prolétariat.

Mais à la Grande Séverine, c'est la musique elle-même qui est la foule, le détachement et la révolution. Elle procure les mêmes émotions, engendre le même sentiment « océanique » de fusion que l'évocation chantée de la lutte, du combat, de l'insurrection. Quand Miles Davis, Sonny Rollins, Archie Shepp, l'Art Ensemble de Chicago viennent y jouer, c'est le pouvoir noir qui s'installe, la clameur du ghetto qui enfle et emporte tout sur son passage : « Révolution, Révolution ! ». La harangue de Malcolm X pulse sous les formidables coups de cognée de Kenny Clarke. Il tape comme un sourd sur sa batterie, il bat le monde. Mais soudain son déchaînement se change en toucher de balais d'une infinie tendresse, comme si l'aile d'une colombe venait fendre l'air saturé d'électricité. La déchirante nostalgie d'un paradis d'amour envahit les rues de la Babylone en émeute — « brûle Baby, brûle du feu de la colère mon frère, brûle d'amour, baby mon enfant, ma sœur ».

La Grande Séverine comprend trois grandes salles. La première pour le jazz ; la deuxième est réservée à la musique latino-américaine, afro-cubaine en particulier, qu'on appelle encore « typique ». Paris a toujours raffolé des rythmes canailles du tango, qui, exportés des bordels de Buenos Aires, ont percuté les bourrées auvergnates pour donner le musette. Le mambo, le paso doble, revisités comédies musicales, série B, ou adaptés aux canons de l'opérette, permettent bien des lascivités, surtout depuis que BB en a fait la démonstration éclatante dans *Et Dieu créa la femme*. A la fin des années 50, des airs de travail et de lutte sont popularisés par des troupes de chanteurs qui veulent retrouver les sons et les plaintes de leurs peuples, un peu comme le font Bob Dylan et les chanteurs pop aux USA et en Angleterre. A la Grande Séverine, c'est un son plus âcre, des voix plus rauques, venues du sexe, porteuses de la sauvagerie du désir, annonciatrices de passion et de mort. Un espagnol gitan, un castillan caraïbe ; étrange cocktail où le chant flamenco croise le tambour de l'esclave noir, et la flûte de l'Indien répond aux cuivres déchaînés des mauvais garçons.

Mais ce que préfère Goldman, c'est la pulsion haute, répétitive, inexorable comme le battement d'un cœur en brousse, des basses, des tambours, des batteries et des congas. Absorbé, massé par cette pluie sonore, il s'abandonne à des impressions immémoriales, qui lui parviennent des terres où ont transité ses ancêtres et qu'il n'a jamais vues. Alors il psalmodie des paroles incompréhensibles, inconnues de lui-même et qui pourtant lui font du bien, comme si elles lui parlaient de la beauté qu'il a quittée et qu'il pourrait rejoindre, s'il consentait à ne plus toujours se tenir sur le qui-vive, tendu, en attente, inattentif à tout ce qui n'est pas cette attente, en distraction de lui-même et du monde, guettant la révolution comme une proie. Le son lancinant des profondeurs de la forêt qui relie un esclave en cavale à un autre apprenti de la liberté le ramène à sa propre prison et à son rêve de s'en évader. Plus cuisante encore que la flamme de l'injustice sociale brûle la douleur, pour un fils, de ne pas pouvoir dire l'amour pour le père aimé. La pulsion primitive apprivoise en partie cette souffrance, et la mélancolie de Goldman s'endort dans ce flux vital.

Et puis dans une troisième salle, il y a Olga, la belle Olga, blonde sortie des contes russes, la fiancée du Prince André, à l'immense chevelure dont on fait les nattes à couleur d'épis, et dont la magnifique poitrine hypnotise et attire les mâles qui rêvent tous de la caresser et de lui faire l'amour. Olga prépare une licence de russe ; ses parents ont fui la Révolution d'Octobre. Elle chante pour payer ses études. Cette fille de Russes blancs s'appelle Potemkine. Pour Goldman et ses amis, ce patronyme est magique. Qu'il soit porté par la meilleure amie de la petite amie de Bruno Queysanne ajoute au merveilleux de la rencontre, aussi belle pour eux que celle de Breton et de Nadja. Olga Potemkine, y a-t-il plus étonnante apparition pour des jeunes gens envoûtés par Einsenstein et son *Cuirassé*, amoureux fous de la révolution et des opulentes poitrines fermes et tendres ?

Trois fois par semaine elle revêt les habits de la paysanne d'opérette, longue jupe bleue, corsage blanc au liséré rouge, très largement échancré. L'orchestre est aussi déguisé, des hommes en chemises bouffantes sur les pantalons extrêmement cintrés pris dans des bottes de cuir. Ils jouent tout le folklore russe et tsigane. Olga a une voix puissante ; elle chante comme elle rit, en cascade, à perdre haleine. Quand on l'écoute, on a le sentiment d'être plus agile, de courir. Des odeurs d'herbe et de foin séché transforment la salle de spectacle en une campagne russe à la Tchekhov, la Ceri saie peut-être, d'autant que soudain une plainte du violon relayée par la balalaïka inspire à la jeune paysanne Olga de sombres pressentiments sur l'amour et le temps qui passe. Ces brusques sautes d'humeur que traduit le chant ramènent Goldman à ses propres oscillations. Ce qu'il aime dans cette musique russe, telle que la chante Olga, très « âme russe », c'est la spontanéité avec laquelle l'exaltation la plus vive précède l'abattement le plus profond. Sans aucune raison, si ce n'est l'humeur... Il se sent proche de cette vie à fleur de peau, loin de la peur du ridicule de ses camarades français. Toujours son côté métèque, qui le fait sympathiser, de peau, avec ces peuples bruyants, mal équarris, pas encore polis par le travail du surmoi. Quelle que soit la position politique de ceux qui en sont issus, ils ont l'immense mérite, à ses yeux, de vivre une histoire qui ressemble à la sienne, faite de bric et de broc, de fureur et de moments d'exaltation, et surtout sans achèvement. Un jour, il voit *America, America* d'Elia Kazan avec moi. Ce film a été violemment attaqué par la gauche car son metteur en scène a trahi ses amis progressistes américains en les dénonçant à la commission McCarthy de sinistre mémoire. Pendant toute la durée du film, Goldman n'arrête pas de s'exclamer, s'identifiant au jeune héros du film : c'est moi, c'est moi ! Toutes les préventions idéologiques disparaissent. Ne compte que l'identité de destin entre un jeune Grec opprimé par les Turcs, qui veut rejoindre coûte que coûte l'Amérique, et le jeune Goldman exilé partout, qui veut rejoindre son rêve.

Olga Potemkine, c'est aussi lui.

Mais il veut être autre chose que lui, aller vers son dehors, son devenir.

CHAPITRE IV
Comandante Che Guevara, presente

> « Les dirigeants de la Révolution ont des
> enfants qui, dans leurs premiers balbutie-
> ments, n'apprennent pas le nom de leur père,
> des femmes qui sont elles aussi sacrifiées au
> triomphe de la Révolution. Le cadre des amis
> correspond strictement à celui des compa-
> gnons de la Révolution. En dehors d'elle il n'y
> a pas de vie. »
>
> Comandante CHE GUEVARA.

Ce devenir, nous sommes quelques-uns à le chercher fébrilement dans ce début des années 60. Lorsque nous désespérions, au pire moment de la guerre d'Algérie, parce que le préfet Papon, le ministre de l'Intérieur Frey et le Premier ministre Debré organisaient ou couvraient l'infâme massacre de civils algériens en plein Paris d'octobre 1961, une lueur scintillait, là-bas dans la mer caraïbe. A Cuba, une poignée de jeunes barbudos avait chassé un tyran.

Aucune situation n'était donc désespérée. Cuba devient pour nous le nom de la Nouvelle Promesse : Fidel et le Che incarnent un nouvel héroïsme fait de décontraction américaine et d'intrépidité corsaire. Leur épopée fait la une des magazines, pourtant peu enclins à magnifier les hauts faits révolutionnaires. L'exotisme, le magnétisme de la barbe, la jeunesse et l'amabilité des guérilleros, séduisent les photographes reporters qui à leur tour convainquent leurs patrons que le récit des aventures des combattants de la Sierra Maestra touchera tous les amoureux de Robin des Bois et de Zorro. Les patrons de presse et tous les autres déchantent très vite, ce qui rehausse le prestige de ces Comandantes aux yeux de Sartre qui, dans une série d'articles à *France-Soir*, reconnaît en Fidel la figure de l'idée révolutionnaire, comme jadis Hegel avait cru voir de sa fenêtre passer l'âme du monde sous les traits de Napoléon.

Nous autres étudiants en philosophie, affamés d'histoire, étouffés par le vieux monde, nous instituons la révolution cubaine impératif catégorique de notre devoir de résistance, et chef-d'œuvre auquel notre désir de révolution doit se hausser. Dès qu'elle nous est connue, elle figure l'horizon indépassable de notre exigence, la concrétisation de nos espérances et la forme enfin trouvée d'une vie à mesure d'homme, dans la fierté et en pleine intelligence. Bref, pour nous Cuba représente dans ce siècle, après Octobre 17 trahi, la guerre perdue des républicains espagnols, l'oubli et la dénaturation de la Résistance antifasciste, l'honneur du monde.

Goldman est tout particulièrement sensible à la figure du Che, image sublimée de ce qu'il aspire à devenir : l'internationaliste, le résistant sans patrie, la révolution en acte. Bien sûr, comme tous les étudiants de gauche, il s'enthousiasme pour ce qu'Ania Francos appelle la Fête cubaine, ce socialisme tropical qui

organise les campagnes de la *zafra* — la récolte de la
canne à sucre — comme d'immenses manifestations, et
défie la puissante Amérique avec les seules forces de
son peuple en armes. Il vibre aux échos des intermi-
nables discours de Fidel, dont la tonalité castillane lui
procure des frissons, aussi intenses que lorsqu'il
s'abandonne au chant profond flamenco. Pour lui, la
révolution cubaine c'est d'abord ce son rocailleux qui
pénètre la peau, bien avant que le sens atteigne le cer-
veau. Mais pour le peu qu'il en puisse connaître et
juger à Paris, loin de La Havane et de la Sierra Maestra, il lui semble que le Che se tient un peu en retrait
— non pas qu'il ne fasse pas partie corps et âme de la
révolution cubaine et qu'il n'ait écrit les plus glorieuses
pages de son épopée — mais parce que sa position
d'étranger d'honneur le contraint à s'extraire de cette
connivence caraïbe, parée de tous les prestiges exo-
tiques et des séductions d'une sexualité luxuriante.
Malgré ses énormes cigares, qu'il exhibe comme
preuve de sa cubanité, sa maigreur quelque peu voû-
tée, son regard légèrement voilé — du moins tel qu'il
apparaît sur les photos disponibles en France — le rapprochent plus du Chevalier à la triste figure que du
Héros latino-américain habituel, tribun et chef de
guerre. Le Che ressemble à un intellectuel sportif, voire
un clergyman, la barbe en moins, un de ces curés qui
évangélisent les jeunes durs-à-cuire dans les films hol-
lywoodiens. Il y a de l'apôtre et de l'ascète chez lui.
Austère et serein, c'est la bonne posture pour un révolutionnaire victorieux. Toujours en guerre, mais sans
pathos, dans la retenue. C'est pourquoi Goldman se
rallie d'emblée à la voie cubaine, en fait guevariste, de
la révolution, quand le schisme entre l'URSS et la
Chine rouge traverse tout le camp communiste et
oblige chaque parti ou organisation révolutionnaire à
choisir.
Après le septième congrès de l'UEC, Goldman a

tranché. Contre le révisionnisme et la coexistence pacifique, mais pas pour la ligne chinoise. Parce que précisément il y a le Che qui ne représente pas la juste moyenne, le point d'équilibre entre deux lignes, mais une tout autre ligne, une autre manière de faire la révolution, et surtout de tout autres raisons de la faire et une tout autre conception de ce qu'une fois victorieuse la révolution offre comme perspective communiste à l'humanité. Le Che fait la révolution pour des raisons éthiques, il exige des révolutionnaires d'éminentes qualités morales et il ne voit d'autre but à l'édification du socialisme — puis à l'instauration du communisme — que le progrès moral de l'humanité. L'économie, la politique, doivent se soumettre à cette fin.

Le Che est un révolutionnaire métaphysique; un athée mystique. Si Goldman élit le Che comme représentant authentique du projet révolutionnaire, c'est que pour lui la révolution est précisément l'objet d'une élection. La révolution n'est pas le processus résultant d'une contradiction entre les forces productives et les rapports de production, la nécessaire transformation du mode de production capitaliste qui freine le développement des forces productives mais la réponse à un appel, le consentement à une vocation. Le Che est cet être élu pour et par la révolution qui choisit de s'assumer comme liberté en affrontant le nihilisme. Pour Goldman, il clôt et résout le dilemme resté ouvert à la fin de *l'Etre et le Néant* : « Entre le quiétisme de l'ivrogne solitaire et l'agitation vaine du conducteur de peuple », il y a place pour la lutte solidaire. Quelque chose, la dignité, vaut plus que rien et donc vaut absolument. Dès lors, il faut la préférer à toute autre chose, y compris la vie. Le devoir d'un révolutionnaire, c'est de faire la révolution. Choisir la voie du Che, c'est pour un militant français affirmer le caractère éminemment moral de l'action politique. Sous les oripeaux du marxisme-léninisme, c'est le kantisme de l'impératif catégorique qui dicte les conduites. Goldman fait partie de ces kantiens quelque peu hétérodoxes.

Kantien d'un genre très spécial, tendance militaro-machiste, intraitable sur le dogme principal, mais extrêmement souple pour ce qui concerne les à-côtés canailles. La vertu, c'est d'abord la *virtus* romaine, le courage, le cœur de Rodrigue. Toujours cet arrière-fond hispanique qui, au-delà des clivages idéologiques et politiques, explique bien des comportements. Goldman, comme beaucoup de demi-solde, adhère d'autant plus à un idéal guerrier contraignant que la rigueur acceptée pour un temps à venir très proche excuse à ses yeux son relâchement présent. Son impatience à rentrer dans l'ordre guérillero relativise l'importance du temps et de l'argent qu'il dépense sans compter, puisque à ses yeux ils n'existent pas vraiment. Ils ne comptent pas, puisque en comparaison du *vrai temps*, celui de l'histoire héroïque qu'il espère bientôt rejoindre, ils sont déjà morts ; à peine prennent-ils place dans le cycle de la consumation. A l'époque ni Goldman ni aucun de ses amis ne connaît Georges Bataille et sa théorie de la dépense, mais spontanément, ils en retrouvent l'inspiration. C'est sur la « souveraineté » que Goldman gage son sacrifice suprême. Au nom de sa mort acceptée au combat, il peut s'affranchir des lois de l'accumulation et de la circulation de la valeur — travail, argent. Il ne fait rien. Il ne passe pas d'examens comme les étudiants *normaux* ; mais il ne se résout pas plus à approfondir sa culture marxiste. Il ne s'astreint pas à la lecture sérieuse du *Capital*, des œuvres théoriques de Lénine et de tous les classiques du marxisme-léninisme, Rosa Luxemburg, Hilferding, Staline, Mao Tsé-toung comme le recommandent les althussériens et les prochinois. Comble de la paresse, il ne s'intéresse même pas à ce qui se passe en Amérique latine et à Cuba. Invité un soir par Philippe Robrieux, ancien secrétaire de l'UEC, en compagnie d'Alain Krivine et de sa femme, il se couche sur le tapis et s'endort presque aussitôt, alors que s'engage une discussion passionnante avec un convive de marque, le vice-ministre du Commerce cubain. Qu'importent les conditions concrètes du développement à Cuba ou l'état des lieux social et économique au Venezuela ou à Saint-Domingue, pays en proie à de violentes luttes populaires, prémices peut-être d'un soulèvement généralisé, seule compte l'illumination du moment décisif du combat ; peu importe où et comment.

Quant à sa vie matérielle quotidienne, Goldman la gère avec la plus grande désinvolture, du moins en affecte-t-il la pose. Il n'a jamais d'argent sur lui, ne paie jamais au restaurant et au café. Il vit chez l'un chez l'autre, emprunte sans rembourser. De temps en temps, il disparaît ; sans doute dans sa famille dont il ne parle que très rarement. Ses amis les plus proches savent que sa mère vit en Pologne, et y exerce des responsabilités mal définies, et que son père est commerçant à Paris. Quant à ses fréquentations noctambules antillaises, il les enveloppe du voile le plus épais.

Goldman a horreur de la confession ; il se méfie de la psychanalyse. Il fréquente pourtant un peu la bande de *la Voie communiste* et rencontre Félix Guattari. A l'UEC, surtout depuis que la mode de la psychosociologie institutionnelle a submergé la Fédération des étudiants en lettres et que Lapassade est devenu le gourou des dirigeants de l'UNEF, des textes de Freud et de Reich circulent, Althusser a lancé la discussion sur Lacan dans *la Nouvelle Critique*. L'enseignement du docteur n'est plus ignoré, d'autant que l'on sait maintenant que sa fille Judith est une militante énergique du cercle philo. Elle a pris beaucoup de risques pendant la guerre d'Algérie, et sa sœur Laurence Bataille a été emprisonnée pour aide au FLN. Bref, l'inconscient n'est plus tabou dans les milieux étudiants d'extrême gauche. S'ensuit un début d'interrogation sur la pratique militante et le type d'organisation qu'elle exige et sécrète. La lecture de *Psychologie collective et analyse du moi*, livre dans lequel Freud démonte les mécanismes du désir qui sont à l'œuvre dans les institutions princeps, Eglise et Armée, incite quelques-uns à se demander si ce n'est pas le même abîme à combler que proposerait comme solution le parti révolutionnaire. Cette question radicale et effrayante sur le désir qui circule dans les institutions se redouble tragiquement en interrogation impuissante devant le suicide de Lucien Sebag. Pour tous les étudiants du cercle philo, Lucien Sebag fait partie de la mythologie de la lutte anticolonialiste. Juif tunisien, il a participé activement aux combats pour l'indépendance des pays du Maghreb et plus particulièrement pour l'Algérie. Il y a jeté toutes ses forces et toute son intelligence. Rentré au PC et à l'UEC dans un esprit internationaliste, il s'aperçoit de l'opportunisme et du chauvinisme qui y règnent. Il ne cesse alors de se battre sur les deux fronts : contre l'Etat colonialiste, et contre la veulerie de la direction du PC. Il anime la lutte interne et essaie d'organiser un mouvement de résistance à la Sorbonne, dans les milieux étudiants et universitaires. Il se fait exclure du PC, mais le combat de la cellule Sorbonne lettres devient un exemple que nous, ses cadets, avons à cœur de suivre et d'honorer. Après la fin de la guerre d'Algérie il s'adonne à des recherches ethnologiques sous la direction de Lévi-Strauss, et entreprend un réexamen du marxisme à la lumière du structuralisme. Quand il se tue, début janvier 1965, dans un hôtel de la rue de Seine, il est à l'aube d'une carrière éblouissante. Sa mort plonge ses amis, et au-delà, le cercle des étudiants philosophes, dans l'abattement.

On disait plus ou moins que Lucien Sebag était en analyse chez Lacan. Le jour de son enterrement, celui-ci ne paraît pas. Alors le chagrin devant l'absurdité de cette mort se mue en colère contre la psychanalyse en général, et Lacan en particulier. Cet incident rapporté à Goldman le laisse pensif ; presque indifférent. Pressé de réagir, il finit par marmonner que « tout ça (la psychanalyse), c'est des conneries, des masturbations d'intellectuels ».

Une autre fois, je lui demande si sa fascination pour le Che et la guérilla ne ressemble pas à s'y méprendre à celle de n'importe quel fasciste de base ou de n'importe quel petit-bourgeois militariste devant un homme de guerre. Il me sourit, le sourcil un peu surélevé, l'air du bon gars qui va s'amuser : « Ben dis donc, le prochinois, la guerre populaire prolongée c'est pas mal non plus. » J'ai beau lui rétorquer que cela n'a rien à voir, que chez Mao le Parti commande toujours au fusil et que la « guerre populaire prolongée » est une stratégie politique fondée sur une théorie qui ne doit rien à l'amour des coups d'éclat, ni au goût des armes et de la gloire, il sourit toujours. Et tout à trac, il s'emporte. « Tu ne vas pas me dire que tu n'as pas lu le texte de Régis Debray paru dans *les Temps modernes*. D'ailleurs c'est ton ami, non. Tu ferais bien de me le présenter. »

Si nous l'avons lu ce texte de Régis ! « La longue marche du castrisme en Amérique latine » paru en janvier 1965, mois où Sebag s'est suicidé ; mais tout le monde l'a lu ! Dans nos milieux on ne parle que de cela : l'exposé le plus rigoureux jamais produit sur la stratégie du « foyer » telle qu'elle a été pratiquée, spontanément, par Fidel et le Che, mais dont il importe maintenant de tirer les enseignements généraux pour tous les révolutionnaires sud-américains, et au-delà, utiles à tous ceux qui dans le monde se battent contre l'impérialisme. Debray tire à boulets rouges contre les

PC prosoviétiques sud-américains qui s'obstinent à rechercher une alliance avec une bourgeoisie nationale fantôme, et de ce fait, refusent tout affrontement armé avec les pouvoirs en place. D'une manière plus profonde encore, Debray critique la conception selon laquelle seule la classe ouvrière, dirigée par son avant-garde, est capable de mener une révolution jusqu'au bout, non seulement parce que dans les pays semi-dépendants elle est extrêmement faible mais surtout parce qu'elle est intégrée au système impérialiste, y compris physiquement. Elle habite les villes. Voilà le point décisif. En Amérique latine le mot bourgeois retrouve sa signification : habitant des villes, c'est-à-dire corps vivant sensible, doué de langage et de raison, coupé de l'immédiateté de la réalité. Dans les montagnes, le guérillero doit perpétuellement se battre avec la nature pour survivre. Sa nourriture, son abri, sa mobilité sont obtenus au prix d'un travail harassant. La force et la résistance de son corps constituent son capital ; son intelligence et son courage sont ses armes. En fait, le guérillero se dépouille d'abord de sa défroque citadine, fuit les masses, les organisations, la politique, pour s'investir dans une organisation militaire et politique à la fois, c'est-à-dire révolutionnaire. Le reste est bavardage ; polémiques sans fin entre révisionnistes et prochinois. Car ce qui compte dans le processus révolutionnaire, c'est l'individu, avec ses qualités de ténacité, de vigilance, d'esprit d'offensive et de sacrifice de soi. Ces qualités ne s'acquièrent pas par une éducation marxiste, mais à l'épreuve de la montagne et de la guérilla. La montagne virilise l'intellectuel d'origine bourgeoise, la ville embourgeoise le prolétaire.

Exaltation du courage, romantisme du combat à mort, critique de l'intellectualisme au nom d'une pensée libre, le tout présenté dans une langue sèche et démonstrative, quelquefois illuminée par un lyrisme épique. Programme parfait pour Goldman. Il veut absolument rencontrer Régis Debray et me presse de le lui présenter. Il aimerait aussi que François Lebovits assiste à l'entretien; un normalien de Saint-Cloud devrait faire le poids devant un ulmien.

Car Goldman est intimidé. Il connaît les états de service scolaires, intellectuels, mondains et maintenant révolutionnaires de Régis. Reçu premier au concours d'entrée à l'Ecole normale supérieure, brillant élève d'Althusser, il rejoint Cuba, après l'invasion de la baie des Cochons, et participe aux campagnes d'alphabétisation. Il revient en France passer quelques examens, puis repart très vite en Amérique latine qu'il traverse en un long périple de plus d'une année. Déjà remarqué comme l'un des étudiants les plus doués de sa génération, sa réputation grandit et chacun pressent qu'il ira loin. Très secret, il n'est jamais là où on l'attend. Etudiant en philosophie, il écrit des nouvelles et participe à un film avec Edgar Morin; il fréquente Chris Marker et Joris Ivens. Admirateur de Sartre, il n'est pas sartrien, admirateur d'Althusser il n'est pas althussérien, et encore moins structuraliste, ignorant les travaux de Lévi-Strauss et de Lacan, à cent lieues de Bachelard et Canguilhem. Venu à la politique par la lutte contre la guerre d'Algérie, il est mendésiste à quinze ans. Indigné par les exactions de l'armée française, il se révolte contre le coup du 13 mai 1958, mais voue une admiration sans bornes à de Gaulle et à Malraux. Au moment de l'indépendance de l'Algérie, il ne suit pas les « pieds rouges » qui tentent de radicaliser les ouvriers et les étudiants algériens. Il y a trop de monde pour lui; trop de bavards, de traînards du Quartier Latin en quête d'exotisme et d'un poste de petit chef. Il adhère vaguement à l'UEC, comme tout le monde à l'époque; cela ne l'engage pas à grand-chose. Membre du cercle d'Ulm, il se désintéresse des débats qui agitent ce bastion du marxisme savant. Il est évidemment contre la nouvelle ligne de la coexistence pacifique en raison surtout de la bêtise et de l'ignorance crasse de ses champions, plutôt que par passion léniniste ou excessive orthodoxie théorique. D'ailleurs, il ne se revendique pas doctrinaire, ni idéologue, mais plutôt écrivain révolutionnaire, dans la grande tradition des années 30 et des comités intellectuels antifascistes. C'est pourquoi il fréquente plus volontiers les animateurs de *la Ligne générale* — Perec, Burgelin, Benabou et quelques autres —, revue en gestation interminable et qui finit par se saborder avant même que le numéro 1 soit sorti, que les responsables des *Cahiers marxistes-léninistes*.

Son enfance et son adolescence passées dans les beaux quartiers au lycée Janson-de-Sailly, puis à Louis-le-Grand lui donnent une aisance physique et intellectuelle. Elégant, amateur des bonnes et belles choses de la vie, il aime danser, écouter du jazz, faire du ski, aller au cinéma, draguer les filles. Timide, un peu bègue, les cheveux très blonds, de taille moyenne et les traits du visage extrêmement fins, il a encore quelque chose du jeune éphèbe, tel que les peintres de la Renaissance aimaient le représenter, bien que ses pérégrinations en Amérique latine et le port de la moustache des compañeros lui donnent maintenant un air plus décidé. Fiévreux certes, mais son ton et sa démarche se sont affermis. Avec ses anciens amis, il est à la fois plus libre, plus joyeux, comme libéré de ses défenses; et plus lointain. Il a vu, compris, médité ce qu'ils n'ont pas vu. Avec les femmes, il a toujours été à la fois séducteur et maladroit. Cela n'a pas beaucoup changé, sauf qu'il est plus sûr de son pouvoir.

Ses amours sont discrètes; aucun de ses amis ne reçoit ses confidences, mais tous connaissent son goût pour les actrices, son attirance pour les femmes brillantes, très en vue même, de préférence grandes et brunes. Il ne fraye pas avec les étudiantes et ne participe d'aucune façon à cette surprise-partie permanente qui mobilise une part non négligeable des militants de l'UEC parisienne. Comme Goldman il répugne à mélanger politique et sexe. Toujours le besoin ou l'art du cloisonnement. Depuis son retour d'Amérique latine, ses intimes connaissent l'existence de sa compagne Elisabeth, une révolutionnaire vénézuélienne à l'existence mystérieuse. Quelques-uns l'ont entr'aperçue mais sans lui parler. Est-ce nécessité de sécurité ? Régis ne fait rien pour éclaircir la situation. Ce halo de clandestinité plaît à Goldman et le rend impatient de rejoindre enfin le grand jeu.

Certes il entre une part de paranoïa à s'entourer de telles précautions dans le Paris du gaullisme triomphant. Mais pour des hommes jeunes et déjà aguerris par la lutte contre l'OAS et moyennement informés sur les ramifications de la CIA, y compris dans des milieux apparemment insoupçonnables — ne dit-on pas que Heller, l'adjoint, l'homme de l'ombre de Fernand Braudel, le patron des *Annales* et l'animateur tout-puissant de la VIe section des Hautes Etudes, dont Goldman suit en dilettante l'enseignement, est un agent très actif de cette institution d'intelligence très spéciale — la lutte anti-impérialiste est une vraie guerre, dont le front principal se trouve dans la « zone des tempêtes », mais dont les fronts secondaires se situent dans les métropoles les plus pacifiées. Quelquefois même les combats sur les bases arrière de l'ennemi, les pays d'Europe, peuvent revêtir une importance décisive. C'est le cas en 1965 à Paris, car précisément de Gaulle s'oppose à l'impérialisme américain, mais une grande partie de l'appareil d'Etat et la quasi-totalité du camp de la bourgeoisie sabote sa politique. Les services secrets et autres barbouzes étrangers, américains surtout, complotent et veulent abattre le général de Gaulle, devenu protecteur des nations pauvres, avec l'aide d'une partie des services français. Dans ces conditions, un mauvais coup est vite arrivé. Goldman, en sa qualité de chef du service d'ordre de l'UEC parisienne, a eu l'occasion d'entrer en contact avec les délégations étudiantes et les services de l'ambassade du Nord-Vietnam. Il s'est rendu compte à quel point la diplomatie du général de Gaulle dérangeait les intérêts des USA et combien elle importait au plus haut point aux dirigeants du peuple à l'avant-garde du combat anti-impérialiste. Il comprend vite que Paris est devenue la ville où se croisent et quelquefois s'affrontent souterrainement le plus grand nombre de militants venus de tous pays et les agents de la plus grande puissance du monde, aidés par tous les mercenaires de l'empire. Prudence donc. Les manifestations de rue violentes, les collages d'affiches musclés sont certes nécessaires, en France, tout cadre révolutionnaire doit en passer par là. Goldman s'est formé à cette école. Mais il admet que Régis, spécialisé dans la lutte internationale, se fasse discret et ne donne pas rendez-vous à n'importe qui, dans n'importe quelles conditions.

La circonspection s'impose d'autant plus qu'à l'hostilité des impérialistes s'ajoute le double jeu des révisionnistes. Ce qui ne manque pas de piquant, parfois. Ainsi la nouvelle revue *Révolution* (Afrique, Asie, Amérique latine) dirigée par l'avocat Vergès, quelque temps conseiller de Ben Bella, marié avec l'héroïne algérienne qu'il a sauvée de la mort, Djamila Bouhired, recrute comme gestionnaire l'ancien secrétaire de d'Astier de La Vigerie, réputé totalement acquis aux thèses chinoises. Pendant plus d'un an, il tient les comptes, organise des rencontres, monte des déjeuners de travail, gère la revue avec les deux autres permanents, Siné et Patrice Kessel. Bientôt — un peu tard — le secrétaire de d'Astier de La Vigerie est démasqué. Il se trouve que *Révolution* doit impérativement déménager. La recherche de locaux s'avère plus difficile que prévu : les agences immobilières sont brusquement à court de bureaux. Il en va de même avec les imprimeurs qui eux aussi ont du mal à trouver du temps pour s'occuper d'une revue. Cette soudaine et double défection paraît quelque peu bizarre. Le PC, alors très puissant dans les milieux de la presse et du livre et bien introduit auprès des banques, exerçait de fortes pressions sur ces professionnels. Comme par hasard, l'homme de confiance, le secrétaire de d'Astier, était un militant zélé, un sous-marin, habitué à l'espionnage politique. Au courant des projets de développement de *Révolution*, témoin de l'impact de sa diffusion, il avait alerté la direction du PC sur les risques qu'elle courait en ne s'opposant pas à la propagation des thèses prochinoises chez les militants.

Goldman ne lit pas régulièrement *Révolution*, sauf les reportages sur les maquis sud-américains et, par conséquent, celui que Régis a effectué au Falcon, dans la forêt vénézuélienne, sur le front commandé par Douglas Bravo. Bien entendu Régis Debray a signé d'un pseudonyme, mais qui sait si tout le monde — flics et réviso — ne l'a pas repéré ?

Le rendez-vous avec Debray est fixé. Dans un quartier excentré.

CHAPITRE V

Un demi-solde
dans une métropole impérialiste

Depuis sa rencontre avec Régis Debray, à l'automne 1964, Goldman se considère comme en transit à Paris et d'une manière générale en Europe. Ce qui s'y passe l'ennuie. Le PC a entièrement repris en main l'UEC, tous ses anciens camarades ont fini leurs études, la France — y compris la classe ouvrière — goûte aux charmes de la paix et du confort. Il traîne donc ; surtout avec des Antillais. En août 1965, le Ballet cubain donne quelques représentations exceptionnelles à l'Olympia. Tous les latinos de Paris s'y précipitent. Goldman en est, bien sûr. La fête continue jour et nuit pour finir en apothéose dans un appartement tranquille rue Gazan. La nouba est superbe : « Cuba libre », la nouvelle boisson nationale cubaine, rhum-coca, à volonté, tambour à réveiller les esprits de la forêt, couples en folie. Dans ce Paris estival et petit-bourgeois, le scandale est énorme. Appel à la police, descente de flics, et tout le beau monde, musiciens en transe, danseuses à damner tous les saints de la terre, emmenés dans les paniers à salade criant, chantant « Cuba si, Yankee no ». Pierre Goldman, tenu à une grande discrétion, comme toujours n'a pris aucune précaution.

Imprudences, laisser-aller, inconscience, Goldman n'en a cure et ne tient aucun compte des conseils et des mises en garde de ses amis, quand il lui arrive de les rencontrer. Car il les évite et leur préfère la compagnie de ses nouveaux compagnons antillais. Sans doute aime-t-il leur musique et leur rhum, mais plus qu'un goût, c'est un dégoût qui le rapproche de ces exclus, de ces colonisés français. Pierre Goldman n'aime pas les victimes, mais ceux qui sont assez forts pour transgresser. Tout se passe comme s'il cherchait les solutions sans issue — pour s'éprouver digne de rejoindre les vrais combattants. Qui sait s'il ne cherche pas un châtiment, pour se faire pardonner son arrogance de vouloir se mesurer à des héros ?

Toujours provoquer, et surtout ceux qu'il aime, pour affirmer sa solitude, étalon et gage de son courage.

Mais au milieu des années 60 l'histoire bascule sans qu'il s'en aperçoive. Une nouvelle mythologie, de nouveaux comportements apparaissent. Trois films enregistrent cette modification. Pierre les voit et en est bouleversé.

La guerre est finie, d'abord.

Cette histoire racontée et mise en scène par Jorge Semprun et Alain Resnais parle de lui, de ses mythes, de ses combats et de ses doutes. Le héros, interprété par Yves Montand, est un responsable communiste espagnol qui vit en exil à Paris. A l'occasion d'une mission clandestine qu'il effectue en Espagne, il comprend l'inutilité de son combat et du courage des militants chez lesquels il loge. L'héroïsme de ceux qui sont arrêtés, torturés, garrottés n'a servi à rien, car leurs actions n'embrayent plus sur la réalité espagnole. L'Espagne des années 60 a changé, la guerre est finie mais le PC espagnol est resté le même.

Douloureuse crise, loin de tout romantisme révolutionnaire, courageuse leçon de lucidité, bien sûr le film est tout cela, et pourtant, pour Pierre et tous ses amis, la volonté d'aveuglement est la plus forte. Dans la défaite et le désabusement, le héros Yves Montand, c'est-à-dire pour tous les spectateurs militants la figure du révolutionnaire professionnel, reste formidablement séduisant. Le mythe survit même à la défaite, car si la guerre est finie en Espagne, elle peut recommencer ailleurs — quelle revanche, quelle ironie ce serait si elle se rallumait dans les anciennes colonies de l'Espagne, en Amérique latine!

Il y a un prix à payer; élevé, très élevé, pour qui veut poursuivre : la renonciation à l'amour, et à toute forme de bonheur privé. Il n'y a pas de vie pour un combattant. Le Cid moderne ne peut jamais rejoindre sa Chimène, car entre eux deux s'intercale non pas un père mort, mais la chimère vivante de la révolution. Les héros sont toujours des hommes seuls. Moïse, Enée n'ont pas droit à la chaleur du foyer; ils enfantent un peuple ou une ville; c'est bien assez. De Gaulle en ravive le souvenir. Secrètement les militants se repassent son mot — sans doute faux, comme tous les bons mots des grands hommes : «Le bonheur, Malraux, quelle connerie!» Ce mépris du bonheur masque mal l'angoisse des hommes devant le désir des femmes. Mais les militants, fussent-ils révolutionnaires, ne peuvent plus l'ignorer; dans les organisations d'extrême gauche — en France du moins — les femmes se font entendre. Goldman n'est pas à l'aise dans ce genre de guerre. C'est un macho innocent, spontané. Sa contestation de la morale bourgeoise n'a jamais dépassé le stade de la critique de l'hypocrisie qui règne dans les familles. La liberté sexuelle, c'est avant tout celle du mâle qui va chez les putes ou qui drague. Qu'il y ait un malaise entre les sexes, et un malaise dans la civilisation résultant de l'impossible accord entre hommes et femmes, il ne veut rien en savoir, laissant cela aux psy — l'engeance qui ne mérite que sarcasme. Pour lui, la source de toutes les oppressions, les incompréhensions, et les malheurs entre les hommes et les femmes, c'est l'exploitation capitaliste de l'homme par l'homme.

N'empêche. *Pierrot le fou*, de Godard, en 1965, ravive la vieille blessure. L'amour rend fou ; génial et malheureux, suicidaire et explosif. Entre la femme — Anna Karina — qui voudrait trouver réponse à ce qu'elle peut faire — « qu'est-ce que je peux faire, je ne sais pas quoi faire » — et l'homme — Jean-Paul Belmondo — qui veut inscrire sa trace dans le monde, serait-ce en se faisant sauter pour faire sauter le vieux monde, le désir est immense, la rencontre fulgurante et l'accord impossible. Il n'y a pas d'amour heureux, chantent Aragon et Brassens. Mais alors à quoi bon changer le monde si on ne peut changer la vie ? Revient, lancinante, la chanson du mal-aimé. Interdite bien sûr dans les cercles d'avant-garde ; obscène. La sentimentalité est réactionnaire, sauf psalmodiée dans une langue étrangère ; l'espagnol canaille du tango ou le russe emphatique. Edith Piaf est la seule chanteuse de langue française acceptée, car son hymne à l'amour et ses goualantes désespérées peuvent être comprises comme les vrais chants du peuple des villes, amoureux et frondeur.

Quand sort *les Parapluies de Cherbourg* le retentissement est énorme, car ce roman-photo, naïf et provincial, subvertit toutes les conventions. Les bons sentiments, quand ils sont chantés, ne sont pas ridicules ; au contraire, ils font du bon cinéma. Gide doit se retourner dans sa tombe. Quelle gifle aussi pour tous les petits chefs révolutionnaires, car toutes les filles pleurent — même les plus délurées — et Catherine Deneuve devient l'idéal féminin. Jacques Demy renoue avec l'opérette et, en pleine vague de démystification, prend le contre-pied du cynisme de *l'Opéra de quat' sous*. Ce ne sont plus des voyous qui font rêver, mais un ouvrier timide, orphelin, et une jeune fille un peu godiche, «tenue» par sa mère, qui souhaite pour elle un «bon parti». La classe ouvrière amoureuse! Il y avait bien eu *Quand passent les cigognes*, l'histoire d'un soldat soviétique, égaré dans l'héroïsme de la Grande Guerre patriotique, aspirant au bonheur simple avec sa bien-aimée, et le jeune cinéma tchèque, loin de l'exaltation des exploits des hommes de marbre; mais ce sont des signes, précisément, de la dégénérescence petite-bourgeoise dans le camp socialiste.

Après le succès déflagrateur des *Parapluies* il faut se rendre à l'évidence : l'amour ne peut être tu. D'où le redoublement de la haine et le prestige de la violence. La société française fermente; les pulsions et les passions bouillonnent. De plus en plus souvent, des bulles éclatent : grèves sauvages, scènes de vandalisme, recrudescence des combats de rue entre groupes politiques rivaux. Apparemment, la tendance est à l'hédonisme pacifié, mais les extrêmes trouvent leur jouissance dans le passage à l'acte. Un nouveau groupe s'est fait connaître à Strasbourg : des «situationnistes» ont publié *De la misère en milieu étudiant, considérée sous ses aspects économiques, politiques, psychologiques, sexuels, et de quelques moyens d'y remédier*.

Goldman flotte, à l'affût de l'actualité. C'est un dévoreur de journaux. Au moins trois quotidiens par jour, *l'Huma*, professionnellement pour ainsi dire, *France-Soir* pour la une, les photos, les faits divers, et les BD des «Amours célèbres» et de «Le crime ne paye pas», *le Monde* pour le plaisir — une de ses maximes préférées : le bonheur, c'est de lire *le Monde* en mangeant une salade de tomates au soleil —, tous les hebdomadaires importants, *le Nouvel Observateur, l'Express, France nouvelle* à gauche, *le Figaro littéraire, les Nouvelles littéraires* à droite, sans oublier la presse d'extrême droite, en particulier *Minute,* qu'il étudie très attentivement, les revues *les Temps modernes, la Nouvelle Critique,* mais aussi toute la littérature militante, *la Voie communiste, Noir et Rouge, Unir,* et à partir de 1966, de nouvelles feuilles trotskistes et prochinoises. Mais il ne s'intéresse pas autant que son ami Serge July à la mode et à l'air du temps. Europe 1, Salut les Copains, et même la nouvelle chanson anglaise, ce n'est pas sa tasse de thé.

En pleine euphorie consommatrice, il reste fondamentalement obsédé par les années de guerre. Ce qui compte pour lui, c'est l'antifascisme, car le fascisme ne lui semble pas écrasé. La guerre n'est pas finie. La période de calme apparent dans les métropoles impérialistes ne peut durer. C'est un cessez-le-feu éphémère. Combien de temps durera-t-il, il n'en sait rien, mais ce qu'il sait c'est qu'il ne doit jamais oublier la guerre à venir et qu'entre-temps il doit combattre partout en France les manifestations du fascisme. En ces années 1966 et 1967, lorsqu'il est à Paris, son axe fixe est la mise sur pied et la direction d'un service d'ordre de l'UEC. En fait c'est une organisation antifasciste, qui recrute des militants bien au-delà des seuls étudiants communistes. Elle assure l'hégémonie de la gauche étudiante à Paris et en rehausse son prestige chez tous ceux — étudiants, professeurs, intellectuels — qui quelle que soit leur appartenance militante ne supportent pas la violence et la bêtise fasciste et raciste.

Goldman, c'est l'antifascisme. Pour tous, et plus particulièrement encore pour les étudiants juifs, enfants des rescapés et des survivants, et pour les nervis d'Occident, qui connaissent sa « compétence », pour avoir été maintes fois rossés et mis en fuite.

A la Sorbonne, il règne en maître, mais à Assas, nouvelle faculté de droit, traditionnellement à droite, et où l'extrême droite est très bien implantée, c'est Zorro, craint comme la peste par les apprentis nazillons, espéré et vénéré par les étudiants démocrates qui se sentent vengés, quand il entreprend un raid dévastateur de représailles au cœur du bastion « facho ».

Son statut de chef du service d'ordre est devenu, si ce n'est une profession, une voie vers l'aristocratie des révolutionnaires professionnels à laquelle il aspire. Aussi s'efforce-t-il d'accroître sa qualification « technique » et de parfaire son initiation « militaire », qu'il conçoit non pas comme un apprentissage aux métiers des armes et encore moins une école du commandement mais comme une obligation pour un antifasciste philosophe. C'est pourquoi, en même temps qu'il lit et médite le Lukács d'*Histoire et Conscience de classe*, les *Manuscrits de 44* de Marx, les premiers textes d'Althusser et d'André Gorz, il regroupe autour de lui une petite confrérie, mi-bande, mi-ordre chevaleresque : la cellule des arts martiaux.

A cette occasion, comme souvent dans ce qu'il entreprend, Goldman marie les contraires, non sans une certaine perversité, pour défier une fois encore les règles convenues des alliances, créer une tension, susciter une énergie et voir ce qu'il adviendra des apparentements bizarres, voire explosifs. Le noyau de la bande du karaté est composé d'un fils de communiste prussien, Roland Geggenbach, étudiant en lettres, distingué helléniste et athlète complet, d'un orphelin juif, dont la famille entière a été exterminée, Momo, titi parisien, blagueur, jouisseur et grand « tombeur » sous l'Eternel, fâché avec les études, complètement indifférent à la politique, dont la lecture assidue des comics suffit à étancher la soif de culture, et d'un jeune provincial, Jacques Rémy, fils de militaire, géant flegmatique, que sa rage antifasciste et sa carrure de déménageur poussent naturellement aux premiers rangs des manifs et des bagarres contre les « fafs ». Par ailleurs passionné d'histoire.

Ce groupe, pour le moins hétéroclite, décide de se mettre sérieusement au karaté, dans un but de préparation aux combats, bien sûr, mais aussi pour comprendre l'esprit des arts martiaux. C'est l'époque où les organisations étudiantes japonaises d'extrême gauche, les Zengakuren, organisent des manifestations monstres contre leur gouvernement, qui permet aux forces aériennes US de se servir de l'archipel nippon comme porte-avions d'où décollent les bombardiers qui sillonnent le Nord-Vietnam. L'esprit samouraï, dont l'extrême gauche japonaise se réclame, jouit d'un grand prestige. Goldman y est très sensible.

En France, les pratiquants d'arts martiaux, surtout les maîtres, sont très peu nombreux, et il est difficile pour les non-initiés de trouver la bonne filière d'enseignement. Il se trouve que Pierre a connu dans des conditions assez rocambolesques l'un des jeunes maîtres de l'époque. Il n'est pas japonais, mais hongrois. Déjà à l'époque sa vie est un véritable roman. A quatorze ans, il a participé à la révolution hongroise d'octobre-novembre 1956, sauvagement réprimée par les chars russes. Il s'enfuit, entre clandestinement en France, s'engage dans la Légion étrangère et, à ce titre, combat en Algérie l'Armée de la libération nationale, bras armé du FLN. Il y perd une jambe. Rentré en France, il y est démobilisé et se reconvertit dans l'enseignement du karaté. Goldman l'estime beaucoup, malgré son anticommunisme exacerbé. Il apprécie ses qualités de courage et sa farouche volonté d'indépendance. Goldman a tellement confiance en lui que malgré leurs profondes divergences politiques, il lui demande de lui prêter main-forte — clandestinement — dans des opérations antifascistes délicates. L'amitié est telle entre eux que l'ancien légionnaire met souvent sa science militaire au service du révolutionnaire marxiste pour l'accomplissement de tâches subversives. Bien sûr, le Hongrois refuse parfois des actions dont il conteste les finalités politiques. Mais, à part ces services exceptionnels, il entraîne chaque semaine le « groupe » dont Goldman, en accord avec Roland Geggenbach, veut faire une unité combattante politico-militaire. Ils n'entendent pas seulement devenir des karatékas émérites, mais surtout des stratèges. C'est pourquoi ils étudient avec soin les ouvrages militaires de Mao Tsé-toung, car celui-ci, comme tous les grands théoriciens militaires, en particulier Clausewitz, ne sépare pas la compréhension de l'art de la guerre d'une vision générale du monde.

La guerre, tribunal de l'histoire devant lequel doivent un jour ou l'autre comparaître les peuples, selon le mot fameux de Hegel, révèle l'essence des choses, car elle porte à incandescence le choc des contraires, qui engendre le mouvement dialectique de l'histoire. Goldman vit comme une évidence, d'une indéfinissable vérité, la sentence héraclitéenne : « La guerre est le père de toutes choses. » Son problème consiste à ce que sa vie se tienne à hauteur de cette maxime. Sans cesse, chez lui, la tentation de la veulerie surgit. C'est comme s'il ne pouvait vivre la banalité et les agréments de la vie que dans la mauvaise conscience. Comme les adolescents, il ne conçoit pas le juste milieu entre l'exaltation de la grandeur et la joie mauvaise de l'abjection.

Roland Geggenbach se désespère de ces brusques changements d'humeur. Le signal de la crise, c'est le refus de faire les « pompes ». En temps normal, Goldman rivalise avec Roland pour le nombre de « pompes » effectuées. Il aime établir des records dans cet exercice de musculation, cauchemar de tous les bidasses, entraînement habituel de tous les guerriers d'élite. Soudain Goldman trouve ce mouvement ridicule et même dégradant. Pendant plusieurs jours, une semaine, il déserte le tatami et dérive comme un marin en bordée. Quand il revient à la salle, pour se faire pardonner, mais surtout pour se convaincre lui-même que ses fugues ne remettent pas en question sa farouche détermination, il en remet dans la mythologie héroïque. Il délire sur les caractéristiques physiologiques exceptionnelles des combattants des corps d'assaut, dignes des plus grands champions. Ainsi il raconte à ses camarades, plus ou moins convaincus, que les militants du Stern et de l'Irgoun, organisations terroristes des juifs en lutte contre la domination anglaise en Palestine, juste après la fin de la Seconde Guerre mondiale, étaient tellement résolus dans leur lutte pour la création de l'Etat d'Israël, que, condamnés à mort, ils ne pissaient ni ne chiaient après avoir été pendus, tellement ils avaient tenu serrés leurs sphincters. Il se jure d'imiter ces héros, s'il lui arrive de se trouver dans de telles situations. Cette rêverie se prolonge dans des récits de faits d'armes, beaucoup moins « purs » idéologiquement, car Goldman est fasciné par tout acte de bravoure extraordinaire, quel qu'en soit le motif ou l'acteur. Sa passion des armes se donne alors libre cours et naît le projet en lui de s'engager dans les régiments parachutistes pour que son service militaire serve au moins à le familiariser avec les techniques de combat les plus sophistiquées.

Pendant ce temps, dans le grand vent, arc-boutés sur leur courage et leur endurance, les Vietnamiens résistent à la plus formidable puissance militaire de tous les temps et deviennent ainsi l'avant-garde de la lutte anti-impérialiste. Goldman ne peut être qu'à leurs côtés, et son service d'ordre protège tous les révolutionnaires vietnamiens en mission en France. Sans que rien soit formalisé, il devient l'interlocuteur attitré de l'ambassade du Nord-Vietnam pour tous les problèmes de sécurité. A lui seul, il ne remplace évidemment pas l'appareil du PCF, mais il fait fonction, officieusement, de numéro un de toutes les organisations de jeunesse révolutionnaires et progressistes, en ce qui concerne les problèmes de service d'ordre. Dans cette position — qu'il espère provisoire —, il a le sentiment de peser un tant soit peu sur le cours des choses, en se posant en arbitre entre les deux composantes du front anti-révisionniste, les trotskistes qui animent le Comité Vietnam national, créé en 1966, et les prochinois, regroupés dans l'Union des jeunesses communistes marxistes-léninistes, initiateurs des comités Vietnam de base.

Il s'investit totalement dans le festival international étudiant qui se tient à Paris à l'initiative de l'UNEF et dont Janin, son complice infatigable depuis 1963, a décidé de faire une formidable machine de propagande en faveur des combattants vietnamiens. Il en oublie presque ses projets de guérilla en Amérique latine. A la clôture du festival, il prend la parole au nom des militants français, et très ému, la gorge nouée, au bord des larmes, il propose solennellement aux Vietnamiens d'organiser et de prendre la tête de « brigades internationales », partant combattre au côté du peuple vietnamien. Fidèles à leur politique de stricte indépendance nationale, les autorités vietnamiennes refusent, mais se montrent extrêmement sensibles à ce témoignage éclatant de solidarité. Goldman devient l'ami

sincère des Vietnamiens de France, aimé fraternelle-
ment, bien au-delà de toute considération politique et
de la langue de bois habituelle en ces domaines. Une
même soif de dignité les habite, une même détermination à refuser la servitude et l'humiliation les réunit.
Goldman ressent une fraternité de destin entre les
assiégés d'Hanoï et d'Haïphong, et les combattants du
ghetto de Varsovie. Le peuple vietnamien est le nouveau peuple martyr, et c'est en tant que juif révolutionnaire qu'il en partage les souffrances et les vic-
toires. La politique rejoint sa mystique personnelle.
    En ces années d'attente, Goldman ne cesse d'être
hanté par la question métaphysique de l'*irrémédiable*.
Y a-t-il une issue et un avenir pour la civilisation occidentale, pour l'homme blanc après l'ineffaçable faute,
l'extermination des juifs ? Après la Shoah, y a-t-il
encore une humanité possible ?

    Frantz Fanon a répondu radicalement à Adorno qui
se demandait s'il y avait encore place pour le poème et
la pensée après Auschwitz. Dans *les Damnés de la terre*
il développe la thèse que la civilisation blanche ne peut
produire que de l'Auschwitz sur toute la surface du
globe. Goldman est profondément marqué par cette
pensée. La volonté de devenir autre, tout autre, autre
que juif européen mûrit en lui. Devenir noir. Goldman
ressent une fraternité métaphysique, lui le juif polonais
né par hasard en France, survivant d'un peuple exter-
miné, pour le petit-fils d'esclave, dépossédé radicalement de son être puisque forcé d'adhérer à une nation
qui le nie dans son essence. Comme Fanon, Goldman
pense que seule la violence peut *désintoxiquer* le colonisé, l'opprimé, et par là même acquérir la valeur de
praxis absolue. Seulement, il n'est pas un colonisé,
même s'il se sent, en tant qu'individu, absolument
séparé de la communauté nationale française, et de

toute communauté, parce que juif, c'est-à-dire éternel exilé. Cette exclusion ontologique est source d'une souffrance intolérable ; au point que Goldman rêve de se transsubstantialiser dans un corps noir, de s'incorporer noir. Comme cet acte est impossible, il se tourne vers les corps les plus proches de lui, aliénés, incertains de leur identité, en perpétuel déséquilibre. Il se trouve que les Antillais lui renvoient cette image, en quoi il peut reconnaître un peu de sa situation. Tout jeune il a lu et admiré Aimé Césaire. Il connaît par cœur des phrases entières de son *Discours sur le colonialisme*. « On s'étonne, on s'indigne. On dit comme c'est curieux. Mais bah ! C'est le nazisme, ça passera. Et on attend, et on espère ; et on se tait à soi-même la vérité, que c'est une barbarie, mais la barbarie suprême, celle qui couronne, celle qui résume la quotidienneté des barbaries ; que c'est du nazisme, oui, mais qu'avant d'en être la victime on en a été le complice ; que ce nazisme-là, on l'a supporté avant de le subir, on l'a absous, on a fermé l'œil là-dessus, on l'a légitimé, parce que, jusque-là, il ne s'était appliqué qu'à des peuples non européens ; que ce nazisme-là, on l'a cultivé, on en est responsable ; et qu'il sourd, qu'il perce, qu'il goutte, avant de l'engloutir dans ses eaux rougies, de toutes les fissures de la civilisation occidentale et chrétienne. Oui, il vaudrait la peine d'étudier, cliniquement, dans le détail, les démarches d'Hitler et de l'hitlérisme et de révéler au très distingué, très humaniste, très chrétien bourgeois du XXe siècle qu'il porte en lui un Hitler qui s'ignore, qu'Hitler *l'habite*, qu'Hitler est son *démon*, que s'il le vitupère, c'est par manque de logique, et qu'au fond, ce qu'il ne pardonne pas à Hitler, ce n'est pas le *crime en soi*, le *crime contre l'homme, ce n'est pas l'humiliation de l'homme en soi*, c'est le crime contre l'homme blanc, c'est l'humiliation de l'homme blanc, et d'avoir appliqué à l'Europe des procédés colonialistes dont ne relevaient jusqu'ici que les Arabes d'Algérie, les coolies de l'Inde et les nègres d'Afrique. Qu'on le veuille ou non : Au bout du cul-de-sac Europe, je veux dire l'Europe d'Adenauer, de Schuman, de Bidault et quelques autres, il y a Hitler. Au bout du capitalisme, désireux de se survivre, il y a Hitler. Au bout de l'humanisme formel et du renoncement philosophique, il y a Hitler.»

Goldman, l'enfant rescapé de la barbarie nazie, partage totalement cette rage et pourrait signer tous les mots de cette condamnation définitive de la civilisation bourgeoise occidentale chrétienne. Il la rejette et la hait aussi farouchement que le député-maire de Fort-de-France, qui n'a jamais dévié de sa trajectoire ; implacable imprécateur de la perversité intrinsèque de l'ordre blanc capitaliste, prophète de la nouvelle parole humaine, qui rompt avec le PCF et l'impérialisme soviétique, pour protester contre la répression de la révolution hongroise.

Goldman n'adhère pas seulement intellectuellement au combat anticolonialiste des Antillais, il partage avec eux la même blessure. Son corps sait, comme le leur, qu'il a été voué, par le persécuteur, à la mort. Comme eux, il est constamment renvoyé au néant. C'est pourquoi il est depuis toujours sartrien, traversé de part en part par cette menace de néant, venue du fond de sa naissance, à quoi il lui faut toujours opposer une invention d'être, l'irruption de la liberté de sa conscience.

Cette connivence native avec l'abîme et la béance originaire, Sartre l'a pensée, Goldman l'a jusqu'alors plus ou moins bien vécue, tour à tour en position de foudroyé ou de séducteur jouant avec le vide. C'est la première fois qu'il sent qu'il peut la sublimer dans une forme artistique. La musique d'abord. Bien sûr, le son du tambour des nègres «marrons», espèce de morse

pour les esclaves évadés des plantations et cachés dans
les forêts, sert d'ossature au rythme antillais et caraïbe,
autour de laquelle peuvent se dérouler toutes les mélodies et les variations rythmiques. Goldman trouve
alors, dans le créole et la langue castillane très spéciale
du « son » cubain, et d'autres musiques analogues, des
raisons d'aimer ce pour quoi il combat. Il aime la
langue espagnole, cette culture, ces peuples métis, qui
se créent une identité à partir de cela même qui devait
les détruire, en mélangeant leurs habitudes d'esclaves
aux manières des maîtres. Transformer le castillan en
cette mélopée du plaisir qu'est le parler caraïbe lui
semble le comble du bonheur, et il n'a de cesse de
connaître les terres qui ont produit un tel prodige. La
compagnie de ses amis antillais à Paris est une voie vers
ces pays mythiques que Goldman brûle de connaître,
ces pays mythiques où lutter et peut-être mourir, car il
lui aurait été donné enfin d'être apaisé, distrait de son
indifférence, et de son goût morbide du malheur.

En ces années incertaines 1966-1967 Goldman
oscille donc entre la course improbable après un passé
qui le hante et un départ vers le Nouveau Monde, qui
signerait définitivement son arrachement de l'Europe
et de son temps maudit. Cette obsession rimbaldienne
du départ l'entraîne dans de curieux itinéraires. Pour
rejoindre Cuba, tout se passe comme s'il devait
emprunter deux trajets géographiques qui correspon-
dent à deux lignes de son imaginaire. La ligne Prague-
Varsovie, c'est-à-dire le retour au pays natal, le lieu de
ressourcement maternel — sa mère habite Varsovie,
fonctionnaire de l'Etat communiste stalinien — mais
aussi lieu du sacré, le ghetto où s'accomplit l'acte fondateur du soulèvement antinazi, duquel procède toute
légitimité révolutionnaire. L'autre ligne, la ligne aventureuse, c'est la ligne mythologique, maritime, celle des
ports aux putes, des cargos interlopes ; la traversée de
l'Atlantique à partir d'Amsterdam, le passage dans les

mers chaudes, avec arrêt dans les bordels de New
Orleans et escale forcée dans les prisons du Sud profond où suintent des corps déformés par la bière et la
haine raciste. C'est la ligne Conrad, la grande ligne de
fuite du roman américain des années 30 et du blues,
de la dépression et la road movie; des clochards
célestes et des beatniks qui influencent la jeunesse
rebelle des USA et de l'Europe occidentale, des blousons noirs et du début du rock.

En 1967 éclate la guerre des Six-Jours entre Israël et
la coalition de tous les pays arabes. L'extrême gauche
française prend massivement parti pour les Arabes, et
condamne l'expansionnisme israélien. Les plus viru-
lents sont les prochinois de l'Union des jeunesses communistes marxistes-léninistes, dirigée par Robert Linhart et Benny Lévy, l'un d'origine juive polonaise,
l'autre juif d'Egypte chassé d'Egypte au moment de la
nationalisation du canal de Suez par Nasser. A l'annonce de la victoire de l'armée israélienne, des manifestations de joie se forment spontanément dans les
rues de Paris. Goldman y participe. Il retrouve des militants d'extrême gauche comme lui, qui, en cachette de
leurs organisations respectives, viennent fêter la résur-
rection de l'honneur juif et la vaillance d'Israël. Dans
la nuit merveilleuse du triomphe des anciens survivants
contre tous ceux qui voulaient les exterminer une
seconde fois, Goldman retrouve les siens. C'est sa protection, sa meilleure sauvegarde face aux forces de la
légalité bourgeoise et goy. En ces jours d'angoisse
intense puis d'exaltation, quand, le danger mortel
passé, la vie paraît surabondante, Goldman réalise l'irréductibilité de son être juif qui l'ancre à la communauté de ses semblables, quand c'est à leur existence
qu'on en veut.

Alors, les différences, les oppositions, voire les antagonismes qui les divisent, ne comptent plus. L'idéologie, la politique, perdent toute pertinence quand c'est votre naissance même qui vous est reprochée. C'est le corps qui refuse, la parole n'est plus de mise, mais l'instinct de conservation, la volonté de vivre, l'amour de soi. Question de peau. Ou alors la haine de soi, idéologie sans chair, pathologie suicidaire. Goldman ne supporte pas ces doctrinaires gauchistes qui s'oublient et s'absentent d'eux-mêmes pour soutenir les autres, les opprimés. Que valent une amitié ou un amour proclamés par des êtres du ressentiment. Les Benny Lévy le dégoûtent et l'UJCML est pour lui définitivement disqualifiée. Ces juifs prochinois répètent les canailleries de leurs devanciers staliniens, dont le célèbre Rakosi, bourreau du peuple hongrois. Que périssent les prolétaires, pourvu que le parti du prolétariat vive !

Seulement, au moment où Goldman adhère de toute son âme à son être juif, il s'angoisse à l'idée d'être contraint de redevenir ce que furent ses parents : combattants de la survie juive. Le voici enfermé dans l'identité que lui retournent les antisémites. Il se voulait internationaliste, avec une prédilection caraïbe. L'imbécillité des dirigeants arabes, relayée et cautionnée malheureusement par les révolutionnaires du monde entier — venant de l'URSS et du bloc soviétique passe encore —, mais également des militants sincères, c'est un comble —, le rejette dans ce qu'il a de plus archaïque.

A l'heure du danger d'extermination, c'est clan contre clan, même si le clan auquel on appartient compte pas mal d'ordures, et le clan adverse beaucoup de types bien. Dans l'idéal bien sûr, les trotskistes ont raison : contre les féodaux arabes et les bourgeois israéliens, front uni des travailleurs arabes et juifs. Dans la réalité, c'est-à-dire la chiennerie des corps souffrants et jouissants, il y a la haine et l'amour, incontrôlés, incontrôlables. Il se retrouve dansant avec les sionistes de droite, le Bétar[1] que dans toutes les autres circonstances de sa vie il exècre. Pire encore, il côtoie les racistes de l'extrême droite française venus célébrer la déroute des Arabes.

Pendant ce temps, Régis Debray est entre la vie et la mort, à Camiri, bled perdu de Bolivie. Il a peut-être déjà été exécuté. Depuis que son arrestation a été rendue publique fin avril 1967 les nouvelles sont inexistantes, fragmentaires. La mobilisation en sa faveur commençait à peine — et avec quelles difficultés, tant le sectarisme d'une partie des dirigeants de l'UJCML est grand. La guerre des Six-Jours a figé un peu plus les positions, car, hélas, tout se tient dans la configuration mondiale des forces. C'est le même impérialisme américain qui martyrise le Vietnam, organise les armées sud-américaines, encadre et forme les polices, les troupes de choc antiguérillas, pourchasse le Che, envahit le Liban, Saint-Domingue, et aide militairement et économiquement Israël. Comment se battre partout contre lui et s'allier avec lui en soutenant Israël ? Surtout quand on connaît la lamentable « politique » de coexistence pacifique qu'a menée l'URSS avant le déclenchement de la guerre des Six-Jours entre les Israéliens et les pays arabes.

La direction Brejnev-Kossyguine a été encore plus lamentable avec Nasser et l'ensemble des forces progressistes arabes que Khrouchtchev au moment de la

---

1. *Bétar* : organisation juive ultra-nationaliste, qui ne reconnaît aucun droit au peuple palestinien.

crise des fusées à Cuba. D'abord ils ont conseillé une politique ferme voire provocante, puis quand les Américains les ont sommés de retenir l'ardeur des ennemis d'Israël, ils ont induit Nasser en erreur en l'assurant que la crise était terminée et qu'Israël n'attaquerait pas. On connaît la suite.

Alors les prochinois se déchaînent, Benny Lévy et Linhart en tête. Ils refusent de faire un front uni avec les capitulards, les révisionnistes et les trotskistes pour soutenir Debray. D'ailleurs l'auteur de *Révolution dans la révolution* a, disent-ils, fait preuve de volontarisme irresponsable en exaltant l'action de quelques guérilleros coupés des masses et en prétendant que les principes de la guerre populaire énoncés par Mao Tsétoung n'étaient pas applicables aux conditions de l'Amérique latine, il a divisé le front des révolutionnaires conséquents et a facilité la trahison des PC révisionnistes. Que Sartre, qui a pris parti inconditionnellement pour Israël, soit le président du meeting à la Mutualité pour la libération de Debray n'est pas tolérable, disent-ils.

Goldman est de nouveau en accord total avec Sartre, et pour un temps cela l'apaise. Mais sa situation devient invivable. Il n'est plus un jeune homme et il n'a rien construit. Sans métier, sans diplômes, en marge de sa famille et incapable d'en fonder une, il se sent en porte à faux avec son époque. En quelques années, l'histoire a basculé sans qu'il s'en aperçoive. Une nouvelle mythologie, de nouveaux comportements sont apparus ; de nouveaux lieux ont recouvert les anciens. Bref, l'air du temps a changé. Il n'a rien compris.

CHAPITRE VI

Un Mai de dupes

En 1966 et 1967 Goldman a toujours ses entrées au café Le Champo, situé rue des Ecoles, à côté du cinéma du même nom, à un jet de pierre du local de l'UEC de la place Paul-Painlevé, à deux pas de la grande cour de la Sorbonne, rendez-vous de tous les militants de gauche du Quartier. Il commence cependant à décrocher de la vie étudiante et surtout il s'éloigne des nouvelles générations, étranger à leurs préoccupations, à leurs goûts. Ni amateur de rock, ni auditeur assidu des séminaires de Lacan, de Lévi-Strauss et de Roland Barthes, il devient une espèce de référence ès combats de rues, une autorité qu'on respecte et qu'on consulte mais qui s'enferme, insensiblement, dans le rôle du *vétéran*. Goldman n'aime pas ce rôle. Pourtant, il en adopte bien des traits de comportement. Avec les « bizuths », il affecte un côté canaille, connaisseur en alcool et en sexe. Il est souvent bourré quand il traîne au Champo. Dans ces circonstances, il devient très violent, menace de cogner tout le monde, joue quelquefois du couteau. Un jour, il poursuit un de ses admirateurs, jeune khâgneux de l'UEC, jusqu'en plein XVIᵉ, parce que celui-ci a séduit une fille qui lui plaisait. Les deux pauvres amoureux sont terrés au fond de leur lit, terrorisés, en attendant que Pierre arrête de tambouriner comme un forcené sur la porte d'entrée de l'appartement dans lequel ils se sont réfugiés.

Une de ses plaisanteries rituelles qu'il assène presque tous les matins où il rencontre un tout nouveau dirigeant de la FGEL[1], Bouguereau, prend valeur d'une parole initiatique : « Alors fils, tu t'es bien branlé cette nuit ? »

Il a changé, car jusqu'alors, il était extrêmement réservé sur les choses du sexe ; timide même. Maintenant il prend des airs entendus, sourit aux plaisanteries salaces, se complaît dans des attitudes « antipédés » outrancières — il se vante même de leur faire la chasse —, joue les boss protecteurs. Il lui arrive de plus en plus souvent de se croire l'arbitre des différentes tendances gauchistes : le personnage clef de l'extrême gauche. Le sectarisme effréné des groupuscules lui facilite la tâche.

Petit cadre thorézien, Jurquet se promeut le représentant attitré en France de la ligne correcte, celle du parti communiste chinois, héritier des bolcheviks et des staliniens de la haute époque. Dépositaire d'un tel trésor ce comptable scrupuleux de la tradition du mouvement communiste international gère sa petite officine, le parti communiste marxiste-léniniste, comme un Pinay de la révolution. Il thésaurise la parole autorisée dans sa feuille *l'Humanité nouvelle*, en prenant ses ordres et ses informations directement auprès de l'ambassade de Chine à Paris et dans *Pékin Informations*. Il calque sa petite organisation sur le modèle du PCF, la maison mère : bureau politique, comité central.

---

1. Fédération des groupes d'études de lettres.

Chez les jeunes trotskistes de la Fédération des étudiants révolutionnaires, le chef est un jeune homme
extrêmement drôle dans le privé; brillant orateur en
public, d'une indépassable mauvaise foi dans la
défense bétonnée de son pré carré idéologique qui lui
tient lieu de stratégie. Il s'appelle Chisserey.
Recruté dans le vivier accueillant des écoles nor-
males d'instituteurs, ce jeune Chisserey coïncide parfaitement avec le côté tableau noir IIIe République —
laïcité, école émancipée, prolétaire sérieux et instruit
— qu'affectionne cette branche du gallicotrotskisme
qui se nomme lambertiste, du nom d'un certain Lam-
bert, aussi célèbre par son anonymat même dans les
milieux révolutionnaires que peut l'être le soldat
inconnu dans les milieux d'anciens combattants
patriotes. A part psalmodier le célèbre texte que
Trotski avait écrit en exil, après avoir été chassé par
Staline, connu sous le titre canonique de *Programme
de transition* où il est établi que la bourgeoisie n'est
plus capable de développer les forces productives — ce
qui ne laisse à l'humanité que l'alternative : socialisme
ou barbarie —, les militants organisés par Chisserey
passent le plus clair de leur temps à polémiquer avec
l'organisation rivale dirigée par Krivine et Weber.

Goldman aime Krivine, l'estime, le respecte. Il aime
bien Chisserey aussi, son côté voyou, son cynisme vul-
gaire doublé d'une fragilité profonde, mais il trouve
grotesques leurs rivalités, dommageables pour l'ensemble des forces révolutionnaires. Il n'est pas talmudiste et ne comprend pas comment on peut pinailler
des heures entières sur les virgules et les points-virgules
d'un maître révéré, mais qui a quand même dû se tromper, puisqu'il n'a jamais pu construire une organisa-

tion internationale qui dépasse les limites de la secte.
Trotski lui paraît trop « littérateur d'Europe centrale »,
empêtré dans sa croyance naïve dans le progrès scientifique et technique. Bref, pas assez tragique. Heureusement pour lui, il est mort, martyr, avant la Shoah.
Mais il lui semble que les trotskistes font comme si
celle-ci n'avait pas eu lieu.

Intellectuellement Goldman se sent proche de certains dirigeants de l'UJCML, parce qu'ils sont philosophes d'esprit et de formation, alors que les trotskistes sont des historiens. La dialectique implacable
d'un Robert Linhart lui inspire de l'estime. Par contre,
la trop grande facilité rhétorique de Benny Lévy le
laisse songeur. Il apprécie sa faconde, son intelligence,
ses talents d'assimilation. Depuis qu'il le connaît
Benny a été successivement sartrien, lukácsien, gram-
scien, et maintenant althussérien et maoïste. Sa flexi-
bilité lui semble confirmer le jugement peu amène que
Linhart lui a livré en confidence : « Moi je suis juif
polonais, lui c'est un juif, tendance loukoum. » Benny
est né en Egypte.
Effectivement, là est la différence. Si Pierre Goldman
veut combattre en Amérique latine, s'il veut devenir
noir, c'est qu'il sait d'où il vient : juif polonais, ni français, ni latin, ni méditerranéen. Né en France par
hasard, mais né de sa mère polonaise, qui s'est enfuie
de Pologne, dans les années 30, parce que la Loi de
son père, rabbin, lui était insupportable. Elle est revenue en Pologne, sous une autre loi, tout aussi insupportable, la Loi communiste, qui l'opprime mais que
pourtant elle sert. Pierre Goldman essaie maintenant
de comprendre cette terrible énigme; sa mère en
Pologne. Il y séjourne et en revient, convaincu que s'il
s'approche de cette énigme, il s'approche de ce qui le
meut.

Car il n'est pas lui, ici, en France. Il est lui-même quand il se retrouve en retrouvant sa mère, en se promenant dans les rues de Varsovie, en imaginant le quartier juif avant qu'il ne soit rasé, en apprenant la geste héroïque des combattants du ghetto, en lisant l'histoire secrète de la première moitié du xxe siècle, la saga héroïque et tragique de la diaspora juive révolutionnaire. Il devient lui en s'appropriant cette histoire — y compris celle des héros sombres de la police politique stalinienne, les tchékistes et les kominterniens, qui monstrueusement servaient le tyran en croyant se sacrifier pour l'humanité souffrante.

Mais c'est en rejoignant l'autre partie de son rêve, là-bas aux Caraïbes, que son corps trouvera sa pleine intégrité, qu'il « adviendra » à lui-même. Juif noir, combattant du ghetto, guérillero.

Cette issue qu'il sait proche il l'attend à Paris. Quand le temps lui semble trop long, il boit, il joue et danse avec ses amis guadeloupéens.

Il faut trancher. Son père le presse d'en finir avec sa vie molle, et de faire son service militaire, puisqu'il est manifestement hors d'état de poursuivre des études supérieures. Goldman décide de devenir parachutiste.

Au moment où il doit rejoindre son affectation dans l'est de la France, il prend soudain conscience qu'il n'est pas français et qu'il ne doit pas se prêter, comme son père, à la mascarade de son intégration dans l'armée française. Il décide donc de déserter et de rejoindre sa mère en Pologne, d'où il essaiera, après sa première tentative avortée, de rejoindre Cuba, et de s'y incorporer dans des escouades révolutionnaires armées.

La veille de son départ de France — qu'il pense définitif —, il va avec des amis voir un film de Jerry Lewis.

Il est soulagé, car le chemin qu'il a pris est sans retour. Il ne peut plus revenir en arrière. Maintenant il est *insoumis.*

Il entre à Cuba, en passager clandestin d'un cargo allemand. Immédiatement arrêté par la sécurité cubaine il est libéré grâce à son ami Marc Kravetz, invité officiel du gouvernement cubain en tant que dirigeant de l'UNEF.

L'été 67, il est enfin arrivé au terme du voyage, dans l'étuve de La Havane. Aspiré tout de suite, en son cœur le plus profond, dans la partie coloniale, là où les anciennes demeures baroques abritent les rites africains et où les madones des maîtres venus de Galicie ou d'Andalousie se mêlent aux saintes du vaudou, Goldman survole ses jours et danse ses nuits. Jamais il n'a été aussi près du bonheur. Tout son être vibre avec les éléments, et c'est comme si prenait enfin corps pour lui ce qu'il avait lu et qui l'avait tellement ému chez les présocratiques. La vieille Havane, c'est sa Grèce archaïque, l'Athènes de sa métaphysique convulsive, l'éden d'une surhumanité en fusion, où résonnent et se répondent les couleurs, les odeurs et les sons. L'exaltation le consume et le porte à effervescence quand tambours, tumbas et cuivres prennent le relais de la langue espagnole, chaude et douce.

Goldman retrouve, multipliée par cent, l'intensité de la fête de l'été 1965 à Paris, quand le Ballet cubain avait donné des représentations à l'Olympia. Cette fois-ci, il est sur l'île qui ose défier le géant impérialiste et où le déchaînement de vie coexiste avec la mort toujours menaçante. Il est enfin là où le plaisir de la musique est le plus intense, car il se déchaîne sur fond d'anéantissement possible. Le sexe et la mort.

Le lendemain soir de son arrivée, il va danser sur une plage dans une somptueuse villa réquisitionnée par la révolution et savoure la langue cubaine qu'il aime faire rouler dans sa bouche. Son séjour l'extrait du temps ordinaire. Dormant tantôt chez des amis français, tantôt à l'hôtel Hilton, le « Habana libre », où séjournent tous les amis de la révolution, il passe son temps avec des musiciens noirs et apprend l'extase de la rumba. Dans une interminable cérémonie répétitive, au chœur qui dit *La Muerte*, le maître de chant répond *Es muy natural*. Ces nuits de danse et de chant, l'amour emplit l'air de sa saveur qui se mêle aux effluves du rhum, et les femmes s'offrent en dansant comme elles dansent en aimant.

Happé par ce peuple noir, Goldman, comme à Prague, comme à Varsovie, comme partout où il part à la rencontre de l'autre, connaît des Noirs, des Guadeloupéens, des Congolais. A tous, il se propose comme frère d'armes, anonyme et prêt à servir.

Cette fièvre sexuelle et révolutionnaire atteint son point limite et sublime la nuit où, sur la place de la Révolution à La Havane, le peuple rend un dernier hommage au Che, assassiné en Bolivie. Un immense portrait du Comandante au béret surplombe cette foule bouleversée qui, dans la chaleur antillaise, déverse son trop-plein de tristesse et d'amour en entonnant le chant de *l'Internationale*. Goldman, en cet instant, sait que sa vie est justifiée. Le chant qui a aidé son père et sa mère dans leur combat antinazi, et qui a redonné force et espoir aux ensevelis des ghettos, à tous les enchaînés, gonfle cette terre caraïbe et appelle à de nouveaux combats. Goldman est prêt.

Bien qu'il ne puisse rencontrer les officiels cubains — ses fréquentations et ses activités nocturnes le rendent suspect aux organismes de sécurité qui doivent faire le tri dans cette foule bigarrée qui vient du monde entier — Goldman entre en contact avec un groupe révolutionnaire vénézuélien, en transit, qui s'entraîne à Cuba en vue de débarquer à l'est du Venezuela et de créer un maquis. La confiance naît vite et Goldman est intégré à part entière dans le groupe.

Après un retour clandestin par Prague et la Belgique, il rentre à Paris fin 67 et y attend son départ prochain pour le Venezuela. Il passe la majeure partie de son temps à Pigalle, fréquente les bars et les boîtes de nuit où se retrouvent mêlés des éléments du milieu et du lumpenprolétariat antillais. Quelquefois, une atroce angoisse l'étreint : et si les camarades vénézuéliens l'avaient oublié ou ne le jugeaient plus digne de combattre avec eux ? Cette vie de rhum et de plaisirs lui fait alors horreur. Il se dégoûte de toujours répéter les mêmes comportements, de se rouler dans la même fange. Une soif de pureté l'assèche ; il se veut dur comme l'arme qu'il va bientôt empoigner.

L'étrange contrat qu'il avait passé il y a quelques années avec un ami lui impose de rater sa vie pour réussir sa mort. Qu'elle vienne donc avant trente ans ! Prolonger cette vie avortée qu'il mène serait immonde. Penser à son père, à son courage et à la rectitude de sa vie le plonge dans un profond désespoir. Comment peut-il le décevoir ?

Avec ses amis noirs, le rêve fou de la transparence, par dissolution des différences et métamorphose des identités, est impraticable. Depuis les Black Muslims et Malcolm X, ils ont appris à refuser l'aide et la solidarité des libéraux et révolutionnaires blancs. Le mur de la couleur ne peut être franchi. Goldman ne peut devenir autre, à tout le moins dans le monde objectif de l'action. Il doit se réfugier dans l'intime de la subjectivité pure pour rencontrer son ami noir. Cela aussi le plonge dans une profonde dépression.

Ainsi vit Goldman, douloureux, rongé par la blessure de sa naissance, entre rhum et tumbas, fou d'angoisse, pétrifié du remords d'être vivant, ballotté entre la veulerie de l'abandon et la rage de défier, de provoquer. Certains soirs il traîne dans les rues de Pigalle, sans papiers, goûtant l'ivresse d'être clandestin, à la merci du moindre contrôle d'identité, sommé de trouver sur-le-champ une parade à la capture.

Après les émeutes de Pointe-à-Pitre en 1967, fomentées par les indépendantistes du Gong[1] parmi lesquels Goldman compte quelques camarades, il envisage quelque temps de lancer des actions violentes en métropole pour alléger le poids de la répression qui pèse sur les militants restés aux Antilles. Il ne va plus au Quartier Latin, à part quelques virées nocturnes et incognito. Il ne rencontre aucun de ses anciens amis militants. Seuls quelques-uns sont au courant de son retour en France. Il lit toujours avidement les journaux, il est donc au courant de l'agitation qui règne dans les universités et en particulier à Nanterre. Il a entr'aperçu Cohn-Bendit, jeune militant, quand il s'occupait du service d'ordre de l'UEC et protégeait quelques réunions et meetings de l'UNEF. Surtout, il a gardé des liens d'amitié avec Marc Kravetz et connaît bien Jean-Marcel Bouguereau.

Quand les bagarres au Quartier Latin du 3 mai 1968 se transforment en émeutes le lundi 6 mai jusqu'à

---

1. Le Gong est un parti indépendantiste, semi-clandestin, pro-castriste.

déboucher sur la nuit des barricades le 10 mai, il est surpris, puis de plus en plus excité et fébrile. Il ne peut pas rejoindre la Sorbonne car son départ pour retrouver ses camarades vénézuéliens est imminent. Il téléphone donc très souvent à ses amis qui ont fondé le comité d'action de la Sorbonne et donne des rendez-vous de plus en plus rapprochés à Bouguereau, place du Châtelet, pour qu'il le mette au courant de la situation. Il enrage d'être spectateur d'un mouvement qui prend une ampleur inouïe quand les ouvriers se jettent par millions dans une grève sauvage illimitée après le 13 mai. Lui qui depuis toujours veut rejoindre l'histoire, voilà qu'elle est là et qu'il ne peut rien faire. Il s'énerve, se débat, joue de ses anciennes amitiés, rencontre secrètement des militants influents du 22 mars[1] qu'il a connus à l'UEC, propose des stratégies. Il sent bien qu'on ne l'écoute pas et que les petits chefs des groupuscules à qui il en imposait encore, il y a tout juste deux ans, ne tiennent pas compte de ses suggestions. Pour lui, la situation est claire; elle concorde avec tout ce qu'il a appris et médité ces dernières années.

La lutte des classes est entrée dans une phase révolutionnaire. Il faut donc prendre l'initiative du combat armé, signer par le sang versé l'alliance avec les ouvriers. Prendre la Sorbonne et en faire un bastion militaire. Sinon le mouvement va se dissoudre en parlottes; et les syndicats réformistes d'abord, les staliniens ensuite, et, pour finir, le pouvoir gaulliste le diviseront, l'encercleront et l'anéantiront.

Il n'est pas entendu. Pire, on se méfie de lui; ses amis lui expliquent que ce qui se passe est totalement diffé-

---

1. *Mouvement du 22 mars* : rassemblement d'étudiants d'extrême gauche à Nanterre. Emmenés par Cohn-Bendit ils occupent le 22 mars le Conseil de la faculté pour exiger la libération d'un militant emprisonné à cause de son action contre la guerre du Vietnam.

rent de ce qu'ils avaient toujours pensé. Les gens veulent parler, comprendre, ne plus obéir bêtement, ni se faire voler leur vie ; ils ne veulent pas prendre le pouvoir, encore moins déclencher une guerre civile. Ils veulent être libres. Goldman ne comprend rien et méprise ces manifestants qui crient CRS-SS — qu'est-ce qu'ils connaissent des SS ? — et ne veulent pas prendre le risque de la mort.

Quand, à la fin du mois de mai, de Gaulle menace et reprend la situation en main, il n'en est nullement étonné. La suite ne l'intéresse plus. Seul importe son départ que ses amis vénézuéliens lui ont déclaré imminent. Il doit pour cela se procurer un passeport volé. Chose faite.

Peu après l'anniversaire de ses vingt-quatre ans, en juillet 1968, il part pour le Venezuela.

CHAPITRE VII

Flamboiement des soirées vénézuéliennes du littoral caraïbe

Quand Goldman rejoint ses camarades, la situation politique au Venezuela, et particulièrement dans les rangs révolutionnaires, est assez compliquée. Après que le dictateur Jimenez a été renversé en 1958, les forces démocratiques pensent le moment venu de radicaliser la lutte, en s'attaquant à la bourgeoisie parasitaire compradore et à son protecteur, l'impérialisme américain. Cuba vient de se proclamer socialiste et les mouvements révolutionnaires en Amérique latine se sentent encouragés à suivre son exemple : lutte armée, et prise du pouvoir. Le devoir d'un révolutionnaire c'est de faire la révolution.

Le problème c'est qu'au Venezuela il y a plusieurs organisations révolutionnaires et que si elles veulent toutes faire la révolution, ce n'est pas tout à fait la même et par voie de conséquence pas tout à fait de la même manière. Deux grandes forces se partagent la conduite de la lutte. Le parti communiste vénézuélien, force principale, créé par la IIIᵉ Internationale, recrute principalement chez les ouvriers du pétrole et dans les milieux estudiantins et intellectuels. Il s'est acquis une grande autorité durant la lutte contre la dictature. Mais il est très aligné sur les positions du parti communiste d'URSS et se méfie en conséquence du castrisme. Il prône une lutte pacifique contre les monopoles et l'impérialisme et préconise un vaste front uni de toutes les couches sociales — y compris la « bourgeoisie nationale » — qui souffrent de la domination étrangère. Exceptionnellement, si les éléments les plus réactionnaires prennent le contrôle de l'appareil d'Etat et imposent leur domination terroriste sur l'ensemble de la société — comme du temps de Jimenez —, il peut être utile de recourir à des insurrections armées. Mais, même dans ces conditions extrêmes, l'appareil militaire doit être toujours sous contrôle politique.

Cette position a été combattue à l'intérieur du parti communiste vénézuélien au début des années 1960, et deux de ses dirigeants, Douglas Bravo et Teodoro Petkoff, ont ouvert un front guérillero dans les forêts du Falcon[1]. Cette expérience a échoué et une scission s'est opérée, d'où sort une organisation, le MIR[2], qui regroupe tous les militants décidés à suivre intégralement la voie cubaine et à passer tout de suite à la lutte armée. Ces divisions et ces oppositions se retrouvent dans la deuxième vague des combattants, qui après l'échec des premiers « focos[3] » se retrouvent, en 1967, à Cuba pour s'entraîner en vue de rallumer la guérilla.

Quand Goldman est venu à l'invitation de son ami, le peintre Dario Lancini, à La Havane, il s'est trouvé immédiatement mêlé à ces querelles politiques entre

---

1. Le Falcon est une zone montagneuse, à la végétation tropicale. C'est une jungle extrêmement inhospitalière, pleine de bêtes sauvages ou venimeuses.
2. *MIR* : Movimiento de la Izquierda revolucionaria, Mouvement de la gauche révolutionnaire.
3. *Foco* : camp militaire guérillero.

Vénézuéliens, sans chercher à en connaître les enjeux véritables. Pourtant, la dernière année, la crise s'est accentuée ; non plus seulement entre le MIR et le PC, mais entre le MIR, jusqu'alors soutien et allié privilégié de la révolution cubaine, et Fidel Castro. Celui-ci a laissé entrer clandestinement au Venezuela douze cadres militaires cubains très expérimentés en compagnie du frère de Petkoff, Luben, — dirigeant resté communiste. Le MIR proteste contre cette immixtion de Cuba dans les différends entre organisations révolutionnaires et surtout s'insurge contre la préférence maintenant accordée au PC vénézuélien. Pour rétablir l'équilibre, Fidel permet à un groupe miriste, accompagné de Cubains, de s'infiltrer sur les côtes vénézuéliennes. Malheureusement, au cours d'un accrochage, deux Cubains se font prendre par les forces armées vénézuéliennes gouvernementales. Le gouvernement vénézuélien reproche officiellement au gouvernement cubain une intervention dans ses affaires intérieures et ouvre une crise diplomatique. Dans ces conditions, Fidel demande aux militants du MIR basés à Cuba d'y rester deux ans avant de tenter quoi que ce soit au Venezuela. Ils refusent, et Fidel leur retire tout soutien.

Quand Goldman les rencontre, à l'été 1967, ils sont très peu nombreux, isolés. Une douzaine de combattants extrêmement motivés, entraînés, et aguerris militairement et politiquement. Ils recherchent des appuis en Europe, particulièrement en Italie avec le groupe Frantz Fanon, et ils demandent à Goldman d'organiser la solidarité en France. Déjà, Sartre et le peintre Soto les aident financièrement.

Ils ont pu acheter des armes et se sont même acquis la sympathie active — malgré Fidel — des membres

éminents des services spéciaux cubains et en particulier d'Ochoa et des frères La Guardia[1].

En mai 1968, ce groupe dirigé par Lunar Marquez
décide de se rendre à Trinidad. C'est là que Pierre
Goldman les a rejoints. Trinidad est une île caraïbe
située au large de la côte atlantique du Venezuela. Le
groupe a décidé d'entrer en touristes au Venezuela par
le ferry-boat. Pierre revoit avec plaisir Oswaldo, jeune
intellectuel qui a fait ses études à Paris, en exil durant
la dictature Jimenez, et qui, lui aussi, bien que
marxiste, a été et est toujours marqué par la pensée de
Sartre, et à qui Heidegger n'est pas inconnu. Tous deux
ont les mêmes goûts musicaux.

La nuit précédant le départ, ils vont ensemble au
bordel. Oswaldo trouve une charmante métisse, aux
yeux langoureux et romantiques. Après avoir fait
l'amour, ils se mettent à chanter, Oswaldo lui apprenant tout le répertoire de Frank Sinatra qu'il connaît.
Pendant ce temps Pierre est pris d'une frénésie sexuelle
insatiable et, pour satisfaire sa fringale, doit changer
souvent de partenaire. L'argent vient à lui manquer. A
plusieurs reprises il interrompt Oswaldo dans son réci-
tal pour lui en demander.

Le matin ils partent, «pour vaincre ou pour mourir». Selon la stratégie théorisée par Régis Debray dans
son livre *Révolution dans la révolution* l'établissement
d'un «foco» dans la montagne répond à trois objectifs : la constitution de bases arrière, de zones libérées,
d'où les guérilleros peuvent s'entraîner et attaquer les
villes, la propagande auprès de paysans et leur organisation en mouvement de masse, enfin, l'entraînement

---

1. Ochoa est un général cubain, compagnon de la première heure
de Fidel dans la Sierra Maestra. Les frères La Guardia sont des
membres du mouvement du «26 juillet», qui ont milité dans les organisations clandestines urbaines. Dans les années 60, ils organisent les
services spéciaux.

des guérilleros par la marche dans la montagne, l'acquisition de toutes les techniques de survie et de combat, exercice d'autant plus indispensable que tous les combattants ou presque sont d'origine bourgeoise, intellectuelle et citadine.

Ils s'installent à Puerto La Cruz mais cherchent à aller plus loin à l'est, dans les montagnes. Goldman et Oswaldo font équipe dans un groupe de six guérilleros conduit par le plus expérimenté et le plus prestigieux, célèbre dans tout le Venezuela et estimé par tous les révolutionnaires latino-américains tant ses exploits sont déjà grands, Balthazar Ojeda Negretti. Goldman veut se montrer digne de la confiance que ce chef lui fait et n'envisage pas un seul instant de pouvoir se montrer déloyal envers ses camarades.

Seulement, comme Oswaldo, il n'a aucune expérience de la marche. Quand il a rencontré ses amis à Cuba, il avait évoqué comme preuve de ses capacités combatives son rôle de dirigeant de service d'ordre et ses qualifications en arts martiaux, mais il n'avait pas été question de ces qualités nullement héroïques que sont l'endurance montagnarde, l'habitude paysanne de mettre un pied devant l'autre. Maintenant il souffre, et ne comprend pas ce qu'il fait, à marcher bêtement dans cette fichue montagne, où l'on ne rencontre aucun paysan, ni aucun détachement armé avec qui engager le combat. Un jour, il s'arrête et refuse de faire un pas de plus. Oswaldo l'encourage : rien à faire, il refuse. L'incident prend de l'ampleur ; ses camarades lui reprochent sa désobéissance, parlent de rébellion, de désertion et le menacent d'en tirer toutes les conséquences. Il n'en a cure. Il ne marchera plus. A Oswaldo il transmet ce qu'il appelle pompeusement ses dernières paroles : « Dis à Lunar que je suis venu ici pour combattre, que j'accepte de mourir ; j'aurais voulu être tué dans un combat, mais continuer de marcher pour rien, sans savoir pourquoi, je n'accepte plus. Et si mon refus est passible de la mort, si mon acte mérite qu'on me tue pour trahison devant l'ennemi, alors que Lunar me tue, s'il le veut.» La tension retombe et, pour finir, Goldman se laisse convaincre par Lunar de reprendre la marche. Mais l'altercation a été sérieuse et les conséquences auraient pu être tragiques. Goldman, malgré tous ses efforts, ne peut changer. Il est et reste un homme de l'acte flamboyant, du courage exceptionnel. Il répugne à la lenteur, au travail patient et continu, aux stratégies prolongées. Il est intellectuellement d'accord avec les théories militaires maoïstes sur la guerre populaire, mais quand il s'agit de les mettre en pratique, il y répugne de tout son corps. C'est un être des villes, de la nuit et de l'éclat. Il ne supporte pas les difficultés quotidiennes : ne pas manger, être sale, être piqué par des moustiques, nettoyer un vieux fusil.

Alors qu'il est d'une loyauté à toute épreuve avec son groupe de camarades et qu'il se ferait tuer plutôt que trahir, il ne ressent aucune culpabilité à enfreindre les règles les plus élémentaires de la vie en communauté. Satisfaire ses besoins et réaliser ses désirs ne lui pose aucun problème de conscience, alors même que la vie d'autrui peut en pâtir très gravement. Dans son périple, le groupe guérillero doit rationner très sévèrement la nourriture, et chacun compte sur l'autodiscipline de tous pour ne consommer que sa part. Goldman adore le sucré. Oswaldo le surprend un jour à boire en douce du lait concentré sucré. Bien entendu, il l'engueule et lui fait remarquer qu'il lèse tous ses compagnons, ce qui, dans les conditions difficiles de marche, relève d'un quasi-abandon de poste au combat. Goldman ne pipe mot. Preuve que la leçon de morale révolutionnaire d'Oswaldo n'avait eu aucun effet, il recommence, malgré les objurgations désolées de son ami. Goldman se conduit avec le détachement guérillero comme il s'est toujours conduit. Tout se passe comme si, une fois tracée la ligne de démarcation absolue entre une conduite digne, c'est-à-dire digne des plus grands résistants antifascistes, que Goldman assume dans ses grands choix de vie, et l'infamie de la lâcheté et de la trahison, il n'y a pas de différence fondamentale entre le permis et l'interdit, identifié au légal et à l'illégal. Goldman refuse la loi, au sens mosaïque ou psychanalytique du terme. Il ne veut connaître que ce qui est révolutionnaire ou contre-révolutionnaire. En ce sens, il poursuit, sans aucun état d'âme, l'amoralisme bolchevique, que résume parfaitement le titre d'un livre de Trotski : *Leur morale et la nôtre*. La morale est une superstructure, affaire de circonstance et de rapports de force. Ce relativisme moral qui peut même conduire à un nihilisme d'« au-delà du bien et du mal » est uniquement tempéré chez lui par l'irréductibilité de la conscience juive. L'antisémitisme figure le mal absolu ; l'antisémite et le raciste sont les salauds intégraux.

Au bout de cinq mois de pérégrinations dans la montagne, sans avoir engagé le combat, le groupe guérillero se pose des questions sur la pertinence de sa stratégie. Oswaldo est envoyé en éclaireur à Puerto La Cruz, grand port industriel où se concentre l'industrie pétrolière. Il s'agit de savoir s'il n'est pas plus aisé d'organiser un « foyer social » dans une ville, parmi les marins, les dockers et les ouvriers que de poursuivre la chimère d'un « foco » parmi des paysans. Ce qui est en cause, c'est la ligne cubaine théorisée par Debray. Les paysans, en tout cas au Venezuela, ne constituent nullement l'avant-garde révolutionnaire. Ils désirent rejoindre la ville, car dans les montagnes il n'y a plus ni pain ni travail.

Le groupe s'installe clandestinement à Puerto La Cruz, et engage une vaste discussion sur la conduite à tenir. Goldman participe pleinement au débat, critique les thèses de Debray, retrouve le plaisir d'argumenter. Il est totalement intégré au groupe, et sa voix compte à l'égal de toutes les autres, car l'internationalisme des révolutionnaires vénézuéliens n'est pas un vain mot. Ils suivent en cela les instructions du Che. C'est sur cette base que Goldman avait été recruté et admis pendant son séjour à Cuba. Il loge chez des ouvriers sympathisants, et pour tous les voisins il est le Français, un touriste un peu original, qui aime l'atmosphère des ports et la musique caraïbe. Le groupe est soudé; il a gardé son unité autour de nouveaux objectifs. Les armes sont en quantité suffisante. Mais l'argent manque; aussi bien pour assumer l'existence de tous les guérilleros que pour éditer un journal. En effet, il a été décidé de faire de la propagande et d'organiser les travailleurs et les marins. Un hold-up contre la Royal Bank of Canada est préparé. Le coup est bien réussi. Mais la police a repéré la colonne guérillero et s'empare d'un membre qui dénonce tout le groupe. Il faut partir à Caracas.

Caracas est une ville caraïbe en plein boom industriel. Mélange d'alanguissement, de douce nonchalance créole et de fièvre yankee, la capitale du Venezuela est en perpétuelle transformation, comme les villes américaines de l'Ouest. Il y a de l'esprit pionnier, de la «nouvelle frontière» dans cette métropole gagnée par la passion de l'or noir. La découverte de champs de pétrole, sur terre et en mer, révolutionne une économie jusqu'alors semi-coloniale, dirigée par une bourgeoisie latifundiaire et négociante. Le désir de se réapproprier la richesse nationale — confisquée par l'impérialisme yankee — grandit dans toutes les classes de la société vénézuélienne. A Caracas, en particulier, prospère une « bourgeoisie nationale » enrichie par la rente pétrolière, et dont le parti communiste vénézuélien juge l'existence et l'appoint indispensables à la constitution d'un Front populaire. Seulement, cette « bourgeoisie nationale » est traversée par des contradictions : si elle a intérêt économiquement à se différencier du voisin yankee surpuissant, son mode de vie et ses aspirations l'en rapprochent. L'urbanisme débridé de Caracas, à la fin des années 60, imite celui des villes américaines avec ses tours, ses avenues et ses « suburbs ». Le style colonial et baroque des anciennes familles d'ascendance espagnole fait de plus en plus figure de réserve aristocratique en voie de muséification. Le boom pétrolier attire vers la ville une masse de paysans sans terre et ceux qui tentent leur chance. L'apparition d'immenses bidonvilles engendre un développement anarchique de populations, coupées de leurs attaches, sans travail fixe, à la lisière de la ville. Un sous-prolétariat, sans tradition d'organisation et de luttes, survit dans une économie informelle.

Dans la ville — protégée par ses franchises et fière de son autonomie —, l'université forme comme une cité indépendante. Ses professeurs et ses étudiants ont conscience de transmettre et de sauvegarder les principes essentiels de la nation. Comme dans toute l'Amérique latine cette fraction de la bourgeoisie libérale constitue un enjeu décisif dans la lutte pour le pouvoir. Traditionnellement partagée entre libéralisme politique et populisme économique, elle penche nettement à gauche. Nombre de ses étudiants et de ses jeunes professeurs comptent parmi les dirigeants et les cadres des groupes révolutionnaires de tendance castriste. Les camarades de Goldman ont été pour la plupart étudiants ou professeurs à l'université de Caracas, avant de se lancer dans la lutte armée.

La crise s'amplifie à l'intérieur du camp révolutionnaire. Depuis que Douglas Bravo, membre du bureau politique du PC vénézuélien, a lancé la lutte armée en organisant la guérilla dans les montagnes du Falcon, la direction du PC oscille perpétuellement entre cette option stratégique et les différents tournants tactiques consistant à mettre l'accent plus fortement sur l'action politique pacifique. En 1969, quand Pierre Goldman et ses camarades se replient à Caracas, la guérilla est à bout de souffle, car la totalité du PCV s'est ralliée à la voie pacifique, y compris d'anciens chefs guérilleros prestigieux comme Luben Petkoff. Les différents fronts se sont disloqués. Pire, en juin 67, deux ans avant l'arrivée de Goldman, des dirigeants éminents du PCV, anciens partisans de la guérilla : Pompeyo Marquez, Guillermo Garcia Ponce, Eduardo Machado, Gustavo Machado, Theodoro Petkoff ont signé un document dans lequel ils déclarent que « la guérilla n'a pas de racines historiques dans notre pays ».

Quand Goldman s'était engagé à Cuba, Lunar, le chef du groupe des futurs guérilleros vénézuéliens, ne lui avait pas caché l'état de la situation politique, mais à l'époque il n'y avait prêté qu'une oreille distraite. Il voulait partir se battre. Les désaccords entre les forces révolutionnaires lui importaient peu : des détails. Maintenant il est obligé de s'y intéresser ; et cela le passionne. La vie qu'il mène est bien loin de celle qu'il avait imaginée quand il rêvait de combats révolutionnaires décisifs.

Il loge chez des ouvriers sympathisants de la cause. Ils ne connaissent rien de lui et se contentent de l'abriter et de le protéger. Goldman se sent comme un poisson dans l'eau dans la ville de Caracas qui lui rappelle La Havane par son climat et surtout par sa musique. Il participe à des réunions politiques, où se discutent et se préparent de futures actions offensives, en tenant compte de la confusion et de la démoralisation qui sévissent chez les ouvriers et les étudiants les plus révolutionnaires.

C'est ainsi que Goldman participe à quelques mouvements spectaculaires d'occupation armée d'établissements universitaires et se retrouve, non sans quelque fierté ironique, lui qui en France n'allait jamais aux cours de la Sorbonne, maître d'un amphithéâtre.

Mais la majeure partie du temps, il reste cloîtré dans des refuges clandestins, seul ou avec un compagnon; souvent, c'est Oswaldo. Il lit des manuels de guérilla, des livres d'économie, d'histoire, mais aussi des romans. Il dévore *Cent ans de solitude* de Garcia Márquez et discute, à en perdre haleine, de la vie, de la mort, de l'amour, avec Oswaldo devenu son meilleur ami. Très vite, les échanges prennent un tour philosophique, mais en même temps très intime. Pierre retrouve son goût pour la discussion métaphysique, cette inscription du sens dans la chair, ce dialogue entre deux libertés nues, au plus intense de leur vie, parce qu'au plus proche de la mort lucidement envisagée et volontairement assumée.

Dans ces moments, bien qu'il ne soit pas confronté à ce qu'il était venu chercher au Venezuela, l'occasion de tester son courage, de se hausser au niveau de son père et de sortir de son identité monotone, Goldman se sent purifié, victorieux pour un temps de sa veulerie et de son goût du malheur. C'est dans ces moments qu'il entend le mieux la musique, qu'il communie avec elle, qu'il fait corps avec elle. Quand le désir de musique survient, il doit être immédiatement assouvi. Aussi souvent qu'il le peut, il s'isole dans une pièce avec un transistor pour essayer de capter des émissions locales dans lesquelles on entend des *cumbias*, ces tambours colombiens qu'il adore. Pendant les jours du Carnaval 1969, Goldman sort, au mépris des règles les plus élémentaires de la clandestinité, pour écouter un orchestre portoricain qui joue de la musique cubaine. Il revoit Tata Guinès, le grand joueur de tumba, qui avait joué sur son crâne, à La Havane.

Mais l'activité politique du groupe devient très problématique. En définitive rester à Caracas et continuer la lutte n'a plus de sens. Goldman repart pour Paris fin septembre 1969 ; ses camarades du groupe guérillero lui promettent qu'ils lui feront signe dès que les conditions seront propices à une reprise des combats.

Rien n'est réglé. Il a un an de plus, vingt-cinq ans, et sa tentative de rachat a échoué. Il n'est pas mort ; il doit expier.

Seconde partie

L'AFFAIRE GOLDMAN

CHAPITRE VIII

Devenir gangster

Quand Goldman rentre à Paris le 1ᵉʳ octobre 1969, il se retrouve dans une situation pire que lorsqu'il en était parti, car il a échoué dans sa tentative de résoudre son problème fondamental. Il a cru annihiler son angoisse de mort en mettant en jeu sa vie. La mort n'est pas venue. Reste une vie en sursis, mais dont le prix se dévalue au fur et à mesure du temps qui reste jusqu'au terme imprescriptible de trente ans — trente ans, l'âge que Goldman s'est fixé depuis toujours comme la limite au-delà de laquelle sa vie lui apparaîtrait objet de dégoût, si aucune tentative violente d'affronter la mort en la donnant n'est venue en briser le morne écoulement. Son retour en France, sain et sauf, lui interdit de se bercer de son illusion récurrente qui, depuis toujours, l'a aidé à supporter l'horrible sentiment du vide du temps, réduit à la pure temporalité.

Jusqu'alors il s'octroyait le droit de perdre son temps, de le consumer dans des dérives qui blessaient le respect qu'il avait de lui-même, car à l'horizon s'offrait la mort glorieuse au combat. La pureté de la mort révolutionnaire lavait d'avance toutes les saletés de la vie d'avant. La certitude du courage au moment décisif gageait des réserves presque infinies sur lesquelles

pouvaient être tirés des chèques en blanc, capables de
rembourser toutes les dettes, fiduciaires et morales,
que Goldman accumulait dans son existence dissolue.
Jusqu'à son départ, à vingt-quatre ans, au Venezuela,
il avait vécu en attente, perpétuellement en butte à des
impulsions et des mouvements cycloïdaux qui le
ramenaient toujours au vide d'où partent les tour-
billons du cyclone. Toujours cette expérience du rien,
que rien n'annule. En dépit de ce néant originel qui
est, qu'il est, il lui faut exister. Seuls les excès, les
dépenses insensées, l'alcool, la musique, et les rêves
du combat sacré, sanctificateur, préparés par une
ascèse ardente et prolongée, lui font oublier... qu'il
n'aurait pas dû naître. C'est pour cela qu'immédiatement, quand il a abordé la philosophie, il s'y est
trouvé à l'aise. C'était le seul lieu, où lui, l'exilé, pourrait, pour des temps brefs, faire halte, reposer. La philosophie, ou plus exactement la métaphysique, ne sont
pas pour lui objets de connaissance — bien qu'elles
puissent éventuellement le devenir —, mais expériences physiques, corporelles, intimes. Le temps l'habite ; la mort l'obsède, et, souvent, l'angoisse est telle
qu'il lui semble que les ailes de la folie le frôlent. La
lecture de Sartre ne l'a pas surpris, car il a reconnu
dans *l'Etre et le Néant* sa vie quotidienne. Rien n'est
plus clair pour lui que le but que Sartre assigne à la
réflexion, car c'est le sien propre : « La réflexion
demeure une possibilité permanente du pour soi
comme tentative de reprise d'être par la réflexion. Le
pour soi qui se perd hors de lui, tente de s'intériori-
ser dans son être, c'est un deuxième effort pour se fonder, il s'agit, pour lui, d'être, pour soi-même ce qu'il
est[1]. »

---

1. *L'Etre et le Néant.*

Quand il rentre du Venezuela la réflexion se brouille, car le temps s'affole. Il n'a plus le temps de « faire l'effort » de fonder pour lui-même ce qu'il est. Si lui n'est pas mort, le temps est mort. Reste la vitesse de la fuite hors du temps ; l'affolement de la raison, le désir monomaniaque de faire en France ce qui a échoué au Venezuela, comme si la répétition conférait à l'échec la valeur funèbre du destin. La violence révolutionnaire n'a pas d'avenir au Venezuela, du moins dans les circonstances actuelles, ce que Lénine appelle le « moment actuel ». Goldman en est convaincu et, avec ses camarades, il a fait la critique conséquente de l'aventurisme qui consiste à plaquer sur une situation nationale donnée les stratégies et les tactiques qui ont été victorieuses ailleurs, à Cuba en l'occurrence. A plus forte raison en France, en ce mois d'octobre 1969, il est aberrant de penser que la situation politique et sociale rend possible l'organisation de guérillas urbaines. Pourtant, c'est ce que Goldman ne cesse de prêcher à ses anciens amis militants qu'il revoit, après les avoir violemment critiqués en mai 68 pour n'avoir pas entamé un processus de militarisation de la lutte, mettant fin au climat de paix sociale.

Quand il revoit Jacques Rémy, Prisca Bachelet, Liane Mozère et les autres animateurs de « Défense active » qui soutiennent et défendent les militants en proie à des tracasseries policières ou judiciaires, et d'une manière plus large tous les marginaux qui s'opposent à l'ordre bourgeois, Goldman est nerveux, vindicatif, désagréable. Il en veut à tout le monde, fait courir sur les uns et les autres des ragots. Son réquisitoire permanent vise la nullité des gauchistes, incapables de sortir de leurs jeux d'intellectuels bavards et craintifs. Lui, c'est un pro ; il sait comment faire. Obsessionnellement, il fustige l'amateurisme des groupuscules en mai 68, leur reproche leur pusillanimité et se moque de leur incompétence militaire. Cette insistance à se parer des prestiges du guerrier avisé, cette pose ultramachiste agace ses interlocutrices mais aussi ses interlocuteurs. Ils lui «passent» cependant ses rodomontades, les mettant sur le compte de l'éloignement et de ses difficultés d'adaptation à la vie civile. Ils hésitent entre ironie et exaspération quand le déserteur clandestin Goldman, avec des ruses de Sioux, leur fixe des rendez-vous secondaires et tertiaires, pour se retrouver dans des cafés publics les plus exposés ou pire — plus comique encore — au domicile, connu de tous, de ses parents. Ils jugent sa conduite incohérente. Goldman est surexcité, imprudent, bavard.

Il vante à qui veut l'entendre la lutte armée, mais, de plus en plus, il fait allusion à des hold-up qu'il prépare pour se procurer de l'argent et profiter de la vie. Cela ne choque pas ses camarades car dans la mouvance libertaire d'après Mai, chez les continuateurs du mouvement du 22 Mars, il n'y a rien de «politiquement scandaleux» à se donner les moyens de jouir sans entraves, et de profiter des fruits de l'abondance.

Mais Goldman mêle toujours les deux plans, celui de l'héroïsme et de la compétence révolutionnaire et celui, tout aussi valable mais qui regarde chacun, de l'«illégalisme». En fait de «reprise individuelle» tout indique que Goldman en «remet» et que sa fébrilité masque mal les failles qui s'approfondissent. Il donne l'impression de ne plus maîtriser quoi que ce soit, et ses ratiocinations ressemblent au discours rigide de qui se fait déborder dans sa pensée et devient le sujet d'un discours qui le parle. C'est comme si, après son ultime tentative de se recentrer, en habitant totalement son identité de combattant révolutionnaire, il n'avait plus la possibilité de coïncider avec lui-même. L'échec de son odyssée vénézuélienne le pousse sur des rivages toujours plus éloignés, au point qu'il lui semble par

moments aborder l'autre rivage, au-delà de son identité, son autre lui-même, l'étranger qui se cachait en lui
et qui maintenant prend le dessus.

Pierre se voit devenir l'autre Goldman. Ecoutons-le
après coup décrire et analyser son entrée dans l'affaire
Goldman... « j'allais devenir un gangster. [...] J'allais,
sur mon sens essentiel, jeter une nouvelle couleur *qui
en dissimulerait la vérité. Je jouissais douloureusement*
de cette meurtrière occultation[1]. »

La chronologie est ici importante; elle joue au jour
près. D'abord l'apparition du syndrome répétitif.
Organiser à Paris ce qui a échoué à Caracas, un groupe
de guérilla urbaine. Résultat : ce que dit Marx de toute
répétition historique — en l'espèce le passage de Napoléon à Napoléon III le Petit —, ce qui la première fois
est tragédie, la deuxième fois revient en farce.

Ceux de ses amis militants qui pourraient être le
noyau dirigeant le refusent tout net, mais surtout ne
prennent absolument pas au sérieux cette dramatisa-
tion. Goldman a l'impression — pas tout à fait injus-
tifiée — que ses plus proches camarades le plaignent
et excusent ses aberrations, par le choc qu'il a subi au
Venezuela. « Je leur parlai et ils me regardaient en
silence, comme on regarde un dément. Je compris
qu'ils considéraient que, du Venezuela, j'étais revenu
frappé de folie[2]. »

---

1. *Souvenirs obscurs d'un juif polonais né en France*, Le Seuil,
1975, p. 82.
2. *Op. cit.*, p. 80.

Dans le regard des plus proches, Pierre Goldman voit son aliénation démasquée. Peu importe qu'effectivement ses amis le considèrent fou, il suffit qu'il les en soupçonne. Aussi, pour conserver intacte en lui sa capacité de produire du sens — autrement dit pour écarter le risque de sombrer dans « l'insensé » — il ne trouve d'autre moyen que de travestir volontairement, de dissimuler ce qu'il sait être sa vérité. Pour ne pas devenir ce qu'il pense que ses amis pensent, qu'il est devenu fou, il assiste à son devenir « gangster ». Cette entreprise systématique et réfléchie d'occultation de sa vérité est la seule manière pour lui de préserver sa faculté de distinguer le vrai du faux. Devenir gangster comme dernier barrage contre la montée de la folie. S'il ne fait rien de violent, alors ses amis ont eu raison de mettre sur le compte de sa folie son envie d'organiser la lutte armée.

En même temps se déterminer par rapport à une sentence qu'il a cru déceler dans le regard de ses amis — formulée par personne, mais il s'en est pensé le destinataire — l'entraîne dans un cours, où pour sauver son identité, il est condamné à être deux. Lui et le devenir gangster.

Devenu gangster, il pense pouvoir sélectionner ses futures cibles. Ainsi il projette d'attaquer le Dr Lacan et Jean-Edern Hallier. Pour des raisons opposées. En hommage à la vérité, en haine de l'imposture.

Goldman a toujours été fasciné en même temps que profondément agacé par la psychanalyse. Dans ses années d'UEC il se moque de la vague psychanalysante qui déferle sur les militant(e)s en manque de certitudes, désarçonnés par l'écroulement du dogme marxiste-léniniste. Mais il fréquente assidûment Félix Guattari pour qui il a une grande estime, en raison de l'activité que celui-ci a déployée pendant la guerre d'Algérie et de la place qu'il tient dans le débat qui s'instaure dans l'extrême gauche. Plus profondément il comprend très vite l'enjeu de vérité que constitue l'existence de l'inconscient. Il connaît trop bien et il sait de quelle mauvaise foi — concept fondamental de l'éthique sartrienne — est fait l'acquiescement à la normalité. Comme tous ses amis, il a plus ou moins lu des théoriciens freudo-marxistes, Erich Fromm, Wilhelm Reich, Joseph Gabel. Quand il suivait quelques cours à l'Ecole pratique des hautes études, il assistait au séminaire de son homonyme Lucien Goldmann, très influencé par cette tradition du « marxisme austro-hongrois ». Celui-ci tentait d'articuler l'aliénation économico-sociale produite par le capitalisme qui force le prolétaire à vendre sa force de travail, et, ce faisant, à s'exproprier de lui-même, et l'aliénation mentale qui expulse l'homme de son cogito, et le rend prisonnier d'une Pensée qui le pense. C'est pourquoi la lecture des *Manuscrits de 44* est une véritable révélation pour lui, une jubilation extraordinaire, presque plus jouissive encore que celle de *l'Etre et le Néant*, car elle lui donne la clef de son déchirement. Il a l'impression de trouver enfin une explication à son tourment, car il est, lui, doublement aliéné ; juif polonais, né en France ; obligé d'être autre que ce qu'il est, et aliéné par rapport au cogito ; il est pensé par le néant. De cette emprise du rien, il doit tirer sa force de penser. Un prolétaire du cogito en somme, devant penser tout — puisque n'étant rien.

Mais ces savants montages d'après coup ne comblent pas toujours ses abîmes. L'inconscient insiste. C'est pourquoi la psychanalyse le hante de plus en plus. Lacan est le signifiant de cette hantise, qui contrarie son désir de toute-puissance. Que vaut l'arrogance du rebelle, quelle tartuferie masque le geste iconoclaste du transgresseur ? Qu'est-ce qui se cache dans la volonté de subvertir le monde ? Toute la génération de Pierre Goldman est obligée de se poser ces questions à mesure que se lézarde le bloc socialiste et que réapparaissent au grand jour les histoires et les mémoires censurées par quarante ans de stalinisme. Mai 68 et le Printemps de Prague, réputé infâme par tous les jeunes militants prochinois, achèvent de mettre à bas cette construction idéologique mise sur pied par Lénine dans *Que faire ?* : le Parti, instance idéale-idéelle où se réconcilient action et pensée, individu et collectif, affectif et rationnel. Cet appareil n'est plus assez fort pour endiguer les flots du réel et obstruer les lignes de fuite par où le moi se désintègre. Le retour du refoulé est en marche.

Lacan a été le vigile attentif depuis les années 30 et le théoricien isolé — mais non inactif — pendant la période faste, pour l'ordre patriarcal, du gaullisto-communisme triomphant. Beaucoup en souffraient. Certains s'allongèrent sur le divan ; la plupart trouvèrent dans la « contestation » un moyen de s'en sortir momentanément. Goldman n'est pas de ceux-là. Il veut plus. C'est pourquoi il met en jeu sa vie ; en devenant guérillero. Cette mise n'ayant rien donné — provisoirement ? —, il rencontre à nouveau Lacan sur son chemin : précisément dans la détection et la stigmatisation des faussaires. Goldman et Lacan pensent la même chose de la mascarade de Mai. Les gauchistes prétendent se révolter contre l'Etat et les structures autoritaires. En fait ils sont paniqués par la défaillance du Père. Ce qu'ils désirent c'est du Maître, quoi qu'ils allèguent de leur soif d'autonomie, et quelque pathétique que soit leur revendication d'une jouissance sans entraves. Ce qui impressionne Goldman, c'est que

Lacan sait ce que lui s'angoisse de savoir et s'ingénie à refouler : il n'y a pas de principe de non-contradiction pour l'inconscient. Sa quête de mort héroïque et sa plongée dans la dissolution du rhum et de la musique caraïbe ne représentent pas le haut et le bas, le pur et l'impur. Cela encore, Pierre Goldman est prêt à l'accepter et même à en jouer pour camper à ses yeux et aux autres une figure ironique de l'antihéros. Ce qu'il redoute et en même temps admire, c'est que pour Lacan la comédie sociale n'implique nullement que tout s'équivaut. Au contraire, chacun est sommé de vivre en canaille ou en recherche de la vérité. Goldman craint par-dessus tout que sa métamorphose en « gangster » soit une autre forme, la forme la plus rusée, la plus « canaille » de se donner le beau rôle : celui qui refuse tous les faux-fuyants et les garde-fous de la vie légale. Pour y voir plus clair dans son désir de transgression, il veut se confronter avec celui qui en a démonté tous les artifices.

Avec un complice noir, il débarque rue de Lille, le soir, à l'heure où le docteur finit ses consultations. Celui-ci, accompagné de sa secrétaire Gloria, est déjà sorti de son cabinet et descend calmement l'escalier. Tout se déroule très vite. Le complice de Goldman s'apprête à braquer le docteur, mais Goldman croise le regard de Lacan. A cet instant, Goldman renonce. A quoi bon s'attaquer à cet homme ? Ce à quoi il a affaire, les puissances qui l'occupent plus qu'il ne s'en occupe, les dépassent tous les deux. On ne s'attaque pas à l'inconscient en marche. On est frappé par sa fulgurance de vérité.

Jean-Edern Hallier, cofondateur de *Tel Quel*, brouillé dès le départ avec son compère rival Philippe Sollers, apparaît à Pierre en cette fin d'année 1969 comme la caricature, c'est-à-dire la vérité grossie, de l'imposture gauchiste. Jeune dandy, il rêve d'être la réincarnation de Chateaubriand parce que son père possède un petit château en Bretagne. En juin 1968, il a gagné ses galons gauchistes en tentant de rejoindre en Ferrari l'usine de Renault-Flins occupée, avec l'aide des comités d'action, quand la CGT décide d'arrêter la grève générale. Il est marié à l'héritière de la dynastie Pirelli, richissime famille d'industriels italiens, qui, pour s'opposer à leurs adversaires les plus coriaces, les syndicalistes de la puissante CGTI, n'hésitaient pas à financer à la fois les groupes fascistes et gauchistes. Via la dot de leur fille, Anna, la famille permet le lancement du journal *l'Idiot international*, porte-étendard luxueux du gauchisme grand public. Jean-Edern peut alors discuter d'égal à égal avec tous les petits chefs des groupuscules, bien qu'ils affectent de le juger suspect et évitent de se trouver en sa compagnie, de peur de heurter leurs militants. Pour Goldman dévaliser Hallier, lui faire peur, l'humilier, joindrait l'utile à l'agréable. Empocher un bon pactole et ridiculiser un imposteur obscène qui salit les mots dont il a l'audace de s'affubler et principalement celui de Révolution. Goldman nourrit une haine inextinguible contre cet individu et surtout la canaillerie qu'il représente. Mais, le coup ne peut se faire.

Que Goldman imagine des hold-up contre Lacan ou Hallier, même si ces tentatives tournent court, peut-être même parce que ces tentatives échouent, renseigne sur son état d'esprit du moment. Le moins qu'on puisse dire c'est qu'il n'est pas pro dans sa nouvelle carrière, et qu'il ne prend pas au sérieux la matérialité et la signification d'un hold-up. Il revient de Caracas où les hold-up, les fusillades, les combats de rue sont entrés dans la banalité de la vie quotidienne. Assister à un acte de violence est devenu aussi habituel que d'aller au cinéma. L'attaque d'une banque, celle d'un grand magasin font partie du spectacle de la rue, au même titre que les accidents ou les embouteillages. Goldman, lui, a acquis les réflexes du guérillero. Les gestes de l'embuscade, du décrochage rapide, de la protection rapprochée se sont inscrits dans son corps, aussi naturellement que pour un boxeur la posture de l'esquive. A vrai dire, faire un hold-up à Paris, c'est-à-dire non pas combattre — ce qui implique la présence d'adversaires aussi armés que vous —, mais attaquer quelqu'un de désarmé lui semble dérisoire. Aucun risque mortel, ce qui était le barème de tout combat au Venezuela. Et pourquoi ? Faire plaisir à des amis, leur donner un peu d'argent, en claquer dans les boîtes, frimer avec les putes, s'acheter des costards de mac, se faire raser aux Champs-Elysées. Ces actions n'ont pas le poids de véritables actes. Elles ne sont liées à aucun projet, elles sont déconnectées de l'épaisseur du temps. Goldman est en transit à Paris. Il doit repartir au Venezuela. Il ne sait pas quand, mais ses camarades lui ont assuré que sa situation était provisoire. Bien sûr, il a conscience de déconner en commettant sa première attaque contre un couple de pharmaciens ; mais justement c'est une connerie. D'ailleurs, il oublie, passe à autre chose. Il n'est pas le voyou Goldman et n'a nul sentiment de le devenir. Il se voit gangster ; il n'est pas fixé dans un destin de voyou. Là aussi il est très net.

« Je n'étais pas vraiment philosophe, je n'étais pas vraiment un voyou. Cette absence de détermination me comblait. »

Mais qu'est-ce que cette absence de détermination ? Tout simplement l'Absolu dans la grande logique de Hegel, ou le Vide, l'Indéterminé. Tout être-là, toute existence est un être déterminé, c'est-à-dire un être limité par ce qui n'est pas lui. Or Goldman ne se résout

pas à cet état. Jusqu'ici, il a toujours voulu vivre
comme si ses temporalités contingentes et biologiques
ne le définissaient pas vraiment. Depuis toujours, il
vivait sur la ligne d'éternité de la mort héroïque juive
— l'insurrection du ghetto de Varsovie —, et s'identi-
fiait au héros juif par excellence, Marcel Rayman.
Cette ligne le guidait jusqu'au point où reviendrait
pour lui l'Absolu — sans détermination — de la décision héroïque.

Entre ces deux pics d'éternité — celui d'avant sa
naissance, celui du Père et le sien propre vers où
conduit sa ligne de vie —, flottent les images de ses
métamorphoses. Il croit pouvoir échapper aux figures
sensibles de la conscience de soi hégélienne : être ici et
maintenant, là et plus tard, faire l'économie de toutes
les médiations de la conscience et du concept pour arriver *immédiatement* au Savoir absolu. Ou plus exactement le Savoir absolu l'a précédé — d'avant sa naissance —, il suffit de le retrouver sous la forme de la
rencontre héroïque. Jusqu'à son départ au Venezuela,
le bricolage dans l'Absolu lui a permis de survivre,
dans l'étendue du vide. Quelquefois la musique, le
rhum, les combats de rue, les lectures philosophiques,
l'entraînent dans la ligne de fuite de la jouissance.

Après son retour du Venezuela, accomplie l'expérience de l'inassouvissement dans la pure intensité
héroïque, faute de la mort espérée au combat, reste
l'habitude du vide, le souvenir de la jouissance, et le
savoir de l'irrémédiable. Jamais plus maintenant le fantasme de l'acte glorieux au risque de la mort ne sau-
vera Goldman du temps, c'est-à-dire de l'existence
déterminée. Condamné au *Dasein* ; condamné à n'être
que là ; puisque n'être plus ou n'avoir pas été sont pour

lui décidément impossibles. Revient alors, sans aucune digue, le flux du *Dasein*, le pur écoulement de l'angoisse. Avoir des armes, s'en servir — non pour tuer, mais pour voler — ne suffit plus à lui assurer la maîtrise. Sa dérive gangster l'entraîne dans le sens contraire : il devient esclave d'une fatalité qu'il sécrète. L'obsession d'être dominé par le destin l'a poussé très tôt à vouloir faire de sa vie une œuvre, en être l'auteur. C'est parce qu'il a éprouvé très jeune l'insupportable de la soumission qu'il a aspiré de toutes ses forces à doubler sa vie de la griffure qu'il y inscrirait. Sa vie serait un roman dont il serait le héros et l'auteur, ce qui le dispenserait d'écrire des romans mais l'obligerait à des *exercices spirituels*, tels que les mystiques ou Ignace de Loyola, le fondateur des jésuites, les codifièrent et s'y astreignirent. Il vivrait toujours sous le regard du biographe clandestin qu'il s'autoriserait à être pour sa propre vie.

Ce qui l'a tellement fasciné chez Malraux et qui l'a plongé dans un état de quasi-transe à l'écoute de l'éloge funèbre qu'il a prononcé à l'occasion du transfert au Panthéon des cendres de Jean Moulin, c'est précisément cette capacité qu'a Malraux de transformer son « misérable tas de secrets » en destin dominé, en œuvre. Mais s'extraire de l'insupportable destin, faire de sa vie un objet d'autobiographie, suppose un bond hors de soi : l'action.

Goldman n'écrit pas. L'action révolutionnaire lui semble la seule graphie qui puisse permettre de transcrire l'absurdité du réel dont la réalité est une pâle figure. La violence révolutionnaire s'inscrit dans la terre meuble du nihilisme. Elle signe le dérisoire. Elle n'est pas faite pour prendre le pouvoir — c'est bon pour les bureaucrates, les staliniens —, mais pour rendre manifeste l'insuffisance du monde et creuser son vide. C'est cette lucidité désenchantée, ce mysticisme athée que Pierre apprécie chez le Che et chez tous ses camarades latino-américains. La politique révolutionnaire est une écriture ; pas un programme de gouvernement ou un plan de transformation de la société. Depuis qu'il est rentré à Paris, le 1ᵉʳ octobre 1969, il essaie en vain de retrouver cette inspiration dans la mouvance gauchiste. Il ne rencontre que militants et chefs obsédés par des problèmes d'organisation et de boutique, déjà empêtrés dans des soucis politiciens ; ou bien des gens de lettres à la Edern Hallier qui bouffonnent et polluent le mouvement de leur narcissisme maladif.

Pourtant, il fait une dernière tentative avec le représentant de l'organisation maoïste qui lui paraît la plus radicale, la Gauche prolétarienne. Benny Lévy en est devenu le leader. Quand Goldman l'a connu, c'était un jeune homme un peu maladroit, mais qui s'animait dès qu'il parlait en public, avec un débit ultra-rapide, si pressé de plaire et de convaincre qu'il en avalait ses mots. De taille moyenne, très frêle, le teint mat, il y a du paysan égyptien en lui. Mais sa passion pour les mots, son habileté à les assembler, à s'y dissoudre et à s'y cacher, sa jouissance à les malaxer dans sa bouche, les humecter, et les servir croustillants à ses auditeurs enchantés et quelquefois médusés, efface vite cette ressemblance avec un paysan égyptien et fait plutôt penser à un jeune étudiant talmudiste qui posséderait la souplesse et la ruse d'Aladin. Cet air d'enfant grandi et qui manipule des idées qui ne sont pas de son âge est encore accentué par ses éclats de rire en cascade quand il a particulièrement bien exécuté un sophisme qui a déstabilisé son adversaire. Soudain, le regard se fixe sur l'auditoire ou l'interlocuteur : il n'est plus question de rire. Il faut acquiescer ou engager le fer, car Benny ne dialogue pas, ni ne converse. Il ne connaît pas les plaisirs de l'échange gratuit ; il monologue pour s'entendre parler et mesurer jusqu'à quel point il est capable de développer une idée ; ou il fustige pour désarçonner, abattre, vaincre. C'est un très bon orateur ; il a gagné un concours d'éloquence en Belgique. Un bon dialecticien ; il adore les sophistes et le bagou de Socrate ; mais il est beaucoup moins strict quant à la vérité. Quand Goldman l'a connu il était sartrien ; il a été lukácsien, et puis althussérien fervent. Ce qui ne l'empêche pas de lire avec emphase et émotion Levinas, et de pleurer en écoutant Eluard. Il a un côté puceau kitch très sentimental : la jeune fille juive pieuse, sortie d'un village d'opérette, soumise à l'homme, attendant tout des joies de la maternité, représente son idéal féminin. Il se méfie des femmes libres ; il en a peur et il ne cesse de les éloigner. Il prétend vouloir faire la révolution, mais personne ne discerne quels événements, quelles injustices, quelles aspirations, quelles amitiés, quelles solidarités, ont pu motiver cette volonté. Il semblerait plutôt que la révolution soit la conclusion logique d'un raisonnement. Benny Lévy est révolutionnaire comme d'autres ont des amours de tête. Une fois repéré le domaine dans lequel il peut s'activer avec le plus de profit, Révolution est l'autre nom du Pouvoir et de sa prise. Autant il est sentimental dans ses affaires de cœur qui sont toujours des affaires matrimoniales — Benny ne peut avoir de rapports amoureux avec des femmes que si elles sont des fiancées aspirant à devenir le plus vite possible épouses et mères —, autant il est dénué de toute sensibilité quand il est question de pouvoir. Dans ses discours, le prolétariat, les masses prennent toute la place, et lui aucune, simple militant, doué de certaines compétences, donc chargé de certaines responsabilités. Dans l'exercice réel de son pouvoir, il ne se soucie de personne. Il n'arrive pas à visualiser l'autre ;

ses rares amis, ceux qu'il considère comme tels, sont des faire-valoir, des duplicatas, des miroirs, rejetés dès qu'ils refusent leurs rôles. Il doit manipuler, façonner une matière brute, penser la révolution, organiser le combat. Pour cela, il n'a nul besoin du contact des autres ; l'étude des dossiers lui suffit. Son statut d'apatride le renforce dans sa position d'extériorité. Il ne peut pas se mêler à la foule, participer aux manifestations, faire du porte-à-porte, organiser des prises de parole, vendre le journal à la criée, animer une grève, toutes activités qui incombent aux militants. Lui est quasiment clandestin ; il n'a pas de rapport immédiat avec la réalité sociale, encore moins avec des humains en chair et en os. Grand vizir retranché rue d'Ulm à l'Ecole normale supérieure, comme d'autres le sont au Kremlin ou à la Cité Interdite, Benny Lévy, dit Victor, est devenu le numéro un de la Gauche prolétarienne quand Pierre Goldman cherche à le rencontrer.

Après la déroute en mai 68 de l'ancienne Union des jeunesses communistes marxistes-léninistes, l'ancien leader Robert Linhart a été évincé au profit de Benny Lévy. Celui-ci a retenu du mouvement de Mai 68 la renaissance, après des années de sommeil révisionniste distillé par le PCF, de la violence prolétarienne. Les affrontements de Flins pour la reprise du travail en juin 1968, après que la grève a été bradée par les syndicats, ceux de Sochaux, les grèves sauvages qui éclatent de plus en plus souvent l'ont convaincu que le mouvement de Mai n'était pas, comme le prétendent les trotskistes, dans une phase de reflux, mais qu'au contraire il est à l'attaque. Les maoïstes, *nouveau nom des anciens pro-chinois*, doivent se porter à l'avant-garde de ces luttes et donc, par des actes violents symboliques, préparer le camp révolutionnaire à la guerre populaire prolongée, dont les premières salves ont été tirées en mai.

Benny Lévy ne peut s'occuper personnellement de la construction d'un appareil militaire clandestin. Il est le chef suprême et donne les grandes orientations. En revanche, il doit animer et contrôler politiquement ce nouveau front. Le choix des responsables militaires lui incombe. Une structure est mise en place, ses animateurs nommés. Parmi eux se trouve un des anciens de la bande des arts martiaux que Pierre Goldman avait recrutée et dirigée pendant les années 1966-1967. A son retour, Pierre Goldman reprend contact avec lui, lui parle de son projet de constitution d'un détachement de guérilla urbaine. Benny Lévy est prévenu. Rendez-vous est pris. Goldman retrouve avec une certaine émotion Victor, ex-Benny. Deux semi-clandestins, deux juifs ; deux parcours. Peut-être une collaboration. Benny comme toujours fait parler son interlocuteur ; ne dit rien. Un autre rendez-vous est programmé.

Il n'ira pas au rendez-vous. Acte manqué ? Plongée dans l'inexorable ? Malentendu sur ce qu'est l'action révolutionnaire, sa finalité ? Conscience soudaine chez Goldman qu'il ne peut plus, sans imposture — l'imposture qu'il hait tellement chez Hallier et dont il sait gré à Lacan de dévoiler les mécanismes —, se faire passer pour un révolutionnaire professionnel à ses propres yeux, mais surtout aux yeux de ses camarades latino-américains. Les Français, il s'en fiche, car tout de suite avec Benny il a compris que malgré le sérieux qu'il affichait, sa stratégie était du bluff. Quant à lui, il vit au jour le jour, détaché de ses actes, comme si sa vie réelle n'était rien parce que le texte en était déjà écrit par lui. Il se souvient que le film de Louis Malle, *Feu follet*, tiré d'un roman de Drieu La Rochelle, avait beaucoup occupé les étudiants de lettres de l'UEC. Drieu avait tout pour lui déplaire : dandy couvert de femmes, faux dur rallié au fasciste Doriot, malade d'antisémitisme et vautré dans la collaboration, ratant plusieurs fois son suicide avant de le réussir enfin. Et pourtant cette histoire d'un homme errant dans la ville, tendu vers son suicide, l'avait ému.

Ce souvenir lui fait honte car il lui rappelle que sa vie n'est jamais sortie de ses rêveries. Il a essayé de s'échapper de la politique littéraire en se faisant guérillero professionnel. Cela n'a pas marché et il est donc acculé à un point de non-retour, pour qu'enfin sa vie devienne un roman, et qu'ainsi il puisse la maîtriser en devenant le sujet du roman qu'il écrit et non plus l'objet d'un Dieu cruel et funeste. Pour se faire créateur il doit accomplir un acte hors normes, insensé, afin que justement l'écriture s'en trouve requise. Tout se passe comme s'il était condamné à vivre jusqu'au bout de son rêve, manipulé par quelque malin génie, et qu'enfin il se réveille, atterré, après que quelque chose d'irrémédiable a été accompli. Bref, il se sent comme entraîné par une force qui dans son dos le pousse à commettre l'irréparable, pour mettre fin à sa vie depuis le début irréparable, puisqu'elle est venue, alors que dans ce temps-là — sa naissance — la mort seule était au rendez-vous.

Il est acculé à ce dilemme effroyable. Soit cette vie misérable le fait devenir fou, à force d'être le jouet d'un destin qui le condamne quoi qu'il fasse, soit il défie la Loi une bonne fois pour toutes, et maîtrise ainsi les raisons de sa condamnation. Condamné pour condamné, au moins que ce soit pour une vraie raison. Dans ce cas aussi, le caractère inexorable de la condamnation le rend fou. Le seul moyen de sortir de la persécution, c'est d'anticiper sur la condamnation. Tristan Bernard, le jour de son arrestation par la Gestapo, avait exprimé avec humour ce désespoir de l'homme traqué par le destin : « Nous vivions jusqu'ici dans l'angoisse. Nous allons maintenant vivre dans l'espoir. »

Bref, Goldman est comme forcé d'endosser un acte

qui l'enfermera — et tout à la fois le délivrera — de son obsession d'enfermement. Il se sent happé par cette issue fatale. Angoissé à l'idée de devenir fou, il sait néanmoins qu'il ne l'est pas encore. La preuve lui vient d'une jeune Antillaise, Christiane, qu'il rencontre au cours d'une soirée. C'est la petite sœur de la femme d'un de ses amis guadeloupéens. Elle est belle, noire, élancée, elle a de très longs cheveux blonds qui lui descendent sur les épaules. C'est une « Schabine dorée », qu'en Guadeloupe on révère et on craint en même temps, car ces Noires aux cheveux blonds sont censées posséder des pouvoirs particuliers de séduction. Elle adore danser, même seule. D'un caractère extrêmement ouvert, sa vitalité, son exubérance remplissent l'espace de sa présence. Pierre est intrigué, charmé. Il ne danse pas, lui, jugeant indécent tout accouplement, fût-il chorégraphique, entre un Blanc et une Noire, c'est-à-dire un descendant de maître et une descendante d'esclave. Tous ses amis antillais et lui-même sont très influencés par les Black Muslims qui refusent tout contact entre Noirs et Blancs, même libéraux ou révolutionnaires, pour garder intactes la rage et la haine contre le système d'oppression et d'exploitation que les Blancs font subir aux Noirs.

Ce soir-là, pourtant, il ose et entraîne Christiane. Ils vont de boîte en boîte, écouter de la musique, parler. Goldman est stupéfait des connaissances de Christiane sur le Code noir, édicté sous Louis XIV, qui réglemente l'absence totale de droits des esclaves. Elle lui parle aussi de Césaire, de son discours sur le colonialisme. Il la revoit dans sa chambre de résidence universitaire. Il arrive, de nuit, s'assoit sur un fauteuil et parle, de lui, de ses amis vénézuéliens, de ses projets. Avec elle il se sent bien. Rien ne lui fait peur ; tout lui

paraît simple, naturel. Il en oublie presque ses ennuis.
Elle le calme. Il s'en va toujours cependant au petit
matin et ne dort pas avec elle. Un jour, il en a envie ;
il ressent cette envie comme une tentation à laquelle
il ne peut succomber. C'est un signe pourtant. Jusqu'alors, il n'a jamais pu dormir avec une femme. Le
contact d'une autre peau pendant son sommeil le
dégoûte.

Quelque chose se passe-t-il donc dans sa vie ? Jusqu'à ce jour, ses rapports avec les femmes ont été très
conflictuels ; ou plus exactement inexistants. Il y a sa
mère et sa belle-mère, sa petite sœur et ses amies-
sœurs, Ania Francos depuis toujours, presque sa
grande sœur, Prisca Bachelet et Catherine Lévy, qui
sont les sœurs militantes qu'il a rencontrées à l'UEC.
Avec elles, les relations sont affectueuses, tendres
quelquefois, dans la mesure où il se présente en position de fils ou de petit frère et ne les considère pas
comme des femmes sexuées. Elles sont renvoyées à
leur essence maternelle, c'est-à-dire leur vocation de
soignante et de consolatrice. Mais qu'une femme dans
sa condition différente du mâle puisse penser, et penser différemment, ne l'intéresse pas. A vrai dire, si des
femmes revendiquent devant lui le droit de penser et
de penser autrement, il le vit très mal. Il lui est tout
aussi désagréable, le mot est faible, d'admettre qu'une
femme puisse avoir des désirs sexuels qui ne coïnci-
dent pas avec les siens propres et, comble de l'hystérie, cumuler ces deux tares, penser et désirer. De telles
situations le paniquent et le rendent extrêmement violent. Ce que l'on prend, et que lui-même affecte de
prendre pour de la pudeur exprime sa profonde pho-
bie de l'autre sexe, redoublée de sa haine de l'inconscient. Il ne peut penser le sexe que sous la forme du
défi, de la performance : s'identifier à un phallus tout-
puissant, dont la femme est le fétiche. Goldman veut
être et avoir le phallus ; d'où ses crises de profonde

dépression, chaque fois que le réel lui rappelle la vanité d'un tel désir. Toutes ses aventures amoureuses ont échoué; restent une tristesse post coïtum et une métaphysique de bazar à propos de l'impossibilité radicale du bonheur amoureux. Beaucoup de jeunes gens éprouvent les mêmes états d'âme et se comportent de cette façon. Ce conformisme juvénile trouve ses lettres de noblesse dans la tradition poétique. Une des chansons les plus populaires de l'époque est le poème d'Aragon mis en musique par Léo Ferré : *Il n'y a pas d'amour heureux*. La misère sexuelle que fustigent avec force et ironie les situationnistes et contre laquelle s'est insurgée une partie du mouvement de Mai est toujours jugée sujet tabou dans les organisations révolutionnaires. Le malheur amoureux est pensé comme la conséquence d'une existence qui empêche le libre épanouissement des relations — y compris sexuelles — entre «compagnons et compagnes», camarades et amies. Goldman juge très mal tout manquement à ces principes, et condamne ses propres dérèglements, assimilant sa vie d'excès à celle de débauché bourgeois. Pour lui il n'y a pas de libération sexuelle; juste une libération sociale.

Christiane sera peut-être la femme qui mettra fin à ces préjugés. Peut-on désirer et aimer? Etre heureux? Il doute que ce soit possible pour lui, et en même temps, il le redoute, car tout son système de justification s'écroulerait alors et sa vie se résumerait à une imposture.

Tout se passe très vite entre le 4 décembre 1969 — jour du premier hold-up — et le 19 décembre — jour de l'agression du boulevard Richard-Lenoir, où deux pharmaciennes sont tuées et un policier blessé. Le

20 décembre il attaque les Etablissements Vog, rue Tronchet, avec l'aide de deux Noirs. La nuit du 20 au 21 il la passe avec Christiane. C'est sa dernière nuit avec elle. Il est extraordinairement bien et pourtant déjà dans un autre monde, car la veille, avant l'attaque de la rue Tronchet, il a lu *France-Soir* où était relatée l'agression meurtrière du boulevard Richard-Lenoir. Depuis, il se sent aspiré par ce meurtre, comme par un souffle puissant qui l'entraînerait vers un gouffre.

Christiane, ce soir-là, l'appelle, le supplie, veut le toucher, l'embrasser. Elle va jusqu'à s'agenouiller pour qu'il consente à l'amour. Mais du fond de son enfermement futur, il sait, dans cette chambre où le monde a pris la forme de son visage et de ses yeux, qu'il retrouvera ses yeux quand, du bout de la nuit, il retrouvera le jour. Il le lui dit et lui fait jurer qu'elle, une négresse, ne s'agenouillera plus jamais devant quiconque.

Il la raccompagne au petit matin, à l'heure du premier métro.

CHAPITRE IX

Souvenirs obscurs

« Je voulais écrire ma vie dans la vie, l'y
inscrire, qu'elle soit un roman. Elle ne le fut
pas et de l'avoir écrite sans la romancer ne la
transforme pas en roman » p. 280.

« Pour écrire ce texte, j'ai dû surmonter le
dégoût d'écrire » p. 19.

« Ce qu'ici je vais écrire n'est pas de pensée : je ne pense pas, *j'y suis* et j'ignore si je
suis ce que j'écris. Et d'avoir commis trois
crimes, trois vols à main armée, d'être innocent des meurtres qu'on m'impute, d'avoir
été dans ces cinq ans de haute surveillance,
dans ces cinq ans de solitude, me lave de l'infamie d'écrire » p. 23.

Vouloir écrire sa vie mais ne pas écrire dans sa vie ;
que sa vie soit un roman et s'interdire d'être romancier, par honte d'écrire. Goldman n'a pas d'autre
manière de surmonter cette contradiction fondamentale que d'accomplir des crimes pour les expier, et par
là même, se laver de l'infamie d'écrire, puisqu'il écrit
pour se défendre.

Alors se met en branle une infernale dialectique à

trois termes, dont le désir et le châtiment sont les deux contraires, et l'écriture le champ d'affrontement. Goldman est un écrivain qui a besoin, pour passer à l'acte de l'écriture, de passer à l'acte dans sa vie, pour se permettre d'accomplir son désir le plus cher qui le dégoûte. Situation pour le moins bizarre, mais qui, depuis les romantiques et les surréalistes, fait partie de la mythologie. Goldman poète maudit ? Il s'est toujours voulu écrivain, c'est-à-dire comptable, responsable de ce qu'il fait, dans la mesure seule où il l'écrira. *Verba volent, scripta manent.* Goldman vit, jusqu'à son séjour au Venezuela, dans le futur antérieur de la narration : il aurait... Son présent est immédiatement aboli dans cette course en avant.

Depuis qu'il lit, autrement dit depuis qu'il se met dans la peau du héros, il pressent qu'un jour ou l'autre il sera l'un de ces héros, mais cette fois-ci dans une histoire qu'il aura écrite. Comme tous les écoliers et les collégiens de la France de Jules Ferry, il se sent une vocation parce qu'il est « bon en français ». Etudiant sans l'être, il répugne à travailler à des exposés ou à des dissertations, précisément au nom de son *élection*. Lui, qui par ailleurs ne supporte aucun signe ou comportement qui pourraient attester une quelconque distinction et attenteraient à l'égalité native de tous les êtres humains, n'admet pas qu'on puisse le comparer à un bon élève, tâcheron et « polar », qui pallie, à force de travail, son manque de talent.

Depuis qu'il a l'âge de lire, Pierre sait qu'il a du talent et qu'un livre inaugurera une vie qu'il imagine à la Malraux — il est hors de question que son talent puisse se manifester autrement que dans la littérature, la musique lui étant refusée, bien qu'il en soit un amateur passionné. Bien sûr, comme tous les jeunes de son temps, il crache sur la littérature et surtout sur les

« gensdelettres ». Pour lui, l'écriture s'apparente tellement au sacré que tout prosaïsme en la matière lui semble sacrilège. Le mot carrière est monstrueusement antinomique avec celui d'écriture. Cette conviction se renforce à mesure qu'il connaît l'infecte compromission dont a fait preuve une bonne partie des littérateurs ordinaires pendant l'Occupation, préférant la satisfaction de se faire éditer à la simple décence de s'abstenir dans un pays vaincu. Il en admire d'autant plus l'altier silence des grands, Malraux et Char. *Drôle de jeu* de Roger Vailland, livre-culte des jeunes communistes des années 60, lui montre l'exemple : être écrivain c'est s'y préparer, bien avant que d'avoir écrit ou publié quoi que ce soit, parce que, être écrivain, dès le moment où on le devient, c'est, quoi qu'il arrive, avoir réussi sa vie.

Goldman, comme tous ses copains de philo, est à la fois d'accord avec Scott Fitzgerald : « Bien entendu toute vie est une entreprise de démolition », et avec Roger Vailland : être écrivain, c'est devenir « fils de roi », souverain.

Atteindre un tel état de félicité et d'exception exige qu'une série d'épreuves aient été traversées et surmontées. Ecrire est le terme d'une odyssée. Goldman, sans s'en douter, s'applique la même fameuse recommandation que l'éditeur à l'inconnu qui vient de lui apporter son manuscrit : « Devenez célèbre, jeune homme, et alors je publierai votre livre. » Sa vie doit être suffisamment mémorable pour qu'il lui soit inutile d'écrire un roman pour ajouter à sa gloire, et pourtant, c'est alors seulement qu'il ne serait pas déshonorant de le faire. C'est pourquoi il n'est pas question de sa vie dans *Souvenirs obscurs d'un juif polonais né en France*, ce qui le reléguerait dans la cohorte des imposteurs qui prétendent raconter leur vie, ou pire encore, dire la vérité sur ce qu'ils ont pensé et fait. Si Goldman se dédit du serment qu'il s'est fait à lui-même, ne jamais enfreindre l'interdit de l'écriture, c'est parce qu'il doit sauver quelque chose de plus sacré encore que la Littérature, l'innocence.

Goldman se permet de passer à l'acte de l'écriture, dans la mesure où il est exposé à l'innocence par sa situation de juif d'après la Shoah.

Goldman n'est pas Jean-Jacques Rousseau. Il n'écrit pas ses *Confessions*. Son projet ne consiste pas à s'efforcer de dire le maximum de vérité sur lui-même en se faisant un devoir d'absolue sincérité. Il n'est pas dans la logique de l'aveu, inauguré par Montaigne, sublimé par le Promeneur solitaire et porté à son degré extrême par Gide. Cette religion de l'aveu, illustrée par des chrétiens réformés, des protestants, est précisément ce qui dégoûte le juif Goldman. Bref, Goldman est trop métaphysique — mystique ? — pour se contenter de la vérité qui relève de la connaissance. Il lui faut l'existence pure qui est au-delà de tout ce que l'on peut savoir d'elle, qui s'engendre elle-même et se rapporte à elle-même. Il est l'Innocence.

« Mon innocence, je la sais et *je la suis*, et je ne peux la communiquer à mes juges qui, en l'occurrence, ont précisément la charge non seulement de juger, mais, surtout, de connaître. Il y a comme de la divinité dans cet état, dans cette relation[1]. »

Goldman ne se prétend pas Dieu, mais le berger de l'innocence, comme le langage est, selon Heidegger, le berger de l'être. A cet égard, il est intéressant de comparer la position de Goldman avec celle des deux philosophes qui l'ont profondément marqué, Sartre et Althusser, eux-mêmes confrontés à la question de la culpabilité supposée et pareillement en porte à faux

---

1. *Souvenirs obscurs d'un juif polonais...*, *op. cit.*, p. 20.

par rapport à l'écriture. Soit *Souvenirs obscurs, les Mots, L'avenir dure longtemps. Souvenirs obscurs!* Le lecteur perçoit immédiatement l'ironie du titre de ce livre que l'auteur prétend présenter comme curriculum vitae. Il y a maldonne. Un curriculum vitae, en principe, donne des renseignements, les plus précis et les plus nombreux possibles, en ce qui concerne l'identité sociale d'un individu. Un curriculum vitae est un acte administratif, exigé par un employeur ou quelque autorité, judiciaire, militaire, pour savoir si le candidat, le justiciable, le citoyen, le conscrit répondent aux conditions exigées par la loi pour se présenter à un concours, une embauche, et n'ont encouru aucune condamnation pénale qui les empêcherait de briguer certaines charges publiques. Dans le cas précis de Goldman, le curriculum vitae est le rapport d'enquête des policiers chargés de l'instruction de l'affaire appelée à être jugée.

Un curriculum vitae consigne des faits biographiques et relate des événements.

D'où procèdent les souvenirs ? De la mémoire bien sûr, donc de la manière dont un fait ou un événement sont vécus, une fois advenus, par celui qui y a été plus ou moins mêlé. Il peut en témoigner, et son témoignage est d'autant plus fiable ou intéressant que le témoin est rigoureux dans la restitution de ce qui est arrivé, ou avisé dans l'analyse des causes et conséquences de ces faits mémorables. En général, ce qui est demandé et recherché dans les Mémoires, genre littéraire ambigu dans lequel un personnage célèbre raconte sa vie ou un écrivain, par le seul prestige de son style et la force de son talent, rend mémorable pour le lecteur les souvenirs qu'il garde ou reconstruit de sa vie.

Quand il écrit ses *Souvenirs obscurs* Goldman n'est pas connu au-delà de la mouvance gauchiste et des spécialistes de l'Amérique latine et prévient qu'il ne dira rien de sa vie, en tout cas rien de ce qu'il juge important. Alors de quel genre est le texte qu'il présente au lecteur ? Quel est son statut ? Une plaidoirie ? Dans un certain sens, oui, si on prend en considération le soin avec lequel Goldman argumente et tente de démonter toutes les contradictions et les incohérences de l'accusation. Mais l'essentiel n'est pas là, ou plutôt le titre *Souvenirs obscurs* ne convient véritablement qu'à la première partie du texte — expressément intitulée *Curriculum vitae*. L'affaire Richard-Lenoir et le procès qui constituent les deux autres parties ne relèvent plus de l'écriture, acte privé de Pierre Goldman, mais font partie intégrante des actes du procès, c'est-à-dire appartiennent à la procédure.

Or quel est le sujet de *Curriculum vitae* ? La vie du dénommé Pierre Goldman, dont l'auteur se ferait le biographe ? Non, et c'est bien pourquoi, volontairement, les souvenirs dont il fait mention sont qualifiés d'obscurs. Goldman a lu Dostoïevski, il a été très impressionné en particulier par *l'Idiot* et par *les Possédés* ; mais aussi par *Souvenirs de la maison des morts*, auquel il ne peut ne pas penser quand il choisit le titre du livre dont il espère que son retentissement le fera sortir de sa maison de mort-vivant. L'écriture est un exercice de confrontation avec le plus obscur, le destin, exercice spirituel, méditation philosophique. Descartes rencontre le malin génie, hypothèse tragique de l'imposture suprême — tout serait faux —, et au prix d'une immersion totale dans l'angoisse absolue de n'être plus rien que fausseté — le monde créé par le malin génie serait le comble du leurre — il sort délivré de son incertitude. Je doute, je pense, donc je suis, non falsifié.

Goldman rencontre l'Obscur, le Dieu funèbre, le

Tribunal du Père, au terme de son hallucination qui lui fait endosser le crime pour devenir « une pureté de lueur divine ». Et cette part mystique de l'être, il comprend enfin que c'est la vraie demeure de la philosophie, dont le langage est à jamais séparé. Sa répugnance à écrire s'éclaire alors, car il se souvient de ce qu'il y a à peine trois ans il essayait de déchiffrer avec François Lebovits et moi-même. Wittgenstein leur était inconnu et l'un des trois, François Lebovits sûrement, avait découvert un livre extraordinaire le *Tractatus logico-philosophicus*. Goldman, de toutes leurs discussions, ne retint que cet aphorisme qui sonna pour lui comme une vérité très intime, qu'il avait l'impression de connaître depuis toujours : « Ce dont on ne peut parler, il faut le taire. » Il y a un abîme entre la philosophie et le discours philosophique. La philosophie est un choix de vie. Dans son cas, l'écriture est le récit apaisé de cette épreuve terrifiante de la rencontre de l'autre, l'étranger absolu à soi-même que le père suscite comme persécuteur. Le fils pour racheter sa vie infâme doit s'identifier à un crime auquel il est parfaitement étranger, mais dont il doit malgré tout endosser la faute, pour pouvoir, grâce à cette épreuve expiatoire, (re) connaître en lui, dans le plus pur secret, une part de lueur divine. Exercice mystique divin, au rebours des grands lucifériens Sade et Genet. Ces deux pervers se servent de la part divine de la langue pour glorifier le crime ; Goldman s'enveloppe du crime pour accéder à la part d'écriture, en lui, de cette lettre divine, qu'athée, il se représente comme le noumène kantien.

L'espace de l'écriture est un espace infini, délivré de la corruption et de la mort. Ce que Goldman cherche dans la musique caraïbe, l'assomption apaisée de la mort, il s'en fait l'actif artisan dans son récit. Devenir un corps sans organe, vivre à la fois l'hypersexualité tout en se fantasmant au-delà de la sexualité, pour échapper à ses tourments et ses « saletés ». C'est à cet idéal d'Antonin Artaud que Goldman aspire. D'ailleurs, dans son projet d'attaque contre le docteur Lacan figurait une séquence où il obligeait les patients rassemblés dans la salle d'attente à réciter un texte d'Artaud. C'est dire dans quelle estime il le tenait. Qu'Antonin Artaud soit un fou féru de poésie, un poète ou un génie, découvreur de nouveaux sons et de nouveaux affects, au fond peu importe. Il est allé jusqu'au bout du chemin et a radicalisé le mot d'ordre rimbaldien : « La vraie vie est ailleurs. »

Il a été au-delà de son corps. Précisément, Goldman, en ce mois de décembre 1969, aspire lui aussi à sortir de son corps. Après avoir cru qu'il était suffisant de quitter le cadre habituel de sa vie, de partir aux tropiques, pour s'exiler, il comprend qu'il faut infiniment plus que des déplacements dans l'espace pour s'extraire de son cadre mental. Car c'est bien de cela qu'il s'agit : l'espace de ses obsessions, de son obsession de pureté, perpétuellement mêlée à son sentiment de culpabilité.

En ce mois de décembre 1969, après son premier hold-up commis à Paris, Goldman ne peut plus faire l'impasse sur cet obscur en lui qui le ronge. Il ne peut plus ne pas se poser la question de sa propre folie, car il se met à douter non plus de la réalité du monde, mais du souvenir qu'il en garde. A mesure qu'il vit il oublie ce qu'il vit. Comment pourrait-il distinguer la réalité de son hallucination rêvée, ou plutôt cauchemardée ? Ce qu'il avait expérimenté comme une espèce de jeu de comédien, qui le rendait apte à se regarder vivre, soudainement il le vit dans une angoisse panique comme perte de conscience, dissociation de personnalité.

Il y a un trou dans la vie de Goldman, un point noir dans ses souvenirs obscurs, ou plus exactement le point noir où sont aspirés tous ses souvenirs. Il n'est plus question de mémoire mais de fatalité qui dicte le récit.

Il est important de bien comprendre les articulations dans le récit de Goldman qui déterminent une chronologie particulière : celle de son entrée dans le plan de la *fatalité* qui n'a plus rien à voir avec la durée humaine.

C'est de la rencontre avec Christiane que date le nouveau cours. Goldman veut voir Christiane parce qu'il sait qu'il l'aime et que s'il ne met pas immédiatement fin à cet amour, il ne pourra aller jusqu'au bout de sa décorporisation, épreuve expiatoire nécessaire à son renouvellement, à sa métamorphose. Christiane est à la fois le bout de l'ancienne errance, et l'espérance d'un nouveau départ. La séparation d'avec elle, c'est la séparation d'avec lui, donc l'entrée dans la fatalité. Seulement avant le 22 décembre il ne sait pas encore que dès le 19 il est sorti de la réalité pour rentrer dans le Récit Fatal.

Le 18 décembre un affreux mal de dents le conduit à la Salpêtrière pour se faire soigner. Il prend un suppositoire opiacé qui le met dans un état de somnolence. Il se réveille le 19 à 14 heures, après avoir mal dormi. Il rencontre un ami dans un bar de l'Odéon et reste plusieurs heures avec lui. Il lui annonce que le soir même, il va commettre une agression avec un complice dans le quartier Saint-Paul.

Pour finir, la crémerie qu'il devait braquer lui semble trop minable et il renonce. Il retourne au métro Saint-Paul, téléphone et rencontre une connaissance qui lui dit qu'il vient de quitter Joël Lautric son ami guadeloupéen. Goldman passe le voir. Celui-ci est malade et Pierre se dispute pour une histoire de disques avec le concubin de la sœur de Joël. Il s'en va et retourne dans son studio avec toujours son mal de dents. Le lendemain, il achète *France-Soir*. Il lit que la veille un mulâtre a tué deux pharmaciennes, blessé gravement un client et un agent de police boulevard Richard-Lenoir. Il se fait la remarque que la pharmacie où a eu lieu l'attaque meurtrière se trouve tout près de l'immeuble où il logea quelques mois chez son parrain, après que son père l'eut enlevé à sa mère. Malgré cela il décide de commettre un hold-up, le soir rue Tronchet, ce qu'il fait avec deux complices noirs, bien que le patron se nomme Dreyfus, comme le capitaine injustement condamné. Tout se passe bien. Le soir il invite Christiane qu'il commence à aimer.

A partir de ce moment — le moment où avec cette femme il se sent aimer et être aimé — commence une histoire dont il n'est plus le maître. Le récit rentre à cet instant dans une autre fatalité.

Goldman sait que son amour avec Christiane est possible. Il prend peur. Il se livre alors au « Dieu obscur », celui que Lacan appelle « le désir de cet Autre qui exige le sacrifice », c'est-à-dire très précisément le fascisme : « Cette offrande à des dieux obscurs d'un objet de sacrifice à quoi peu de sujets peuvent ne pas succomber, dans une monstrueuse capture [1]. »

Le fascisme, Goldman l'a combattu toute sa vie et il revient à sa rencontre sous sa forme la plus terrible. *Souvenirs obscurs* est le récit, écrit en prison, de cette rencontre fatale, et des aléas de la Résistance, en vue d'une victoire. Dans cette bataille acharnée, l'écriture est l'arme absolue car le « Dieu obscur » n'est fort que de son obscurité. Qui a la puissance de le dévoiler le vainc. Mais l'écriture suppose l'entière responsabilité.

Goldman préfère prendre le risque d'être accusé de meurtre par la police bien sûr, mais aussi par sa famille, ses amis, ses lecteurs, d'être condamné (à mort ?) plutôt que d'être suspecté d'irresponsabilité. C'est pourquoi il précise bien dans son *Curriculum vitae* qu'il a refusé de subir l'examen de personnalité,

---

1. Jacques Lacan, *Séminaire XI*, le Seuil, p. 247.

ce qui, en termes psychiatriques, désigne l'examen du degré de responsabilité du criminel au moment de son crime.

Goldman refuse ce à quoi Althusser consentira quelques années plus tard, au risque de voir toute son œuvre réputée « irresponsable », c'est-à-dire sans raisons ni conséquences. C'est parce que Goldman identifie son tribunal « fatal » — le Surmoi cruel et persécuteur du Père, qui lui fait toujours reproche de n'avoir pas affronté le Fascisme — et se laisse « capter » par le Crime, qu'il n'a pas peur d'affronter le Tribunal Légal, celui des juges humains. Car il est sûr que l'écriture sera assez puissante pour faire voir à tous l'Innocence, son innocence.

L'autobiographie posthume d'Althusser en appelle à un jugement dont il n'a pu bénéficier parce qu'il a été déclaré irresponsable, et par conséquent non coupable du meurtre de sa femme, alors qu'il veut lui être jugé coupable plutôt qu'irresponsable. Mais l'irresponsabilité prononcée comme on ferme la bouche à un dément assigne le texte d'Althusser — malgré sa beauté et ses fulgurances — à sa place clinique et enferme *L'avenir dure longtemps* dans son statut de confession délirante auto-interprétative.

Souvenirs obscurs est un livre de prisonnier mais ce n'est pas un livre sur la prison, car il vise à rendre compte de l'expérience universelle de l'irréductibilité de l'innocence dans le monde du mal, alors que *L'avenir dure longtemps* est un livre de philosophe désarmé devant la folie, et que la philosophie déserte.

Les Mots eux racontaient une névrose d'écriture, peu à peu guérie, mais dont l'heureux convalescent n'avait pas assez de temps de vie pour vraiment en profiter. Sartre en tirait une leçon pratique douce-amère. Il était trop vieux pour se passer de sa manie. Il conti-

nuait donc à écrire, et, comble de masochisme ou de
perversité, comme on voudra, sur le modèle, le saint
patron de l'écriture, Flaubert. En même temps, il récusait toute forme d'idéalisme philosophique, condamnait radicalement l'opposition intellectuel-manuel et
considérait l'action révolutionnaire comme l'aboutis-
sement juste et nécessaire de toute pratique intellectuelle honnête. Il ne peut y avoir d'entreprise de vérité
dans un monde entièrement falsifié, et l'écriture, qui
n'a d'autre fin que la vérité, se nie elle-même si elle
consent à ce monde du faux généralisé. *Les Mots* sont
la dernière manifestation du bâtard, l'intellectuel,
l'écrivain, Sartre lui-même, qui en est réduit, dans le
monde bourgeois, à ne pouvoir que fabuler, pour ne
pas se vautrer dans la mauvaise foi et rejoindre le
monde des salauds.

C'est l'obsession de l'adolescent Goldman qui s'ag-
grave, après son expérience militante décevante et sa
rencontre différée avec la mort au Venezuela. De Sartre
à Kafka, du tribunal de la raison au tribunal tout
court ; de la recherche de la vérité à la proclamation
de l'innocence. Pour Goldman les enjeux de l'écriture
se radicalisent, car sa vie n'a été, depuis le début, qu'un
malentendu. Il est né par hasard, son enfance est une
rêverie triste. Ses parents se séparent dès la Libération,
c'est-à-dire quelques mois après sa naissance (juin 44).
Elevé par sa mère, qui n'est pas sa mère légale, jusqu'à
ce qu'elle soit obligée de partir de France pour la
Pologne, il est enlevé par son père qui ne veut pas que
son fils vive dans un pays communiste antisémite.
Entre-temps, son père s'est marié avec une juive alle-
mande, qui dit être sa nouvelle mère. Pour Goldman
enfant et adolescent la vie est problématique, la
parenté énigmatique. Il existe alors qu'il n'aurait pas
dû naître, et celle qui l'a voulu, sa mère, n'est pas sa
mère légale. Son existence est d'emblée divisée : il y a
le légal et il y a le maternel ; pour relier les deux, la

rêverie. L'imaginaire met en contact les deux mondes, mais l'enfant Goldman qui s'y réfugie est lui-même imaginaire. Pour accéder à la réalité, l'adolescent sera obligé de se confronter avec l'immonde d'Auschwitz et l'impensable de sa lignée de survivants. Dès lors l'écriture sera le seul moyen de surmonter sa névrose de culpabilité, puisque seule elle peut se confronter avec ce Père mythique qui a le droit de vivre puisqu'il a survécu les armes à la main. Goldman doit recommencer pour son compte cette entreprise de purgation, faire mourir en lui le coupable, c'est-à-dire se défendre de la puissance obscure qui le voue à l'indignité, à l'impureté. Pour ne pas mériter la mort, aux yeux du père et à ses propres yeux, il affronte le soupçon de meurtre. Il est symptomatique que ce combat suprême, ce combat contre l'ordre paternel sadique, s'impose comme une fatalité, au moment même où survient l'amour pour une femme. Avant d'aimer, avant d'avoir le droit d'aimer, il faut conquérir son droit de vivre. Goldman sort de ses rêveries morbides qui toutes convergent vers sa mort à trente ans, au moment où il rencontre Christiane. Il comprend immédiatement qu'elle sera celle pour qui et par qui il devra décider de continuer, c'est-à-dire de mourir, ou d'arrêter tout et de naître à la vie, cette fois avec elle. C'est pourquoi il lui dit successivement et contradictoirement qu'il va bientôt disparaître de sa vie, mais qu'un jour il arrivera au bout, et que ce jour il verra ses yeux.

Entre le refus de la survie — la délivrance de l'autoculpabilité — et la réalisation de son désir de vie, il y a la terrible confrontation dans la solitude avec le désir de meurtre. Il faut aller jusqu'au bout de l'autoculpabilité, jusqu'à l'autodissolution dans l'étranger absolu, pour avoir une chance de revenir à soi-même.

Du désir et de la peur d'aimer à celle de l'*étranger*, acceptée comme manifestation de la fatalité, la dialectique vitale ressemble étrangement à celle de *l'Etran-*

ger, livre-culte de la génération de Goldman. Camus a fort bien décrit cet assassin métaphysique qui tue par fatalité, enchaînement de circonstances totalement absurdes, et qui, par orgueil et par dignité, endosse ce qui lui est échu comme s'il l'avait décidé librement. Figure moderne du tragique, l'Etranger n'a d'autre moyen de se délivrer du mal qu'en le revendiquant. Bouc émissaire par lassitude, sacrifié par défi, l'Etranger renvoie au monde son absurdité, en s'identifiant jusqu'au bout au personnage absurde que ses accusateurs ont inventé.

Le 22 décembre 1969 Goldman est l'Etranger, joue l'Etranger, jouit et pâtit d'être l'Etranger.

« Mon récit entre à cet instant dans une autre *fatalité* dont je fus aussi l'artisan. Le lecteur doit, s'il veut en capter le sens, y appliquer un double regard. Cette fatalité n'était pas d'un destin, ni d'une puissance divine. Elle venait de moi, encore que j'en fusse le vassal. *J'étais poussé vers ce double homicide.* Je ne l'avais pas commis mais il me sollicitait d'un réseau de signes où *j'allais m'emprisonner.* Je l'ignorais, mais je sentais qu'un *souffle étrange m'aspirait vers le gouffre de ces meurtres* [1]. »

Jusqu'à son arrestation, le 8 avril 1970, c'est la course à rebours vers ce jour du double assassinat du boulevard Richard-Lenoir. Il lit tout ce qui se publie sur cette affaire, et comble d'inconscience ? — masochisme ? — fréquente jour et nuit les bars de Belleville et de Barbès où se réunissent le lumpen-prolétariat et la pègre antillais, parmi lesquels pullulent les indicateurs.

Le 16 janvier 1970, avec un complice noir, il attaque — passage Ramey — un payeur d'allocations fami-

---

1. *Souvenirs obscurs...*, p. 96.

liales, est blessé dans la bagarre, et envisage froidement sa mort. Il est déjà sur l'autre versant.

Empêtré dans ses demi-vérités, ses silences avec ses meilleurs amis qui lui demandent de les assurer de son innocence, vivant dans un tourbillon toujours plus fou, il déménage et s'installe chez une famille guadeloupéenne amie, qui, hasard macabre, habite près du boulevard Richard-Lenoir. Il revoit des amis du Venezuela qui l'informent qu'il pourra bientôt retourner avec eux au combat, au Venezuela, et le pressent de se replier avec eux en Angleterre, où tout est organisé, filières, passeports, planques. Il refuse et, pourtant, part seul en Angleterre où il retrouve des amis, qui eux aussi lui proposent de rester. De nouveau, refus. Retour dans la ronde de nuit des bas-fonds antillais, pour rien, pour boire, vers le dénouement.

Encore une porte de sortie : voyage en Italie. Retour à Paris. Nous sommes début avril 1970. Goldman sait depuis longtemps qu'un de ses comparses, un ancien des corps spéciaux de l'armée française qui a « cassé du fellagah » pendant la guerre d'Algérie, une brute analphabète qu'il a rencontrée en mai 68, l'a dénoncé à la police comme le tueur du boulevard Richard-Lenoir. Malgré cela — à cause de cela ? — il retourne sur les lieux de sa damnation.

Il se décide enfin à partir, à retrouver un ami, pas loin du Venezuela, aux Antilles anglaises. L'argent et le passeport lui sont procurés par une riche relation.

Trop tard bien sûr. En se rendant à l'appartement de son ami Kravetz qu'il avait voulu saluer avant son départ, il se fait arrêter. Il ressent alors quelque chose d'étrange, qu'il ne pourra exprimer, une fois en prison, que par l'expression argotique : « J'y suis. » Etre, pour Goldman, consiste à ce que son « Je » habite ce lieu, la prison où précisément le Je est suprêmement absent, enfermé, aliéné. Sa destinée s'accomplit.

Au terme de ses premiers interrogatoires il est sujet

à une hallucination. Et s'il avait commis ces meurtres, puis en avait refoulé le souvenir ? Si c'était le cas — et cela arrive parfois —, cela voudrait dire qu'il est fou. Or il n'est pas fou. Donc il n'a pas commis ces crimes. Il est l'Etranger à ces crimes ; on le croit l'Etranger qui, par fatalité, a commis ces crimes. Le voilà rentré dans la plus haute solitude, le quartier de haute sécurité le plus terrible qui soit, celui où l'innocent doit refuser la folie qui lui serait oubli de l'affreuse souffrance de savoir que, dans le doute, personne ne doute de sa culpabilité.

Rien n'est prouvé, mais il est présumé coupable. Lui il sait qu'il est innocent. Il est donc, comme la vérité, définitivement retranché du monde, non dans l'arrière-monde platonicien des idées, mais dans l'immonde de la prison.

CHAPITRE X

Une histoire d'amis.
La communauté inavouable

Dès l'annonce de l'arrestation de Goldman, la chaîne quelque peu distendue de ses amis se reforme. Marc Kravetz donne l'alarme. Il a été le dernier de ses amis du cercle philo à le voir, peu avant qu'il ne se fasse arrêter, à deux pas de chez lui. Il l'a trouvé très déprimé, totalement atone, suicidaire. C'est pourquoi il craint que Pierre ne tente de se tuer, avant même de pouvoir bénéficier de l'assistance d'un avocat. Il se trouve qu'il est en délicatesse avec la justice, suite à des actions militantes de Mai 68. Pour l'heure, il est en liberté conditionnelle, sous contrôle judiciaire, après une condamnation avec sursis. Il côtoie plus ou moins régulièrement des gens de Défense active.

Le jour où il apprend l'arrestation de Goldman il doit justement voir son avocat pour discuter de son affaire. Comme beaucoup de la mouvance d'extrême gauche il a fait appel au cabinet de Henri Leclerc pour s'occuper de ses intérêts. Véritable « boutique de droit » le cabinet Leclerc est un regroupement de jeunes avocats qui sympathisent avec le mouvement de Mai et les organisations qui en sont issues. Henri Leclerc, vieux baroudeur de la lutte contre la guerre d'Algérie, dirigeant du PSU, en assure la direction effective, bien qu'officiellement le cabinet fonctionne selon des principes autogestionnaires.

Kravetz n'a pas affaire à Henri Leclerc lui-même, mais à une jeune assistante, pleine de bonne volonté, dont il craint qu'elle n'ait pas beaucoup plus de compétence juridique que lui-même. C'est pour cela qu'il la voit assez souvent, pour bien lui préciser les données de son affaire. Or ce 9 avril 1970, il ne lui parle que de Goldman et de la nécessité absolue de le contacter, pour empêcher qu'il ne mette fin à ses jours. La jeune avocate ne connaît pas Goldman, et surtout elle ne se sent pas habilitée à le défendre, car ni Goldman ni sa famille ne l'ont sollicitée. Kravetz insiste, lui donne un mot. Qu'elle se débrouille pour le remettre à Goldman ! Il saura qu'elle est envoyée par lui et il acceptera de la prendre comme défenseur.

Goldman est ainsi prévenu que certains de ses amis ne l'oublient pas et vont l'aider.

Le noyau est constitué par la bande du cercle de philo de l'UEC. Catherine Lévy, Prisca Bachelet, Bruno Queysanne, Yves Janin, Michel Butel, Pierre Aroutchev, et moi-même, à qui il faut ajouter Jean Crubelier, Jacques Rémy et Pierre Brumberg. Chacun d'entre eux a milité contre la guerre d'Algérie, guerroyé contre le PC à l'UEC et participé activement au mouvement de Mai. Excepté pour la plupart d'entre eux une commune appartenance au « 22 mars » qui fonctionne comme sigle sous lequel peuvent s'abriter toutes sortes d'actions décidées et menées par des groupes autonomes, ils ne forment aucun groupe. Leur tendance libertaire est sortie renforcée après Mai, et plus que jamais, ils se méfient et combattent les partis, et les groupuscules, de type léniniste, qui imposent une discipline de pensée et fixent une ligne politique que des militants passifs doivent appliquer et populariser. Ainsi en marge volontairement de toutes institutions, fussent-elles « révolutionnaires », ils n'ont pas la pré-

vention de la plupart des militants de gauche et d'extrême gauche contre les marginaux. Pour eux c'est la
vie qui est entachée de fausseté par la domination de
la marchandise. Qui se révolte contre cette domination, quelle que soit la forme de révolte qu'il choisit,
est un combattant, un rebelle. Il n'y a pas lieu, dès lors,
de distinguer entre les luttes politiques, collectives,
légales, mettant en branle de larges masses, comme les
grèves ou les manifestations tolérées par l'ordre bourgeois et les actions minoritaires — voire indivi-
duelles —, violentes, illégales. Quand de tels agissements sont réprimés rien ne justifie qu'on fasse le tri
entre les bons condamnés politiques et les méchants
délinquants de droit commun. Rien, en tout cas, ne
devrait le justifier chez les révolutionnaires. Ce qui
n'est pas le cas malheureusement.

Les staliniens continuent à vouer aux gémonies les
marginaux, ce qui est normal. Mais pour les autres, les
trotskistes, les maoïstes, et tous les gauchistes respec-
tueux des bonnes mœurs, les droits communs sont
peut-être des prolétaires trompés, mais ils ne doivent
pas être défendus, sous peine de déconsidérer l'action
révolutionnaire. Cette position est de plus en plus bat-
tue en brèche par les nouveaux militants venus à l'action après la révolte de Mai. Les jeunes ouvriers les
plus combatifs ne se distinguent pas vraiment des loulous. Ce sont souvent les mêmes.

Les anciens du cercle philo ont gardé des liens plus
ou moins lâches avec Goldman. Certains ne l'ont pas
revu depuis son retour du Venezuela mais, alors qu'ils
ne se voient pas très souvent entre eux car chacun
trace son chemin seul, tous se sentent immédiatement
concernés par son arrestation, plus encore agressés,
attaqués dans leur être le plus profond. Ils ne se posent
pas une seule seconde la question de la culpabilité de

Pierre, et pourtant jamais une discussion explicite entre eux n'a contribué à la formation d'une position commune. Chacun ne pense qu'à le tirer de ce mauvais pas. Ils considèrent son arrestation comme un mauvais coup, même si du point de vue de la légalité bourgeoise cela ne les surprend pas, car ils connaissent tous son existence irrégulière. Les hold-up sont des délits au regard de la légalité bourgeoise, mais pour eux cela ne suffit pas à transformer Goldman en coupable. Il s'est fait prendre, voilà tout. C'est une victoire des forces de l'ordre et une mauvaise nouvelle pour tous les « enragés ». Le soutien qu'ils apportent à Pierre leur semble anticiper simplement celui auquel ils seront redevables dans des circonstances autres, quand eux aussi tomberont dans la lutte, pour des raisons qu'ils ne peuvent prévoir. Tous ils voient en Goldman un précurseur, la première véritable victime de leur génération, car il s'est aventuré le plus loin dans des contrées dangereuses. A aucun moment ils n'imaginent que Pierre puisse être un tueur, un assassin, et même si dans leurs suppositions les plus sinistres ils envisagent qu'il ait pu être mêlé à une fusillade, ils ne peuvent se le représenter tuant de sang-froid. C'est donc sans aucun état d'âme qu'ils se retrouvent en commun — dans cette communauté inavouable des amis de Pierre — pour prendre immédiatement en main sa défense.

Ils prennent langue avec la famille Goldman. Le contact n'est pas très bon. Le père de Goldman voit se réaliser ses pires craintes pour ce fils avec qui la communication est très difficile. Comme beaucoup de survivants il a décidé de refaire sa vie en se tenant éloigné de tout engagement partisan. Il est resté fidèle à sa jeunesse résistante, revoit ses amis d'alors, participe aux commémorations. Depuis sa douloureuse découverte de l'antisémitisme stalinien il reste profondément blessé par ce qu'il considère comme une trahison de ses idéaux communistes et ne veut plus entretenir le moindre contact avec le PC. Attitude à moitié contredite par la persistance de ses liens amicaux avec ses camarades de la MOI qui restent au PC et une fois démentie, en mai 1958, lors du retour du général de Gaulle grâce au coup de force de l'armée française, quand beaucoup de militants craignent l'attaque des fascistes et la mise hors la loi du Parti. Pour cette occasion, et avec son fils justement, trois ans plus tard, pendant le putsch d'Alger, il participe à des opérations de protection de dirigeants du PC.

Il n'a jamais apprécié les voyages que Goldman fait en Pologne chez sa mère et il en veut à son fils, comme tous les pères autoritaires, de ne pas suivre à la lettre ses recommandations. Surtout, il n'admet pas que des jeunes puissent juger ce que sa génération a fait. C'est pourquoi, bien qu'il soit en désaccord total avec la direction de son ancien parti, et qu'il se considère comme apolitique, il supporte mal ce qu'il estime l'impudence des étudiants de l'UEC, qui, sans aucun risque, se permettent de condamner des dirigeants qui, eux, ont pris des risques. Il n'est pas loin de considérer tous ces jeunes gens comme des bavards paresseux et fumeux qui ont entraîné son fils dans des voies sans issue ; ils portent une lourde part de responsabilité dans sa situation actuelle. Il ne leur fait absolument pas confiance pour s'occuper de la défense de son fils et malgré toutes ses préventions et ses mauvais souvenirs, il préfère s'en tenir à du solide et faire appel à un avocat communiste : maître Liebman.

Quand Prisca Bachelet, Catherine Lévy, Kravetz et Jacques Rémy viennent le voir, sa décision est prise. Ils proposent comme second conseil Henri Leclerc. La famille accepte.

Dans le cabinet d'Henri Leclerc, ce sont deux jeunes avocats, Marianne Merleau-Ponty et Gilbert Klajnman qui sont chargés de suivre au jour le jour l'affaire Goldman. Tous deux sont des militants « détachés » sur le front de la « justice » qui connaissent parfaitement le milieu gauchiste. Marianne est tombée dans le milieu intellectuel radical chic en naissant. Fille de Maurice Merleau-Ponty, elle a rencontré toute petite et voit encore toute la mouvance sartrienne réunie autour des *Temps modernes*. En 1966 elle y a fait entrer des « jeunes » intellectuels de ses amis, Annie Leclerc, Nicos Poulantzas, moi-même. Elle connaît aussi les gens de *Socialisme ou Barbarie*, Claude Lefort, un ancien élève de son père, Castoriadis et les psychanalystes Lacan, Pontalis, sans compter les journalistes de *l'Express* Lafaurie, Manceaux, Chapsal, etc. Bref, Tout-le-Saint-Germain-des-Prés. Flamboyante jeune femme, avec un côté Jean Seberg d'*A bout de souffle*, elle cache sa timidité et son embarras d'être la fille d'un philosophe célèbre mort trop jeune sous une gouaille de titi parisien. Elle s'est beaucoup radicalisée en Mai 68. Indifférente aux programmes idéologiques, trop intelligente et humoriste pour supporter l'arrogance sectaire, elle se retrouve assez spontanément autour de positions anti-autoritaires radicales. Elle s'entend bien avec Prisca Bachelet, et a gardé un vague souvenir de Goldman, plutôt désagréable d'ailleurs, se souvenant de lui comme d'un macho assez ordinaire. Mais elle croit tout de suite à son innocence.

Le petit groupe des amis se partage le travail : sensibilisation auprès de la presse, essentiellement par un travail d'informations et de rectifications, compte tenu des inexactitudes ou même des contre-vérités qui commencent à fleurir tendant à présenter Goldman comme un dangereux criminel, ayant fait ses classes chez les

«Katangais» de Mai 68 et les «extrémistes» d'Amérique latine. Le plus urgent, cependant, pour les amis de Goldman, c'est de convaincre les militants gauchistes qu'il n'est pas le dévoyé que présente *l'Humanité* ou l'aventurier suspect que condamnent leurs dirigeants. Que les staliniens crachent sur Goldman, après tout c'est logique et relève de la basse vengeance. C'est un cas en or pour étayer leur thèse paranoïaque sur la connivence entre les agissements de l'extrême gauche et celle du ministre de l'Intérieur Marcellin, dans leur égale détestation du grand parti des travailleurs.

Le juif Goldman est le continuateur de l'autre juif allemand, Daniel Cohn-Bendit, que le perspicace Georges Marchais a dénoncé dès les premiers jours de Mai 68. Voilà où mène l'anticommunisme : à la chienlit et au meurtre. Que les «crapules staliniennes» comme les appelle Dany le Rouge se déchaînent, c'est dans l'ordre. Mais les anciens prochinois de l'UEC, les vieux briscards de la lutte antistalinienne hésitent à défendre Goldman. Ils le trouvent trop compromettant. En avril 1970, presque deux ans après Mai 68, le mouvement s'est durci, restructuré, divisé en mini-appareils, essentiellement les trotskistes et les maoïstes.

Les trotskistes, représentés principalement par la Ligue communiste, dont Alain Krivine, Henri Weber et Daniel Bensaïd sont les leaders les plus connus, répugnent à toute forme d'extravagance. Krivine est l'un des rares dirigeants de Mai 68 à n'avoir pas les cheveux longs et à porter cravate. En fidélité à Trotski lui-même, les trotskistes refusent toute forme de démagogie et de populisme. Les militants sont des intellectuels, incollables sur la doctrine et l'histoire du mouvement ouvrier ; ils se recrutent majoritairement chez les étudiants littéraires et les jeunes enseignants. Ils mènent en général une vie très rangée, et s'ils contestent la société bourgeoise, politiquement, ils sont très réservés sur les nouvelles déviances, telles que la drogue, la libération sexuelle, la fauche, par lesquelles une partie de la jeunesse manifeste son opposition à l'ordre moral. Sans les condamner formellement, ils jugent ces conduites infrapolitiques et à la limite dangereuses pour le mouvement révolutionnaire, car elles substituent au combat entre la bourgeoisie et le prolétariat le conflit des générations, facilement récupérable par la société bourgeoise. Quant à la délinquance plus dure, si encore une fois les révolutionnaires peuvent et doivent en comprendre les causes économiques et sociales, ils ne peuvent pas la défendre, car ce faisant, ils donneraient des armes à leurs ennemis qui pourraient les déconsidérer auprès des larges masses, abusées certes mais qu'il s'agit précisément de convaincre. Les forces contre-révolutionnaires essaient par tous les moyens de criminaliser la lutte politique ; les militants ne peuvent prêter le flanc à la moindre suspicion. C'est une vieille hantise du mouvement révolutionnaire. Surtout ne pas « traîner de fil à la patte », susceptible de provoquer des menaces de chantage et des retournements de veste, sans parler de l'infiltration de provocateurs dans l'appareil clandestin. Cela explique pourquoi les trotskistes, à la vieille tradition « conspiratrice », en relation avec leurs origines mêmes, car doublement clandestins — dans le mouvement communiste stalinien et la plupart du temps dans les pays soumis à la dictature bourgeoise —, se méfient tellement du lumpenprolétariat et des marginaux. Ils sont souvent, à leur insu, les instruments des forces de répression. Goldman, malgré l'estime que beaucoup lui portent, est trop « mouillé » à leurs yeux pour être présenté comme une victime de la répression politique et être défendu comme tel. Cependant, seul contre toute son organisation dont il est le numéro un, Alain Krivine, resté l'ami de Goldman, se bat au bureau politique pour pouvoir, en son nom personnel, déposer comme témoin de moralité, auprès du juge qui instruit l'affaire Goldman.

Les maoïstes, tendance maospontex, essentiellement la Gauche prolétarienne qui est apparue au printemps 69 et Vive la Révolution, organisation rivale, ont moins de prévention contre la marginalité. La GP, fondée par des militants de l'ex-UJCML et quelques membres tardifs mais éminents du « 22 mars » comme Alain Geismar et Serge July, part de l'hypothèse stratégique, à l'opposé des trotskistes, de la continuation du mouvement de Mai 68, dont la violence spontanée qui affleure dans toutes les occasions atteste la radicalité. La révolte de la jeunesse, scolaire, ouvrière, ou même plus ou moins désœuvrée ou en marge en est le fer de lance. Le mouvement révolutionnaire doit partir de cette révolte, des actes de rébellion, et ne plus envisager des luttes strictement légales, sous la forme syndicale ou réformiste. Au contraire il doit s'opposer de toutes ses forces, frontalement, physiquement, violemment aux pratiques liquidatrices, révisionnistes, pacifiques du PCF qui démoralisent et démobilisent les éléments les plus avancés de la contestation. C'est pourquoi dans les lycées, les facultés, les usines, dans la vie, partout il faut en finir avec le train-train revendicatif et mettre un terme à la paix civile. Partout il faut briser l'autorité, la ridiculiser, la contester, la détruire. Destruction de l'université comme forme exemplaire de l'autorité académique, destruction des petits chefs dans les usines, comme agents les plus actifs de la reproduction de l'autorité capitaliste, harcèlement contre les flics qui assurent la pérennité de ce système. Mais la contestation généralisée s'arrête au seuil du banditisme. Pourtant Mao Tsé-toung et ses compagnons de la Longue Marche n'hésitèrent pas à intégrer dans l'armée populaire des bandits de grand chemin qui devinrent d'excellents soldats et quelquefois même de glorieux généraux. Du temps de la bataille d'Alger, le FLN enrôla tous les mauvais garçons de la Casbah et Ali la Pointe un chef de la pègre se transforma en héros national. Malcolm X, propagandiste talentueux du pouvoir noir, est un ancien taulard et nombre de dirigeants et de militants des Panthères noires sont des repris de justice. Mais en France, le puritanisme des staliniens a déteint sur ceux qui se présentent comme leurs adversaires les plus conséquents. Un révolutionnaire doit avoir un casier judiciaire vierge. Les plus sectaires, dirigeants du parti communiste marxiste-léniniste, obligent même leurs militants à se marier quand ils vivent en concubinage et à adopter les habitudes vestimentaires et culinaires des ouvriers du rang, comme si l'adhésion aux comportements les plus conformistes témoignait de l'amour pour le peuple.

Les grandes grèves des prisonniers de droit commun auront lieu en 1973-1974 et le Groupe Information-Prison (GIP) animé par Foucault n'existe pas au moment de l'incarcération de Goldman. Seuls à l'époque les anarchistes du groupe Noir et Rouge, la mouvance situationniste et quelques militants de Vive la Révolution s'interrogent sur la prison et refusent de faire une distinction entre condamnés politiques et condamnés de droit commun.

En 1970, les délinquants sont considérés, excepté pour une infime minorité, comme des agresseurs et non comme des victimes d'un ordre social injuste. Cet état de l'opinion publique française va poser un terrible problème aux amis de Goldman et entraîner bien des malentendus, et quelquefois des crises entre lui et ses partisans.

Il reconnaît ses hold-up et clame son innocence en ce qui concerne l'affaire Richard-Lenoir. Il demande à être jugé sur ce qu'il a commis comme crimes et délits et non sur ce qu'il est ou a été, un activiste antifasciste d'extrême gauche. Ses amis et ses défenseurs au contraire politisent son cas et mettent en avant son parcours militant, tant pour faire ressortir aux yeux du grand public qu'il n'est pas un tueur sanguinaire mais un homme de convictions égaré dans des sombres histoires, que pour le réintégrer dans sa communauté de militants. Le GP, dont il a vu le numéro un Benny Lévy peu avant son arrestation, fait courir des bruits désagréables contre lui. Goldman en est très affecté, car il compte un certain nombre d'anciens camarades, et même des amis très chers, dans cette organisation. Mais il ignore les remous que provoque son arrestation, car il est au secret. Quand sa famille et ses amis du cercle philo obtiennent le droit de visite il les voit une fois par semaine. Pour accéder jusqu'à lui, il faut franchir trois séries de murs. Une fois parvenu dans la salle qui sert de parloir, le visiteur entend le prisonnier mais il ne le voit pas. Il voit un mur. Dans ces conditions les discussions sont impossibles. Prisca Bachelet, Catherine Lévy, Marc Kravetz ou Jacques Rémy n'ont pas le temps de s'appesantir. Quand, à tour de rôle, ils vont le voir ils parent au plus pressé, amènent des livres, des journaux, des cassettes de musique cubaine, vénézuélienne, caraïbe. Goldman s'enquiert de l'état d'esprit de ses anciens camarades, s'informe autant que faire se peut sur la politique des différents groupes gauchistes, et s'inquiète des interventions faites en sa faveur. Il se fait pressant et insiste pour que la communauté juive soit bien informée sur son cas. Il est anxieux à ce propos, car il est décisif pour lui que les juifs croient en son innocence et le soutiennent.

A mesure que le temps passe, sa nature cyclothymique se manifeste à nouveau. Tantôt il se prend pour l'ennemi numéro un de la société et ne voit pas comment il ne serait pas condamné, allant même quelquefois jusqu'à trouver « juste » — dans l'ordre des choses — de l'être. Il se sent comme valorisé d'être reconnu comme l'antisocial par excellence, et il éprouve une étrange fascination pour le juge d'instruction qui lui renvoie l'image d'un homme accablé par le destin. Ni ses amis, ni sa famille ne savent par quelles affres il passe, en proie aux assauts de ce qu'il pense être sa folie. Poursuivant son mauvais voyage au bout de la culpabilité, il est face à l'image, à l'idole, à ce qu'il a introjecté comme désir sadique du Père, envers de son envie inavouable d'en finir avec l'âge de fer de l'héroïsme, pour oser vivre heureux. De ce combat avec l'ange, tel Jacob épuisé à la fin de la nuit, il ne peut parler à personne. Le rabbin juif de la prison semble le comprendre et le lui manifeste, sans mots, par le sourire et une attitude toute d'accueil et de disponibilité. Avec ses amis, il ne s'entretient que des développements des luttes sociales pour se sentir, de nouveau, comme eux, un militant. Ce qu'il est aussi, et qu'il n'a jamais cessé d'être, même si en prison ses anciennes préoccupations philosophiques reviennent au premier plan. Il considère son enfermement comme une épreuve métaphysique plus que politique. Certes il est innocent du crime dont on l'accuse, mais il est coupable d'avoir vécu longtemps dans l'impureté et surtout depuis son retour du Venezuela ; pire que mort il vivait comme un mort.

Son temps de prison, décide-t-il, sera celui de l'ascèse rédemptrice. Stoïcien, Goldman fait du destin qui l'accable le levier de la libération. La prison sera la dure école où il apprendra à connaître son vrai désir, pas celui de son père, et de la foule des morts qui l'a jusqu'ici escorté.

Par moments — brefs mais extatiques —, il lui
semble miraculeux que sa passion métaphysique ait
trouvé le lieu ultime de l'enfermement pour s'assouvir.
Il lui revient non sans quelque contentement austère
les anathèmes furieux de Pascal contre le divertisse-
ment qui empêche les hommes « de rester en repos
dans leur chambre ». Jusqu'à ce jour, Goldman était
philosophe, sans qu'il en ait vraiment décidé, comme
il avait les cheveux bruns et le goût des tomates en
salade. Philosophe comme on le dit de quelqu'un qui
aime bien de temps en temps rester seul, s'abstraire
pour Dieu sait quoi, penser peut-être. Cette faculté,
cette manie, ce trait de caractère, Goldman en fera
dans ce temps mort de l'incarcération la matière de sa
durée. Il apprendra, étudiera les systèmes et les doc-
trines, se situera dans l'histoire de la philosophie,
aiguisera son raisonnement dans l'apprentissage et
l'exercice de la logique, méditera sur les éternelles
énigmes de l'Un et du Multiple, du Même et de l'Autre.
A la Sorbonne il s'était entraîné pour devenir révolutionnaire professionnel. L'ironie de l'histoire veut que
ce soit en prison qu'il se prépare à devenir un professionnel de la philosophie. Mais l'angoisse rôde ; le
désespoir quelquefois submerge tout. La philosophie,
la méditation, l'humour le plus noir ne sont plus d'aucun secours. C'est le trou. Pour tous les prisonniers.
Mais pour lui, c'est la répétition insupportable de l'expérience de la mort qu'il a endurée depuis le fond des
temps, cette plongée dans la souffrance insigne de
n'être né que pour le rien.

Alors, Goldman devient fou. Fou de douleur. C'est
ce qui le sauve. Jusqu'ici, il souffrait intransitivement ;
maintenant il souffre de quelque chose qui lui arrive
vraiment à lui, qui le tenaille et le fouaille, qui le fait
crier et le sort de sa pensée folle, autistique. Cette douleur lui rend son corps. Il existe pour de bon puisqu'il
a mal à en crever. Désormais il sera intraitable sur son

désir. Il repoussera de toutes ses forces tout sentiment de culpabilité.

Dès lors, son attitude change. Avec ses amis et ses avocats, il est plus serein. Il commence à retrouver le sens du réel, après ces longs mois de cauchemar. Il ne se prend plus pour un autre, celui qui n'aurait pas dû naître et qui devait se racheter de survivre par des provocations incessantes à la mort. Il est un prisonnier, dans de mauvais draps et qui découvre petit à petit les mécanismes de la tragédie théâtrale de la scène judiciaire. Cette comédie judiciaire fait de moins en moins rire ; en prison et hors prison. Le mouvement de contestation issu de Mai 68 se radicalise ; la répression aussi. Les prisons se remplissent de nouveaux locataires : les militants maoïstes de la Gauche prolétarienne engagés dans une lutte de plus en plus violente contre la dictature bourgeoise, surtout depuis que leurs dirigeants Jean-Pierre Le Dantec et Michel Le Bris, directeurs de la Cause du Peuple, et Alain Geismar, leur porte-parole recherché pour incitation à la rébellion, sont emprisonnés. Les militants de Vive la Révolution ont attaqué la mairie de Meulan pour faire cesser un trafic de fausses cartes d'identité mettant en cause des policiers et des contremaîtres de l'usine de Flins, et dont sont victimes des travailleurs immigrés. Parmi eux Marc Hatzfeld se fait prendre ; lui aussi est écroué. Comme dans toutes les périodes de tension sociale, la question judiciaire revient à l'ordre du jour, car en elle se concentrent toutes les contradictions et les conflits qui déchirent la société. Comme pendant la guerre d'Algérie des mouvements de grèves de la faim sont lancés par les prisonniers politiques et attirent l'attention de l'opinion publique. Des comités de soutien se forment à l'extérieur, des personnalités de la gauche intellectuelle et artistique emmenées par Simone Signoret, Maurice Clavel, relayées par le Nouvel Observateur, font la jonction entre l'extrême gauche et la gauche traditionnelle, malgré le tir de bar-rage du PCF. Enfin, fait nouveau, le Groupe Infor-mation-Prison, animé principalement par Foucault, entreprend d'enquêter le plus objectivement possible sur les modalités concrètes de l'exercice de la justice, depuis les procédures d'inculpation jusqu'aux condi-tions de la garde à vue et jusqu'à l'enfermement. Pour la première fois, des intellectuels et des universitaires prestigieux ne s'interdisent pas de s'intéresser aux droits communs et à leur famille. Ils ne se contentent pas, comme à l'accoutumée, de déclarer leur solidarité avec des militants politiques.

Bien que Goldman ne soit pas directement concerné par cette campagne d'agitation et que les militants de la Gauche prolétarienne évitent de le voir, alors que ceux de Vive la Révolution sympathisent tout de suite avec lui, il devient, aux yeux de beaucoup de gau-chistes, une espèce de trait d'union entre les prisonniers politiques et les délinquants ordinaires. Insensible-ment, son affaire devient *une affaire* car elle rend visibles les incohérences de la machine judiciaire. Dès lors le cercle de ses soutiens s'agrandit. La commu-nauté inavouable de ses amis du cercle philo se trouve renforcée par un courant d'opinion naissant. La presse change de ton. Au *Monde*, Boucher commence à dou-ter de sa culpabilité. De présumé coupable, d'accusé en préventive, Goldman devient « un cas ». Il s'en amuse, et observe cette transformation d'un œil d'esthète désa-busé et de philosophe de plus en plus aguerri. Mais au fond de lui-même, il n'y croit pas... Car son affaire n'est pas judiciaire mais métaphysique. Il est né condamné ; il sera condamné. Il a dépassé désespoir et folie, mais il se sent toujours marqué par le destin. C'est pourquoi il regarde avec sympathie et une cer-taine considération le juge d'instruction qui essaie de se hausser à la dimension où il se trouve réellement. Goldman apprécie que le représentant de la comé-

die judiciaire reconnaisse son impuissance devant lui.
La justice, par son intermédiaire, se trouve devant une
énigme : elle peut certes condamner mais ne peut
connaître celui qu'elle condamne, ni instruire le vrai,
au nom de quoi elle condamne. Il trouve une amère
satisfaction dans cet aveu silencieux.
Ainsi se prépare-t-il pour son premier procès.

CHAPITRE XI

Procès de qui, procès de quoi ?

Quand le procès de Goldman s'ouvre le 9 décembre 1974, beaucoup de choses ont changé en France depuis la date de son arrestation. En un peu plus de quatre ans, d'avril 1970 à décembre 1974, c'est comme si une période s'était achevée. La génération issue de la crise de l'UEC, matrice de la marginalité d'extrême gauche, a vécu dans une courte décade une fantastique accélération de l'histoire.

Au début des années 60 des militants exclus ou répudiant les vieilles organisations « révolutionnaires » se regroupent dans des groupuscules ultraminoritaires. Puis, divine surprise, Mai 68 semble leur donner raison, tant les partis et les syndicats officiels, PC et CGT en premier lieu, sont malmenés. La vague gauchiste porte les anciens exclus de l'UEC. Malgré la répression, et les arrestations, les révoltés redoublent et font boule de neige.

Au début des années 70 « la France sauvage » est partout à l'attaque et très souvent victorieuse. Les mao-spontex en popularisent le mot d'ordre unificateur. « Quand c'est insupportable, on ne supporte plus », car « on a toujours raison de se révolter ». Le désir de révolution s'empare toujours de nouveaux corps. Comme le proclame Mao Tsé-toung, la situation est excellente pour tous les peuples du monde, car « le vent d'est l'emporte sur le vent d'ouest ». Bien sûr, il y aura encore bien des difficultés, car le « tigre de papier » possède de bonnes griffes, mais rien ne pourra arrêter la marche victorieuse, si toutefois les cadres et les militants se prolétarisent et acceptent comme une issue normale de leur combat la prison et la mort. C'est du moins ce qu'enseignent les dirigeants de la GP, bientôt dissoute, et que commencent à mettre en pratique les mystérieux combattants de la « Nouvelle Résistance populaire » qui s'attaquent de plus en plus violemment aux intérêts capitalistes et impérialistes. Destructions d'édifices, attaques d'ambassades, solidarité agissante avec les plus exploités des travailleurs émigrés, et tabassages, séquestrations, et mises en jugement auprès de « tribunaux populaires » de députés corrompus, mêlés aux scandales des abattoirs de la Villette, ou de dirigeants des Houillères, responsables de la mort de mineurs. Même si les trotskistes de la Ligue communiste récusent cette violence minoritaire, l'organisation dirigée par Alain Krivine se prépare elle aussi à des chocs frontaux contre les forces de répression et met en place un appareil clandestin.

Parallèlement à ces actions révolutionnaires « classiques » se développent de nouvelles luttes contre l'oppression subie dans la vie sociale, à l'école, à l'armée, mais aussi dans la sphère privée. Les femmes rejettent le machisme, les homosexuels refusent d'être criminalisés et exigent le libre exercice de leur sexualité. Il n'est pas jusqu'aux prêtres qui ne s'opposent aux pratiques antidémocratiques de leur Eglise et réclament la fin du célibat. Comme le proclame joyeusement un graffiti : « Cours camarade, le vieux monde est derrière toi. » Les jeunes militants qui s'étaient formés pendant la fin de la guerre d'Algérie, au moment où les idées révolutionnaires paraissaient bien mal en point, puis qui ont traversé la période de la dépolitisation de la jeunesse et du triomphe de la société de consommation, peuvent espérer dix ans après voir la révolution triompher.

Le réveil est brutal, quand les incitations perpétuelles à la violence prolétarienne se muent en mort réelle. Le jeune Overney, ouvrier à Renault-Billancourt, militant de la GP, licencié pour avoir participé à de multiples débrayages dans les ateliers de fonderie de l'île Seguin, est tué d'un coup de revolver en février 1972, après une violente altercation avec le gardien Tramoni. L'irrémédiable arrive. Ce qu'avait tant souhaité Goldman en mai 68, ce qu'il avait recommandé en vain à ses camarades, la survenue de la mort dans l'ordinaire des jours et des manœuvres coutumières, cela même advient. Mais, loin d'annoncer quelque embrasement des volontés et des énergies d'un peuple mythique ce meurtre signe la fin de l'aventure gauchiste. Le jour des obsèques, un samedi froid de février 1972, une foule énorme accompagne la dépouille de «Pierrot» Overney jusqu'au Père-Lachaise. Mais en dépit des appels pathétiques d'Alain Geismar pour venger le mort, ce que la multitude rassemblée porte au tombeau c'est la jeunesse et ses folles espérances.

Pleure, camarade, le vieux monde est devant toi.

Dès lors la vague reflue. L'épopée des ouvriers de Lip qui pendant plus d'un an produisent les célèbres montres et les vendent à la France entière, alors que l'usine est déclarée en faillite, elle aussi prend fin en 1974. Pendant une année ils ont fait vivre le mythe de l'autogestion ouvrière et montré à tous que les travailleurs peuvent prendre en main leur vie. Les conseils ouvriers, les fameux soviets de l'imaginaire révolutionnaire fonctionnent. C'est donc que le gauchisme est inutile puisque ses idées se sont emparées des masses ouvrières. La dépression des militants connaît un sursis. De courte durée car l'ancien leader des Lip, l'ouvrier Piaget, doit se retirer à cause de l'incapacité de l'extrême gauche à s'entendre, durant la campagne à l'élection présidentielle, engagée après la mort prématurée de Pompidou le 2 avril 1974. Le *programme commun* devient l'horizon indépassable de la conscience militante de gauche. En dix ans la roue est revenue à son point de départ. Mais les anciens de l'UEC sont devenus des anciens combattants battus, amers, dépressifs, et Giscard d'Estaing, le plus jeune des présidents de la République, s'est fait élire sur le thème « Le changement sans risque », (*sic.*)

Le procès de Goldman, c'est la première vraie campagne de *Libé* et sans que personne l'ait vraiment voulu, le premier bilan de la génération de Goldman. Les comptes vont être soldés.

Kravetz en annonce la couleur, d'emblée, dans son article du 9 décembre 1974 : « Eût-il été réellement coupable de ce dont on l'accuse qu'au fond rien ne serait changé : l'homme qui comparaît aujourd'hui aux assises de Paris est un ami et un frère. »

Ainsi débute le double malentendu, malentendu entre Goldman et ses juges, et surtout peut-être entre lui et ses amis. Lui veut qu'on le juge sur ce qu'il a fait. Pour des raisons opposées accusateurs et défenseurs sur ce qu'il représente, chacun popularisant de lui une image évidemment totalement inversée.

L'acte d'accusation repose sur l'intime conviction des policiers, elle-même étayée par la dénonciation d'un de leurs indicateurs, connu de Goldman, mais dont il se refuse à donner le nom. Comme ils ne peuvent fournir aucune preuve matérielle (l'arme du crime n'a pas été retrouvée — *l'arme qui a tué boulevard*

Richard-Lenoir n'est ni le Herstal ni le P. 38 qui ont été trouvés dans le dernier appartement où logeait Goldman — et l'assassin jamais clairement identifié) ils s'appuient sur des témoignages, dont aucun n'est vraiment probant. D'abord les conditions dans lesquelles ont été effectuées les reconnaissances sont plus que contestables. Deux jours après son arrestation, pas rasé, Goldman est présenté parmi d'autres suspects dont l'aspect est beaucoup plus engageant, à des personnes censées l'avoir vu sur les lieux du crime. Ensuite les contradictions successives dans la description du meurtrier. Un jour mulâtre, il devient un autre jour métèque. Comme le disent tour à tour un témoin « ils (les étrangers vaguement de couleur) se ressemblent tous » et l'avocat de la partie civile « quand on parle de mulâtre, on veut dire métèque ». Enfin aucune reconstitution n'a été organisée.

Les policiers étaient tellement sûrs de la culpabilité de Goldman qu'ils ont bâclé l'enquête. Parmi d'innombrables négligences, deux retiennent plus particulièrement l'attention, tant la frontière entre simple légèreté et intention de nuire à l'accusé semble ténue. Ils n'ont jamais interrogé Kravetz, alors que Goldman venait souvent le voir avant qu'ils ne l'arrêtent presque en bas de chez lui. Aucune perquisition n'est diligentée pour retrouver éventuellement des pièces utiles à l'enquête (armes, argent, etc.). Plus grave encore ils n'ont pas enregistré dans le procès-verbal de l'audition de Lautric, un ami antillais de Goldman, la déclaration capitale de celui-ci certifiant que Goldman lui a rendu visite le soir du 19 décembre, aux heures mêmes qui ont précédé et suivi le meurtre du boulevard Richard-Lenoir.

A mesure que le procès, présidé par André Braunschweig, se déroule, ce n'est plus du meurtre commis le 19 décembre 1969 qu'il s'agit mais de Goldman, le présumé assassin, celui qu'un des avocats des parties civiles dénonce comme « un gauchiste, un révolutionnaire professionnel, qui faisait partie des Katangais ». Dans la mythologie de la droite, dans les rêves apeurés des braves gens — cette majorité silencieuse si chère au président Pompidou, ce parti de la peur qui fit un triomphe aux revanchards de juin 68 après la grande frousse de Mai — les Katangais, les loulous qui occupèrent un petit coin de l'immense Sorbonne et donnèrent de temps en temps un coup de main aux émeutiers des nuits chaudes du Quartier Latin représentent l'abomination de la désolation. Quoi qu'en dise le procureur général Langlois : « Les faits qu'on vous reproche n'ont rien à voir avec vos activités politiques. Ils sont des solutions assez médiocres aux problèmes insolubles et tragiques d'un insoumis qui a besoin d'argent et aucun moyen de s'en procurer normalement... » et quoi qu'en donne acte Goldman lui-même : « Je vous remercie, monsieur l'Avocat Général, et en plus je vous en félicite », dans cette salle du palais de Justice où siège la cour d'assises ne se tient pas un procès statuant sur le sort d'un accusé, mais se prépare la vengeance de l'indéracinable France des Français soumis contre la jeunesse rebelle. Pour son malheur, Goldman en incarne avec panache la radicalité. Il n'a pas voulu un procès politique, ni que son cas devienne un cas social, avec trémolos dans la voix sur son enfance agitée et douloureuse, encore moins s'est-il voulu symbole d'une génération. Il s'est présenté devant ses juges en toute vérité, tel qu'il est : truand, oui, révolutionnaire, oui, aimant la philosophie et innocent, innocent du meurtre dont on l'accuse. C'est cette simplicité dans l'aveu de ce qu'il est qui est ressentie comme de l'arrogance, un incroyable défi lancé par quelqu'un qui ne croit pas à l'ordre dont se réclament policiers, procureurs, juges et jurés et qui pourtant, au nom même des valeurs qu'ils sont censés servir, demande tout simplement qu'on rende justice, c'est-à-dire que la justice soit juste, et qu'il soit reconnu et rendu à son être : innocent.

Ses amis le redoutaient, lui-même s'y attendait dès le jour de son arrestation, ce qu'il était, quoi qu'il fît, quelque posture qu'il prît, était insupportable. Ses avocats, Pollak, Liebman, excellents pénalistes, en accord avec le rôle que la machine judiciaire assigne à l'avocat, émouvoir pour convaincre, alors que Goldman ne demande d'aide qu'à la vérité, en marxiste qui compte sur la toute-puissance du vrai, l'ont oublié, ou peut-être ont-ils feint de ne s'en pas soucier. Ils ont plaidé le manque de preuves, les contradictions des témoignages et puis surtout, à l'intime conviction des policiers, ils ont opposé la leur propre. Pollak, dans une grande envolée a terminé, pathétique : « Jamais, en quarante ans de carrière, je n'ai, comme en ce moment, été persuadé de l'innocence de mon client. » Tout est dit. La chambre se retire pour délibérer. L'attente commence. Tous les amis sont là. Au premier rang les avocats. Petit à petit pendant ces jours une certaine connivence s'est créée entre les participants de cette pièce dramatique, quelquefois bouffonne, toujours tendue. Les avocats, les journalistes, presque tous maintenant sont convaincus de l'innocence de Goldman, et même les gendarmes qui sont chargés de l'encadrer ; tous ont forgé au long des débats comme une espèce de communauté inavouable. C'est comme si le cercle des amis de l'UEC s'était élargi et que Goldman était devenu le leader ou plus exactement l'accoucheur d'une nouvelle sociabilité, débarrassée des faux-semblants que la vieille société tient pour les blasons essentiels de sa légitimité. Distinction de statut social, signes extérieurs de la notabilité, et jusqu'aux uniformes des « camps » séparés de la justice, robes d'avocats, képis et fourragères des gendarmes, semblent soudain dérisoires.

N'existe plus qu'un groupe en formation qui découvre dans l'étonnement et une sorte de vertige que le désir d'être ensemble, en fait, l'emporte sur toute autre considération. Goldman n'est l'ennemi de personne, et surtout pas de la société, chacun peut s'entendre avec tous les autres, au-delà des différences de naissance, d'histoire, de croyances et d'idéaux. Pendant ces quatre jours où la vindicte de l'accusation s'est donné libre cours, ce qui lie Goldman à ses amis s'est propagé à la salle tout entière. L'image violente qu'ont voulu présenter ses accusateurs s'est mystérieusement transformée en celle d'un pacificateur. L'accusé devient victime de l'accusation et lui renvoie l'image de son propre sadisme. Une émulsion d'innocence se répand dans les cœurs. Bien loin de rendre haïssable le militant révolutionnaire Goldman, la machinerie judiciaire le rend aimable et surtout le transforme, lui le contempteur de Mai 68, en son médium le plus inattendu. Par son attitude de douce fermeté à défendre le vrai contre toutes les apparences il a mis à nu les mécanismes et les procédés de l'affabulation judiciaire.

L'acte d'accusation est un récit construit de toutes pièces qui fonctionne sous les seules catégories du vraisemblable et du possible, quand toute l'autorité de l'acte judiciaire se fonde sur l'établissement de la vérité. La vérité judiciaire est une construction — dans le cas de Goldman cette construction ne s'est même pas donné la peine de s'étayer d'une reconstitution des faits. Comme toutes les constructions idéologiques elle procède par pétition de principes, implicites, indémontrables. Dans le cas d'une cour d'assises, l'implicite consiste en ce que l'on ne juge pas le crime mais le criminel. Dès lors, la psychologie hasardeuse remplace une criminologie inexistante et l'analyse des motifs tient lieu de collecte des indices et des preuves matérielles de culpabilité. Seulement n'est pas Simenon qui veut. N'est pas le commissaire Maigret qui veut. L'autorité de la justice, ainsi mise à nu, se mue en autoritarisme judiciaire.

Il est tard, très tard. La salle des audiences est bondée. En cette veille de week-end beaucoup d'avocats, de jeunes avocats, veulent être là, dans ce qui déjà apparaît comme un événement, car, durant ces quatre jours quelque chose de fondamental s'est passé. Le vieil ordre judiciaire est ébranlé. Du verdict qui va être rendu dépendra sa réforme possible ou au contraire sa condamnation. Les jurés ne le savent sans doute pas, mais tous les professionnels de la justice, eux, le savent. En condamnant Goldman ce soir, c'est eux-mêmes qu'ils condamneront. Il est 0 h 15. La cour — Braunschweig, le président, ses deux assesseurs et les neuf jurés — délibère depuis 2 h 35 de l'après-midi.

La sentence tombe : Goldman est condamné à la réclusion à perpétuité. C'est la tempête. La salle chavire. Un sanglot — une jeune avocate — puis un autre sanglot au premier rang du public — un ami de Goldman. Les sanglots se multiplient, puis les cris « Jurés assassins ». Un autre ami sort du prétoire, monte sur les bancs de la défense et va embrasser le condamné. Des chroniqueurs judiciaires insultent le jury. Des jurés sont conspués à trois mètres de distance ; des dizaines d'amis de Goldman, en larmes, se précipitent pour l'embrasser. Il vacille. Son père le prend dans ses bras, puis se jette sur les jurés en les injuriant. Une femme juré se bouche les oreilles et la salle entière crie « innocent ». Quelques-uns crachent à la figure des jurés, pétrifiés par la peur. Les gardes mobiles eux aussi pétrifiés depuis de longues minutes escaladent à leur tour le box des accusés et parviennent à passer les menottes à Goldman, ballotté de mains en visages, qui tous lui crient et lui promettent qu'ils vont le sortir de là.

Après une trentaine de minutes, il est emmené. A 1 heure du matin, dans les couloirs, des égarés se croisent et finissent par sortir du Palais de justice. Goldman est ramené pour l'audience civile. Dans une salle vide les avocats, les magistrats et les jurés ont repris leur place. Un avocat pleure. Goldman remercie Langlois et Braunschweig pour leur correction et ajoute : « L'absurdité de cette sentence est, si j'ose dire, d'être parfaitement conforme à mon destin. »

Le lendemain, une amie vient le voir en prison et lui demande comment il a réagi au déroulement et surtout à l'épilogue de son procès. « De voir tous ces amis ça a été mon Mai 1968. »

C'est en tout cas un énorme scandale judiciaire et politique. Dès le lendemain de sa condamnation, les protestations se multiplient. *Libération* est en première ligne et se transforme en quartier général de la riposte, car, comme aux plus beaux jours des années flamboyantes, c'est une riposte politique qu'il s'agit d'organiser contre ce déni de justice qui est une déclaration de guerre contre toute une génération et, d'une manière générale, contre tous ceux qui, quels que soient leur âge et leur position sociale, contestent le bien-fondé d'un ordre archaïque.

Deux des avocats de Goldman, Marianne Merleau-Ponty et Tiennot Grumbach, font paraître une tribune libre dans *Libération* dès le lundi intitulée : « Ce que la justice d'assises n'a pas supporté » dans laquelle ils dénoncent « l'odieux aveu des souhaits inconscients d'un système pénitentiaire absolument totalitaire et totalement concentrationnaire. Goldman s'est présenté devant la cour d'assises sans biaiser, avec ses défauts et ses qualités. Il n'a pas offert de repentir, il ne réclamait pas de pardon, on ne pouvait que lui donner l'injustice ».

Serge July signe un article : « La contestation de la justice d'assises », dans lequel il met en lumière l'effet de miroir du procès Goldman pour tous ceux qui l'ont connu. Ce qui lui a été fondamentalement reproché c'est ce que l'on reproche à ceux qui ont milité contre la guerre d'Algérie, contre la guerre du Vietnam et qui se sont retrouvés les uns sur les barricades de Mai, les autres, comme Goldman, dans les maquis d'Amérique latine. Ce que la cour a condamné ce ne sont pas les attaques à main armée revendiquées par Goldman mais le fait qu'il soit truand, révolutionnaire, juif et intelligent, en un mot, suspect. La même cour d'assises, présidée par le même Braunschweig, avec d'autres jurés, a condamné Tramoni, policier des renseignements généraux qui a assassiné Pierre Overney, à quatre ans de prison.

A cette justice de circonstance, à cette justice de classe, à cette justice politique, July demande d'opposer un mouvement politique de masse, de telle sorte que le rapport de force soit changé. L'institution judiciaire n'a pas rendu la justice ; elle s'est laissé manipuler par une machination policière. Il faut donc se mobiliser pour que la bonne foi de Goldman soit imposée par l'opinion, puisqu'elle n'a pas été reconnue dans l'enceinte du Palais de justice.

L'appel est immédiatement entendu. Pour le renvoi en cassation, une première liste a recueilli les signatures de Joseph Kessel, Claude Sautet, Patrice Chéreau, Jean-Michel Folon, François Périer, Eugène Ionesco, Régis Debray, Pierre Guidoni, Françoise Sagan, Roger Planchon, Anne Philipe, Chris Marker, Ariane Mnouchkine, André Gorz, Pierre Mendès France, auxquels s'ajoute toute l'équipe des *Temps modernes*. L'indignation dépasse de très loin *Libé* et la mouvance d'extrême gauche. Philippe Boucher a mené une longue campagne d'explication dans *le Monde* ; il n'en est que plus virulent dans son indignation. Frédéric Pottecher, célèbre commentateur judiciaire, craint une très grave erreur judiciaire. La gauche institutionnelle, le PS, les journaux comme le Nouvel Obs, la CFDT publient des communiqués de protestation et réclament une réforme de la justice des assises. Spontanément, des individus, révoltés contre l'ignominie de l'injustice, créent des comités Goldman, comme si le défendre était aussi important aujourd'hui pour l'idée qu'ils se font de l'humanité et la défense des droits fondamentaux qu'il l'était hier de défendre le peuple vietnamien.

Il y a comme un retour de Mai 68. Mais la nostalgie n'est plus ce qu'elle était, et très vite des désaccords surgissent entre Goldman et ses partisans les plus zélés. Il y a en effet méprise sur Mai 68. Goldman, quoi qu'il ait dit le lendemain de sa condamnation, n'est pas un enfant de Mai 68, et n'a pas vraiment compris cet étrange événement qui ne correspond à aucune de ses catégories de pensée. Il s'est forgé dans le combat antifasciste où il est plus question du racisme et de l'antisémitisme que de jouir sans entraves. Ses amis de l'UEC, enfants de la guerre, nourris aux mêmes sources, ont rejoint in extremis la vague montante de la génération du baby-boom, et font ainsi le pont entre lui et ceux qui veulent le transformer en médaillon de leur radicalisme, un peu comme quelques années auparavant des adolescents romantiques affichaient dans leur chambre des posters de Che Guevara. Goldman ne veut pas devenir une icône, et surtout il ne tient pas du tout à offrir des frissons de transgression à un gauchisme en pleine déliquescence. Il n'a pas vocation à jouer les martyrs d'une jeunesse sans cause et qui trouve en lui un réservoir à fantasmes canailles. En 1974, après le désastre du maoïsme et la dérive sanglante du terrorisme prolétarien, quelques jeunes gens tentent encore de prolonger le grand jeu. Goldman ferait bien leur affaire. En rêvant toutes ses vies, il a vécu tous leurs rêves. Ils participent au meeting de soutien du grand amphi de la Sorbonne en janvier 1975, qui retrouve des airs des grands soirs d'AG. Mais le temps perdu des années gauchistes ne dispose pas de son Proust pour le transfigurer en temps retrouvé. L'écrivain n'est pas là.

L'écrivain est en prison. Goldman est entré en écriture. Après son ascèse obscure, son expiation qui le contraignait à se taire, jusqu'au risque assumé d'être définitivement relégué, il se décide à se confronter à la tâche de sa vie. S'il transgresse le seul tabou qu'il trouve légitimement sacré, l'écriture, s'il se retranche encore un peu plus, néglige le secours de ses amis anonymes, dissout ses comités de soutien, c'est parce qu'il a trouvé la femme qui lui donne la force de ne plus désirer la souffrance comme prix à payer de la recherche de la vérité et du refus de la servitude.

La bataille pour sa libération, il la mènera seul, c'est-à-dire avec elle et pour elle, sans les autres, c'est-à-dire les amis et les camarades. Le combat pour la liberté passe d'abord par celui qui se déroule entre lui et l'étranger en lui, le regard de l'autre en lui, qui l'envoûte et l'asservit. Le terrain et l'arme de la bataille c'est l'écriture, champ sacré où s'affrontent le destin qui jusqu'alors a pesé sur lui et son droit à l'existence comme sujet. « *Wo es war, soll ich werden*[1]. » La devise de Freud, reprise par Lacan, il l'a faite sienne. Là où pesait le signifiant Goldman, la fonction du père sadique qui empêchait le fils de naître, Goldman, sujet d'amour, doit advenir. L'œuvre produite sera la signature de cette naissance, la fin de la légende fatale et le début de son histoire, sa rencontre amoureuse.

---

1. Là où était le Ça, *je* dois advenir.

Paradoxalement, c'est au moment même où Goldman se constitue comme sujet de son œuvre, que l'affaire Goldman prend son essor. L'homme qui, enfermé, plonge plus avant encore dans l'obscurité de la page blanche, apparaît comme le plus public des prisonniers : son cas devient le symbole de la crise qui déchire l'institution judiciaire. Ce qui l'a grandement desservi auprès de ses jurés, sa qualité d'intellectuel, le rend populaire auprès du grand public, car elle réveille un vieux fond libertaire français. La figure du poète mauvais garçon est une vieille connaissance. Depuis Villon jusqu'au dernier en date, Jean Genet, en passant par les héros des *Mystères de Paris* (d'Eugène Sue) et le prince de la canaille, Lacenaire, célébré par Prévert dans *les Enfants du Paradis*, la liste est longue des gloires nationales, gibiers de potence, bandits au grand cœur ou prisonniers injustement condamnés. Goldman bénéficie de cette aura littéraire, d'autant qu'il se prépare à être son propre Zola. Délivré du sentiment de honte qui lui inspire l'idée de parler de soi, il se prend comme cobaye de ses expériences sur les états psychiques de culpabilité et d'innocence. Quand il était jeune étudiant, avec son ami Michel Butel, il ne lisait que des polars ou des livres théoriques, seules clés pour s'ouvrir à la réalité. Aujourd'hui, entre quatre murs, il se trouve dans les conditions idéales pour unifier les deux genres littéraires. Il est le détective qui refait l'enquête bâclée des policiers et le théoricien qui déconstruit les fondements du discours judiciaire. Il ne se contente pas de passer au crible de l'analyse rationnelle les incohérences des témoignages qui l'ont accablé, il démonte les procédés linguistiques, syntaxiques, rhétoriques qui constituent le « dossier » comme artefact d'une discursivité spécifique : le pénal. Foucault a montré que les pratiques sociales, et en particulier les techniques de gouvernement, étaient structurées par un ordre du discours. Dans notre modernité démocratique, les sciences sociales positivistes y jouent le rôle jadis tenu par la transcendance. Elles indiquent la norme qui est au pathologique ce que jadis le bien était au mal. Or la justice joue sur les deux tableaux ; le versant scientifique dans l'élaboration du dossier, et le versant de la morale, dans l'appel à l'intime conviction de chaque juré sur ce qui est bien ou mal. Goldman explicite dans *Souvenirs obscurs*, qu'il écrit maintenant en prison, les termes de cette contradiction, apparue au grand jour lors de son procès.

Après une courte phase d'abattement où il s'est vu finir ses jours en prison il a repris courage. Il s'occupe activement de son procès en cassation. Dans ce dessein, il a réorganisé sa défense et a fait appel à Georges Kiejman. Il se réserve l'entière responsabilité de la stratégie, ce qui donne lieu quelquefois à des scènes cocasses. Un conseil d'avocats, réunis à Paris, est suspendu à ses directives qu'il envoie, tel un parrain, du fond de sa cellule. Les stars du barreau s'inclinent devant ses ordres péremptoires. Certes Goldman fait confiance à ses conseils, mais c'est lui le maître.

D'avoir affronté le jugement des hommes lui a donné une grande sérénité. Il se sent comme délivré du poids constant de sa dette imaginaire. Maintenant il comprend beaucoup mieux le fameux texte de Sartre décrivant l'étrange paix intérieure dont bénéficiaient les Parisiens patriotes pendant l'Occupation. Comment encore s'angoisser quand le pire est arrivé ? Ce dont on n'est pas maître, il faut s'en désintéresser, recommande la sagesse stoïcienne. Il se souvient d'une maxime transformée en comptine obsédante par moi : « *Anekou kai apekou.* » Supporte et abstiens-toi. Sa condamnation est un événement extérieur. Aussi convient-il de ne porter aucun jugement de valeur sur lui, ni bon, ni mauvais, et de rassembler ses forces pour créer l'événement dont il sera la cause : un deuxième passage en jugement et son acquittement. Le mouvement d'opinion en sa faveur s'amplifie. Des comités Goldman se créent dans toute la France. L'intelligentsia alertée par Debray et maître Kiejman, l'avocat et ami de Simone Signoret, la madone de tous les éclopés de l'existence, se mobilise. Bref. Il n'est plus seul. Mais il n'est pas et ne veut pas être Dreyfus, ni Sacco et Vanzetti, ni les Rosenberg. Il n'accepte pas le rôle de symbole que certains voudraient lui faire jouer. De la même façon que pendant la guerre du Vietnam il ne supportait pas que des révolutionnaires de salon se battent jusqu'au dernier Vietnamien, il n'apprécie pas plus que certains pro-Goldman fassent étalage de leur radicalité en soutenant un personnage inventé de toutes pièces. Il n'est pas le rebelle en lutte inexpiable contre la société ni le Lafcadio de leurs fantasmes ; mais un militant, braqueur à l'occasion, et innocent des meurtres dont on l'accuse.

Les pro-Goldman sont souvent des « pro-situ », que fustige Guy Debord et dont la nullité bruyante l'a obligé à dissoudre l'Internationale situationniste. Le « pro-situ » est une nouvelle métamorphose d'un vieux type de la comédie humaine : le matamore qui déploie ses qualités guerrières et fait preuve d'un courage sublime après la bataille. Dans le début des années 70, certains qui n'ont rien fait en mai 68, soit parce qu'ils étaient trop jeunes pour participer à une quelconque action publique, soit parce qu'ils avaient cette fois-là encore raté le coche, s'autoproclament avant-garde du mouvement révolutionnaire dans les métropoles impérialistes. Ils font d'une lecture hâtive de Debord et Vaneigem leur signe de ralliement et s'autorisent de quelques slogans appris dans les numéros devenus rares de l'*Internationale situationniste* d'avant

68 pour ricaner de ce qu'ils appellent la misère militante. Mésinterprétant l'appel au vol généralisé de l'IS ils s'imaginent qu'ils peuvent piller la pensée de Debord comme on le fait d'une marchandise. Ils se dévoilent ce faisant comme des malheureuses victimes du spectacle, alors qu'ils se vantent d'en être les critiques avisés. Ils se trompent surtout en croyant n'être dupes de rien.

Goldman n'a jamais beaucoup apprécié le radicalisme chic. En bon léniniste il ne néglige pas les rapports de force, parce que lui se bat réellement, avec des armes hier, et aujourd'hui à mains nues contre les lois injustes. Il ne se contente pas de manifestes, de pétitions, de discours, aussi incendiaires soient-ils. Il n'a jamais apprécié les littérateurs énervés, les esthètes de la terreur comme les dadaïstes ou le jeune Aragon. Il préfère la sobriété implacable des privés des films noirs de Hawks ou Fuller. Les durs il les préfère en prison, plutôt que sur des tribunes étudiantes ou dans des brasseries à la mode. Il fréquente les caïds vis-à-vis desquels il éprouve une espèce d'estime, et ceux-ci, en retour, lui offrent une protection. Goldman a toujours été indulgent pour les mœurs patriarcales. Avec le patriarche du clan Zemour il ne se sent pas totalement dépaysé; quelque chose de sa famille s'y manifeste. Il n'a jamais été un contempteur de la famille, ni un anarchiste abstrait, tendance Stirner, qui ne prend en compte que le Moi et ses propriétés. Il est solitaire mais attaché aux mythes, aux rites, aux goûts et aux saveurs de la famille. Tout le contraire des pro-situ, qui contrôlent les comités Goldman.

Il décide donc de les dissoudre. Acte d'un souverain sans couronne qui dispose du seul pouvoir de disjoindre ceux qui veulent s'agréger. Il exècre tout ce qui relie. Révolutionnaire et athée, Goldman ne supporte aucune religion. Or tout groupe est religieux par essence et par destination. Faire la révolution ce n'est pas faire groupe c'est inventer une amitié, un amour, trouer le temps, l'abolir. Un coup de dés, un événement, une rencontre : Christiane.

Christiane. Le monde, du fond de son enfermement, prend la forme de son visage et de ses yeux. Comme il le lui avait dit, le dernier soir où ils s'étaient vus, après son entrée dans la nuit noire, il retrouve le jour. Elle lui a écrit après qu'il a été condamné. Il ne doute plus que bientôt il sera libre, puisqu'elle, Christiane, lui a donné le signal tant espéré. Elle est là, pour lui, avec lui, dedans. Il sera là pour elle, avec elle, dehors.

Après son arrestation elle a perdu pied. Elle lui en a voulu. Il l'avait trompée. Il était venu prendre chez elle, dans sa chambre minuscule, du plaisir et de la douceur. En retour il ne lui avait offert que la violence de sa vie et la douleur d'être à jamais séparés. Quand les flics sont venus l'interroger, elle s'est affolée. Elle a répondu sans beaucoup le ménager ; et puis elle s'est enfuie. Elle est partie en Guadeloupe, oublier. Le retour au pays natal fut un fiasco. Elle était certes l'Antillaise qu'il aimait, elle l'était toujours, mais les Antilles n'étaient plus rien. Elle n'était plus chez elle ; il n'y avait plus de chez elle, ni aux Antilles, ni à Paris bien sûr. Elle lui ressemblait maintenant ; exilée, apatride. Elle avait repris ses études d'espagnol. Elle ne pouvait pas l'oublier, il le fallait pourtant. Toute seule elle avait essayé. Elle avait échoué.

Elle avait un bon camarade, rencontré à la fac. Gentil, il lui avait proposé de partager un appartement... et puis de l'épouser. Que pouvait-elle faire ? Elle n'avait pas dit non. De toute façon, le mariage était pour elle, à cette époque, un acte administratif, sans signification. Mais elle lui avait dit qu'elle ne l'aimait pas d'amour, que c'était Goldman qu'elle aimait et qu'elle aimerait toute sa vie. Elle s'était calfeutrée, mise entre parenthèses du monde. Elle ne voulait plus rien savoir ; ne plus rien savoir de la Guadeloupe, de l'Amérique latine, des lieux où Goldman était passé, des gens qu'il avait côtoyés, des combats qu'il avait menés. Son mari camarade respectait son enfermement mental. Plus de journaux, de nouvelles, d'informations. Un jour, cependant, elle avait lu le compte rendu de son procès.

Le 14 janvier 1975 commence la correspondance. Goldman écrit sa première lettre de prison à Christiane. Il lui écrit presque tous les jours. Et la voit, tous les lundis et mercredis. Sa vie maintenant est structurée par sa déclaration d'amour. Jusqu'alors il existait tantôt en apnée, toujours plus profond, dans le fond sans fond du néant, tantôt en guerre avec le monde. Passant sans aucune transition du pôle bouddhiste du non-agir absolu, au pôle faustien de l'action pure ; mystique et prométhéen. De lui à lui, de lui à son dehors, mais jamais de lui à l'autre. Sa rencontre avec Christiane le fait accéder proprement au dialogue, à la parole de l'autre, à ce qui se dit vraiment dans la langue. Il apprend, il découvre plutôt que l'amour existe dans l'espace de sa déclaration. Rien n'existe avant qu'il ne soit dit. L'amour dit est l'amour fait. C'est pourquoi il peut exister et subsister, sans même que les corps se touchent. Il suffit qu'ils existent désirants et qu'ils se le disent. Platon l'enchante et il se demande pourquoi il ne l'a pas lu et médité plus tôt, car c'eût été la solution à son désespoir métaphysique ; un baume sur la morsure du non-être et la brûlure de la mort violente. Socrate invite au banquet de l'amour où l'intensité d'une singularité se démultiplie en s'accordant à l'infini d'une autre singularité et engendre éternellement le même retour de l'événement unique de la rencontre amoureuse.

Alors, dans cette prison, malgré l'impossibilité de faire l'amour, à l'aide des misérables mots échangés dans les parloirs surveillés, Goldman s'approche de l'état de souveraineté dont Georges Bataille attribue l'exclusivité à la communauté que forment les amants. Ce qu'il a passionnément cherché dans la quête révolutionnaire et l'ascèse métaphysique, il pense l'avoir trouvé dans la relation qu'il construit avec Christiane : un attachement sans lien, une fidélité sans contrainte, une liberté totale, qui ne soit pas la liberté que Descartes appelle d'indifférence, mais la liberté réelle, la liberté spinoziste, cette joie de s'éprouver et de se savoir nécessairement libre. La liberté nécessaire rejette la niaiserie de libre arbitre et accueille la contrainte de la vérité. La contrainte du vrai pousse Goldman à aimer dans la vérité Christiane, qui dans l'amour qu'elle donne à Goldman se réalise comme femme.

Sa folie et son malheur viennent que depuis toujours, il a transformé le composite de l'être humain corps et âme, sexe et pensée, en contraires — matériel et idéel, pulsion et concepts —, et en contradictoires : bassesse et héroïsme, passivité et activisme. Il a vécu sous la férule de l'Un despotique, pour ne pas se confronter à l'autre, une femme, et ce qu'il y a d'autre en lui, sa part de passivité qui le fait jouir. Comme tous les jeunes hommes de son époque il vit la crise du patriarcat et doit s'adapter à la profonde altération de l'image et de l'idée du masculin. Le monde est entré dans son devenir freudien, définitivement en malaise. Tous les fils en manque d'image de père tentent d'éviter la défaite et d'échapper à la servitude. La souveraineté, donc, leur tient lieu de boussole dans une époque où le ni-Dieu-ni-maître de *l'Internationale* s'accouple monstrueusement avec la Dictature — fût-elle du prolétariat — et où le rejet du bourreau fasciste s'accommode du policier tchékiste et du goulag communiste. Après son échec au Venezuela, Goldman a perdu ses dernières illusions révolutionnaires mais non les raisons de se révolter. Politiquement il n'y a pas de salut pour lui car partout, même à Cuba dont il respecte encore les dirigeants, les prisons, les juges et les policiers qu'il abomine sont nécessaires. Comme le Tchang de *la Condition humaine* il ne peut assumer d'être juge ou flic d'une société nouvelle ou d'avoir pour amis des défenseurs de l'ordre communiste. Il aurait aimé appartenir à la communauté des chercheurs dont la quête de la vérité est la seule loi et qui n'existe que de la libre adhésion de chacun à cette règle qui les engage tous. Souverains dans ce communisme littéraire dont parle Blanchot dans un texte qu'il a rédigé en mai 68, comme manifeste du comité d'action Ecrivains-Travailleurs. Il aurait adhéré à cette éthique si l'impatience du combat n'avait pris le pas, chez lui, sur l'acceptation de longue patience du concept. Ne lui reste donc que l'amour pour accéder au bien suprême. Parcours platonicien presque parfait, sauf que pour lui l'épreuve du courage et la contemplation de la vérité de l'amour ont précédé le savoir. Goldman est un initié qui va au Lycée. Etrange pédagogie du siècle. D'abord mourir à soi-même, risquer d'aimer, et ensuite devenir écolier. Ecrire à son amour pour écrire l'amour.

Goldman fait une maîtrise sur les écrits politiques de Sartre. La boucle est bouclée. Sartrien sans politique à l'orée de son adolescence, il en trouve une dans le marxisme et l'action révolutionnaire. Echec, dérive, anéantissement sans aucun secours de l'être et du néant ; dérive du voyou du néant sans Sartre. Goldman trouve enfin en prison l'amour et le principe de souveraineté qu'il implique. Il peut alors penser la politique et s'en dégager, pour devenir écrivain.

Il presse Christiane de divorcer, se sent assez fort pour défier le temps et lui assurer une fidélité de tous les instants. Avant la prison, l'avenir était irreprésentable. N'existait que le présent collectif de luttes politiques comme horizon pensable pour une contingence. Après le trou noir de l'irrémédiable, Goldman se donne comme tâche présente la reconstitution littéraire de son passé politique en vue de préparer son avenir de vie commune avec Christiane. Il ne s'agit plus de fantasmer des lendemains qui chantent, mais de s'occuper activement pour la première fois dans sa vie de lui-même, et de mettre tous les atouts dans son jeu. L'ironie de l'histoire consiste en ce que c'est dans la mesure où Goldman se décide enfin à abandonner sa conception politique du monde et subordonne ses motivations et ses objectifs militants à ses intérêts amoureux que son affaire personnelle devient véritablement une affaire politique. Encore une fois Goldman est en porte à faux avec ses amis et son époque.

Depuis la dissolution des groupes maospontex, et à la suite du succès fulgurant de l'*Anti-Œdipe* de Deleuze et Guattari, un débat divise et déchire la mouvance d'extrême gauche et les cercles radicaux. Faut-il en finir avec la misère militante et s'attacher à la révolution de la vie quotidienne, dont l'unique objectif se résume dans le mot d'ordre lancé par les Yippies américains « tout, tout de suite » ? Vive la Révolution, le groupe anarcho-maoïste, l'a repris, en intitulant son journal *Tout*. Goldman aime bien ce groupe et a même envoyé à Roland Castro, chez qui il avait logé quelque temps avant de partir au Venezuela, une demande d'adhésion. Le projet a tourné court pour cause d'autodissolution. Mais Goldman trouve la solution pratique à ce problème présenté comme un dilemme par les gauchistes. C'est parce qu'il veut vivre avec Christiane qu'il se sert de l'impact politique que peut revêtir son affaire pour élargir le cercle de ses soutiens, et c'est parce qu'il a été un militant et qu'il sait apprécier les rapports de force politiques qu'il se rend compte que l'écriture est l'arme la plus appropriée de son offensive pour sa libération, en même temps qu'elle lui ouvre une nouvelle contrée où sa singularité la plus profonde peut se dévoiler en rencontrant et en résonnant avec l'autre le plus proche et le plus lointain.

Souvenirs obscurs d'un juif polonais né en France est tout à la fois le manifeste de l'affaire, l'analyse politique d'un militant à la dérive et d'un bouc émissaire d'un pouvoir et d'une société en crise, l'histoire d'amour d'un juif pour une Antillaise, et la méditation d'un athée sur le sacré de l'écriture.

Privé, public; le clivage n'a jamais été plus profond mais cette fois-ci il est extrêmement fécond. Aidé par Régis Debray et Claude Durand pour la diffusion, le livre reçoit un formidable accueil. Salué par la plus grande partie de la critique comme le livre d'un écrivain, son impact est immédiat et considérable. Robert Maggiori, le critique philosophique de *Libé*, résume avec le plus d'éloquence le jugement que portent sur lui tous ceux qui se sont battus pour lui de cette génération des années 68 dans son article du 30 octobre 1975 : « Si nous avons rêvé toutes ses vies, il a vécu tous nos rêves. Pierre a raté sa mort, ce sera peut-être sa chance unique de ne pas rater sa vie. Car voici son livre. Vous savez déjà qu'il est d'une fulgurante beauté : préparez-vous en le lisant à une confrontation essentielle. Il dit Je. Il lui aura fallu trente et un ans pour retrouver son identité. »

Depuis son incarcération Goldman jouit d'un statut spécial parmi les prisonniers. Contrairement à ce que ses ennemis insinuent il ne profite d'aucun passe-droit accordé par l'administration. Mais il est respecté par tous : directeur, matons, codétenus. Pendant les émeutes des prisons de l'été 1974, il a tout fait pour que les désordres ne lèsent pas, une fois de plus, les prisonniers. Il accepte de s'occuper de l'enseignement ; il donne des cours. Quand son livre est publié, il est déjà à part. Pourtant le statut d'écrivain auquel il accède change beaucoup de choses. Dans les yeux des autres Goldman a souvent vu l'envie, quelquefois la haine, rarement la bienveillance. Aujourd'hui, c'est un étonnement admiratif. Il en profite, bien sûr ; frime avec ses avocats, en particulier avec Marianne Merleau-Ponty, dont il ne peut s'empêcher de la considérer comme représentative de la pensée de son père, avec laquelle il se mesure. Sa célébrité naissante attire de nouveaux venus, ce qui provoque des mouvements d'humeur chez les vieux amis qui ont l'impression d'être délaissés au profit des flatteurs qui se pressent maintenant que Goldman est devenu une vedette. Il en est agacé, s'en plaint à Christiane, mais bien qu'il ne soit nullement dupe des amabilités que lui prodiguent des membres en vue de l'intelligentsia parisienne, il est flatté. Il ne supporte aucune critique. Quand Claude Durand lui propose quelques corrections, il menace de tout arrêter, et de ne jamais faire paraître le livre. Il s'en prend à l'incompétence de ses correcteurs, assure qu'il n'est pas un littérateur mais un philosophe. Goldman tient à bien marquer son indépendance vis-à-vis du pouvoir intellectuel. Il ne lui doit rien. Les seuls à qui va sa reconnaissance sont ses amis de la guérilla vénézuélienne qui lui ont manifesté leur amitié et leur confiance. Son livre leur est dédié. Plus surprenante est sa bienveillance vis-à-vis des grands voyous, qu'il exprime d'une étrange manière. Un jour son amie Catherine Lévy se rend compte que l'argent des dépenses de cantine a servi à l'achat d'un foulard pour le patriarche Zemour. Goldman a profité en effet de ses avances de droits d'auteur pour régler ses frais, ce qui lui a permis de faire son cadeau au caïd avec l'argent de la petite pension versée chaque mois par les «amis du cercle philo».

Depuis son premier procès il est en relation avec le juge Wladimir Rabi, grand résistant, collaborateur de la revue *Esprit*, inlassable réformateur de la justice, sage de la communauté juive; convaincu de l'innocence de Goldman il s'est pris d'une grande affection pour lui et lui a consacré un petit livre *l'Homme qui est entré dans la loi*, où il démonte les implacables mécanismes qui condamnent un innocent. Sa parole est très écoutée dans les milieux judiciaires et respectée dans les instances dirigeantes des institutions de la communauté juive. A sa suite beaucoup de jeunes intellectuels juifs prennent fait et cause pour Goldman. Le journal *l'Arche* participe activement à la campagne de presse pour un deuxième procès et fait état des relents antisémites qui ont pollué l'atmosphère du premier procès.

Quand le deuxième procès s'ouvre en mai 1976 à Amiens, le ton a changé du tout au tout. Le président est extrêmement courtois, les personnalités nombreuses, les jurés attentifs et les avocats rigoureux, percutants, sûrs d'eux et de l'acquittement de leur client. Goldman est calme, presque détendu. Du début à la fin il maîtrise les débats, ne laisse rien passer, reprend suavement toutes les inexactitudes, s'explique sans honte, ni forfanterie sur son passé. Au président du tribunal qui lui demande comment il a vécu d'octobre 1969 à avril 1970, c'est-à-dire de son retour du Venezuela à son arrestation, Goldman répond: «Je n'ai pas vécu.»

La défense n'a aucun mal à montrer les inexactitudes, les incohérences et les contradictions des différents témoins à charge. Jobart, ancien patron de la Brigade criminelle, est forcé d'admettre : « Il n'y avait pas de preuve matérielle contre l'accusé dans l'affaire Richard-Lenoir. » De plus, point capital, l'arme qui a tué boulevard Richard-Lenoir n'est ni le Herstal ni le P. 38 retrouvés chez Goldman. Ne reste plus pour étayer l'accusation que les soi-disant révélations de l'indicateur que Goldman se refuse à dénoncer.

« J'ai été un militant, j'ai été un guérillero. Je n'ai pas eu, il est vrai, à faire la preuve de mon courage. Après mon arrestation je n'ai pas été torturé, ni même malmené au cours des interrogatoires. J'ai été arrêté pour des faits crapuleux. Mais dans toute cette boue, je me suis inventé une sorte d'héroïsme, ou si le mot semble trop fort, une sorte de pureté que j'entends préserver. C'est pourquoi je ne donnerai pas ce nom. »

Tout est dit. Tous les arguments ont été avancés, l'accusation a presque reconnu sa défaite. Il reste à juger. Goldman est déclaré non coupable du meurtre des pharmaciennes du boulevard Richard-Lenoir. Compte tenu des remises de peine pour bonne conduite et du temps qu'il a déjà passé en prison il sera libre dans très peu de temps.

CHAPITRE XII

Les années Rapoport

« Nous sommes quelques personnes déter-
minées à rester moralement et non pas au
sens du code pénal, des hors-la-loi définitifs
et absolus. »

PIERRE GOLDMAN, *Libération.*

Quand Goldman sort de prison il a sept ans de plus
que lorsqu'il y est entré, mais un avenir devant lui. Il
ne veut plus mourir à trente ans. Paradoxalement il se
sent plus éloigné de sa mort et ses années en prison, si
elles l'ont fait mûrir philosophiquement, l'ont protégé
du vieillissement. Il est en décalage avec ses contemporains, car ses indignations et ses fidélités sont restées
les mêmes, ce qui les rend en quelque sorte anachro-
niques.

Il décide de vivre en accord avec ses propres valeurs
et de sauvegarder sa totale indépendance. Son refus de
l'ordre bourgeois l'a conduit en prison. La prison l'a
rendu célèbre ; dans le nouveau monde du spectacle, il
est une puissance, si minime soit-elle, parmi d'autres
puissances. Il agit en spinoziste conséquent ; augmen-
ter toujours plus sa puissance, pour ne pas avoir
comme unique issue ou de se renier ou de se soumettre.

Paris n'est pas Caracas ni Hanoï. Les ennemis n'utilisent pas les mêmes armes, mais c'est toujours la guerre. Il y a momentanément moins de morts et la guerre des classes au mitan des années 70 est en veilleuse. Pour l'heure, dans le milieu, les gangs, les partis et les coteries se livrent à une lutte acharnée sur la scène politico-mondaine. Goldman comprend tout de suite le profit qu'il peut en tirer et endosse très facilement les habits du personnage fameux du répertoire de *la Comédie humaine*. Le rebelle injustement condamné. Le héros parfait pour l'intelligentsia de gauche, qui trouve dans ses épreuves la preuve de la justesse de son combat et se voit confirmée dans la haute idée qu'elle se fait d'elle-même du fait qu'il existe et qu'il est de son côté. Goldman s'enchante de ces assauts de vertu dont il est le prétexte, mais il ne peut s'empêcher de mépriser tous ces notables du bien avides de partager un peu de la gloire qui s'attache à un grand destin, fût-il funèbre.

Pour fêter sa libération en novembre 1976 une petite réception est organisée. Il y a tous les vieux amis, Régis Debray, Marianne Merleau-Ponty, Prisca Bachelet, Michel Butel, et quelques autres. Bien entendu Me Kiejman a été invité. La soirée est gaie ; on boit beaucoup. Goldman est détendu, plaisante avec les uns et les autres, danse sur la musique caraïbe. La nuit se prolonge. Calmé, heureux, il s'adresse à Kiejman, avec son air canaille de titi parisien que tous ses amis de la Sorbonne connaissent bien : « *On les a bien eus* », lâche-t-il. Kiejman, décontenancé, s'efforce de sourire. Les autres ont compris. Goldman félicite Kiejman, mais tout le monde doit savoir que son acquittement c'est d'abord son triomphe. Kiejman a eu l'intelligence d'y contribuer, il y gagne en réputation.

Goldman est devenu une vedette de l'actualité et il veut se servir de ce statut absurde pour pouvoir réaliser le plus cher de ses désirs : ne pas se figer dans un rôle, une fonction, un métier. Depuis son adolescence il est révolutionnaire, et il entend le rester. Il était métaphysicien, la prison lui a permis d'acquérir les diplômes et les connaissances requises pour devenir un philosophe professionnel. Il se savait appelé par l'écriture ; il a brisé l'interdit qui l'empêchait de répondre à cet appel ; il aime la musique caraïbe, la danse, le rhum, Christiane. Il ne veut rien perdre, rien sacrifier. Puisqu'il n'est pas mort et qu'il s'est libéré de sa tombe de mort vivant, sans Christ, accomplissant lui-même le miracle, il vivra toutes ses vies dans une vie. Il réalisera tous ses possibles pour contredire l'affreuse sentence de Valéry : « Naître plusieurs et mourir un. » Il vivra et mourra multiple.

Claude Lanzmann a été bouleversé par *Souvenirs obscurs*, dans lequel il a reconnu des traits de la grande tradition messianique juive. Il considère Goldman comme une figure d'un de ces justes dont Schwarz-Bart a fait revivre la mémoire dans *le Dernier des justes*. Il a participé activement à la campagne d'opinion pour la libération de Goldman. Aussitôt Goldman libéré il lui propose d'entrer au comité de rédaction des *Temps modernes*. Goldman, dont l'admiration pour Sartre ne s'est jamais démentie, accepte avec enthousiasme. Sartre est déjà aveugle et très fatigué. Simone de Beauvoir et Claude Lanzmann assument la direction effective de la revue, après qu'un violent conflit a opposé la vieille garde, la « famille » sartrienne, au secrétaire de Sartre, Benny Lévy. Celui-ci s'est converti une nouvelle fois. De la pensée Mao Tsé-toung il est passé à la foi mosaïque, et comme toujours il entend bien entraîner avec lui le maximum de disciples, en premier lieu évidemment les orphelins de la Gauche prolétarienne, maintenant autodissoute sous son autorité. Il a convaincu Sartre de publier dans *le Nouvel Observateur* leurs réflexions croisées sur le marxisme, l'éthique et l'idée de révolution, au regard de la conception du Sartre existentialiste et de ses affinités avec la pensée juive. Les sartriens regroupés autour des *Temps modernes* ont été extrêmement choqués par ce qu'ils ont considéré comme une malhonnêteté intellectuelle, dans la mesure où Benny Lévy profite de la faiblesse physique pour imposer ses thèses, sous le couvert d'une évolution de la pensée de Sartre.

L'arrivée de Goldman rétablit l'équilibre, car dans la génération montante des soixante-huitards il bénéficie d'un prestige largement supérieur à celui de Benny. Celui-ci le sait et doit en tenir compte dorénavant dans son appréciation du rapport de force. Simone de Beauvoir est ravie et manifeste les marques de la plus grande affection pour Goldman. Impressionnée par son aura de baroudeur elle lui fait toute confiance pour régler des questions pratiques de protection. En effet Sartre ne prend aucune précaution. Un jour il se fait méchamment tabasser par des inconnus. Simone de Beauvoir s'inquiète, tempête, s'indigne que personne ne pallie l'irresponsabilité de Sartre. Quelque temps après cette agression, alors que les membres du comité de rédaction se retrouvent devant chez Simone de Beauvoir pour leur réunion habituelle, un individu excité surgit et vocifère qu'il doit voir Sartre immédiatement. On veut calmer l'importun ; rien à faire. L'excitation monte ; on en vient aux mains. Simone de Beauvoir veut le faire déguerpir ; peine perdue. André Gorz se précipite ; nouvel échec. Le perturbateur est, semble-t-il, très costaud. Goldman décide d'intervenir. Pendant que le comité se précipite chez Simone, Goldman empoigne le trublion et le refoule dans la rue. Les minutes passent; un quart d'heure; une heure. Goldman n'est toujours pas rentré. Tout le monde s'inquiète. Le voilà enfin. Que s'est-il passé ? Goldman, modeste, déclare d'une voix calme : « Je lui ai fait comprendre qu'il ne fallait pas déranger. » Un ange passe, Simone de Beauvoir sourit de bonheur; Benny Lévy baisse la tête et tous les autres comprennent que cette saynète à la Gabin a valeur d'adoubement. Goldman est de la famille. Tous l'aiment bien, apprécient ses analyses politiques, bien qu'elles leur apparaissent souvent traduire un optimisme révolutionnaire qu'ils ne partagent plus. Goldman est encore résolument marxiste et suit avec passion le développement des luttes en Amérique latine, en particulier les progrès spectaculaires des sandinistes au Nicaragua. Il ne se fait aucune illusion sur les pays de l'Est; mais il ne s'en est jamais fait. Le Proche-Orient l'intéresse et en particulier le sort d'Israël. Mais il n'est pas attiré par cette région, dont l'histoire et la culture lui sont profondément étrangères. Il polémique — calmement — avec Lanzmann, qui s'étonne de son indifférence au sionisme et de ses prises de position sur les droits des Palestiniens. Avec les plus jeunes, il adopte volontiers un ton de grand frère. A François George qui plaide pour la prise en compte des intérêts israéliens, Goldman qui connaît l'admiration de celui-ci pour son ancien professeur Jankélévitch lui fait observer un peu hors de propos que tous les juifs ne sont pas de la valeur du philosophe du « je ne sais quoi » et du « presque rien ». Il n'a pas perdu ses habitudes d'assemblée générale. Prolixe, souvent éloquent, il aime les longs développements. Un jour qu'un des membres du comité lui demande d'abréger, il répond, un peu choqué, qu'il n'a pas donné sa position sur la question palestinienne depuis huit ans, comme s'il avait pour mission de donner son point de vue sur le monde. Les membres du comité de rédaction s'habituent à cette légère mégalomanie, l'expliquent par un narcissisme perturbé par ses années de réclusion. Lui-même semble s'en accommoder, de même qu'il paraît très à l'aise avec sa mythomanie littéraire. Il parle sans cesse de textes que nul ne voit jamais. Mais peu importe. Tout est dans sa tête, et il a tout son temps, puisqu'il est écrivain et que la mort est derrière lui.

A *Libération*, dont il est le collaborateur depuis sa sortie de prison, Goldman est comme chez lui. Il assiste, quand il en a envie, aux conférences de rédaction, propose des sujets d'articles, suggère des reportages, critique la ligne politique, s'indigne des dérapages du nouveau chic cynique, s'inquiète de la dépolitisation et de l'inculture historique des jeunes journalistes.Quand il était en prison certains jeunes de la génération de l'après-68 reprochaient aux « vieux », aux « chefs » July et Kravetz de défendre Goldman par complicité de génération, de n'avoir pas le courage de le défendre comme prisonnier de droit commun. Ceux-là aussi sont conquis par Goldman, son côté voyou nonchalant. Dans le milieu surchauffé de *Libé* de la fin des années 70, en manque de références stables, inventant sur le tas un nouveau journalisme, Goldman promène une innocence dans la curiosité étonnante. C'est l'Idiot, le Prince de Dostoïevski chez les excités de l'info, le Candide en visite parmi les désabusés des combinaisons d'appareil, l'intempestif archaïque dans la tribu des idolâtres de la modernité, l'idéologue rabbinique chez les amis de Foucault et les désirants deleuziens. Il n'arrête pas de parler, non par intempérance verbale mais par besoin constant de réfléchir sur ce qui lui arrive. Est-ce d'être resté si longtemps au secret, mais il donne l'impression de parler perpétuellement pour s'assurer de la réalité de ce qui l'entoure. Il parle comme il pense, ou plutôt il pense tout haut, un peu comme le héros du film de Wim Wenders *Alice dans les villes* prend des photos, pour donner consistance à un réel, qui ne serait rien sans sa duplication. Il fonctionne toujours sur deux registres : dans l'extrême proximité et dans l'en-dehors où il s'absente. Quelquefois, l'ailleurs l'absorbe tout entier et son interlocuteur, ainsi placé devant l'étrange spectacle d'un corps vivant inanimé, se demande si ce n'est pas lui-même qui est en proie à une hallucination. En fait Goldman accumule de l'expérience ; il se gorge de sons, de mots, de gens, de paysages. Il lui faut rattraper le temps perdu en prison et pour ce faire se donner les moyens psychiques d'atteindre à une sorte d'ubiquité. Un pied dans l'ici, un œil, une oreille, une pensée dans l'ailleurs. Bref, après sa saison en enfer, devenir voyant. La musique est cette étrange région sans limites où il peut habiter le monde en poète. A Cuba, au Venezuela, il a découvert son pays natal. Depuis lors éloigné de ces régions caraïbes, la langue espagnole mise en musique sur des rythmes de salsa est devenue sa patrie.

Entre la fin de son deuxième procès et sa sortie de prison, le 5 octobre 1976, Goldman réfléchit à son retour à la vie libre. Après la parution de son livre la célébrité lui est tombée dessus, espérée certes pour gagner sa libération, mais dont il ne soupçonnait pas le poids. Il a connu des hommes qu'il admire, Chris Marker, Costa-Gavras, côtoyé Simone Signoret, mais les tics et les coutumes de l'intelligentsia parisienne lui semblent opaques et souvent ridicules. Régis l'a prévenu. Le plus dur ce sera, une fois l'excitation retombée, de s'habituer à la vie quotidienne. Il se considère comme un intellectuel, mais il lui faudra le prouver, écrire d'autres livres, participer au débat public, travailler. Il n'a jamais encore travaillé. Christiane donne des cours mais il ne supporterait pas de se faire entretenir par elle. Il lui faut donc inventer un statut, mi-écrivain, mi-journaliste, tout en continuant à militer à sa manière. Au début tout se passe bien. Il est fêté partout, il est la coqueluche de la gauche mondaine. Mais très vite il se sent mal à l'aise ; il n'a pas envie de jouer le voyou au grand cœur, le militant aventurier, ami des guérilleros sud-américains et des caïds français. Il ne refuse pas les invitations, assiste aux cocktails, boit, drague, mais il ne joue pas le jeu de la connivence. Il ne renvoie pas l'ascenseur. Souvent avec Christiane, en pleine réception, alors que la comédie bat son plein, il se met à lui parler créole et lui détaille tous les ridicules ou les petites vilenies des membres de l'assemblée, à qui il réserve par ailleurs ses plus charmants sourires. Plaisir de gosse mal élevé qui se transforme en grossièreté calculée quand il ne vient pas à un rendez-vous qu'il a donné ou ne s'acquitte pas d'une tâche qu'il s'était engagé à accomplir. Un soir un peu ivre chez Simone Signoret, il lui promet de faire une grande interview pour *Libération*. Simone y tient beaucoup. Elle a commencé un nouveau film. Le jour dit, Christiane lui rappelle sa promesse. Il décide de ne pas faire ce reportage avec Signoret. Christiane le presse d'au moins prévenir l'actrice pour qu'une journée de tournage ne soit pas perdue pour elle. Rien à faire ; il n'ira pas. A Christiane qui lui reproche son indélicatesse et le presse de changer d'avis, il répond, excédé : « Je ne lui dois rien. » Et il part *zoner*. Ingratitude de sa part, volonté masochiste de casser tous les liens d'amitié avec des personnalités qui pourraient lui être utiles, mégalomanie, paresse ? Goldman a du mal à sortir du rôle qui lui est assigné et, à force de ne pas vouloir être dupe, de ne pas se faire récupérer, comme le disent avec tant de naïve mauvaise foi les « pro-situ » qu'il méprise, il devient à son tour prisonnier du mauvais cinéma qu'il se joue. Il erre. A-t-il connaissance du titre

d'un séminaire de Lacan, tenu quand il était en prison
« Les non-dupes errent », qu'il écrivait « Les Noms du
père » ? Toujours cette blessure qui ne cicatrise pas.
Son rapport à son père, et à sa propre paternité...
Un tort ineffaçable lui a été fait. Bien avant d'être
condamné à la réclusion à perpétuité il a eu le sentiment d'avoir été traité injustement. Peut-être depuis la
Shoah ne peut-il y avoir de loi juste ! C'est pour cela
qu'il s'identifie fortement aux héros de Bebel, juif
bolchevik d'Odessa, et en particulier à Benia Kriek.
Il aime bien ces « chaïquetz », ces mauvais garçons,
popularisés par le folklore yiddish. En prison la tribu
des Zemour, bien qu'elle soit sépharade, l'amusait et
l'intriguait. Il se sent solidaire de ces hommes qui ont
choisi l'illégalité parce qu'ils contestent le bien-fondé
des lois humaines et s'inventent leur propre code de
valeurs. Il se rend compte qu'il les idéalise et que leurs
mobiles sont le plus souvent beaucoup plus sordides.
Il n'empêche il ne peut se défaire d'une certaine admiration pour ces hors-la-loi. Il sait bien — pour en avoir
physiquement éprouvé la nécessité — que la loi est
nécessaire et que nulle communauté humaine qui se
veut civilisée ne peut y échapper. Cependant il reste au
fond de lui-même un anarchiste métaphysique. Dans
un article de *Libération* où il s'interroge sur la signification de l'aggravation des peines infligées aux vio-
leurs, il pose la question éthique de la sanction légale
comme réparation du mal infligé à la victime. Sa position est, selon ses propres termes, radicale et désespérée. Contre la peine de mort et pourtant pour la mort
d'Eichmann, l'incarnation du crime inexpiable. Après
les crimes contre l'humanité, il n'y a plus de justice
possible, ni de loi possible, pas même celle de Dieu,
telle qu'elle fut révélée à Moïse au mont Sinaï. C'est
pourquoi il se définit comme « un hors-la-loi définitif
et absolu ».

Ses contradictions, ses activités diverses, ses plongées dans des mondes totalement différents et sa volonté farouche de ne pas se laisser réduire à un métier, un statut social, s'expliquent et se justifient à ses yeux par cette option et ce pari d'ordre pascalien. Nous sommes « embarqués », mais alors que pour Pascal cela veut dire que le joueur ne perd rien à miser sur le ciel et peut même tout gagner, Goldman pense qu'il n'y a rien à gagner parce que tout est déjà perdu dès le début. Rien ne peut sauver de la perte définitive, inexorable ; alors, flambons !

Ce nihilisme rapproche Goldman de tous ceux qui vivent à la fois le dérisoire du temps et le sacré qui le rompt. Rien d'étonnant donc au titre bunuélien de son roman picaresque, l'*Ordinaire Mésaventure d'Archibald de Rapoport*, publié en septembre 1977, car qui mieux que le cinéaste espagnol, surréaliste, républicain, exilé au Mexique, a montré la puissance explosive du *nada,* du rien à quoi ne peut s'opposer que l'énergie infinie du désir et de l'amour. Archibald Rapoport est un parent d'Archibald de la Cruz, un héros d'un des films de Buñuel. Ce sont tous deux des êtres de révolte et de mélancolie, tueurs méditatifs et tendres, promenant leur solitude désespérée dans un monde de canailles et de pitres. N'étaient leurs crimes abominables et absurdes, leur sagesse précoce et leur intimité avec le sacré pourraient les destiner au rôle de Messie. Goldman comme Buñuel est confronté à la terrible nouvelle annoncée par Zarathoustra et que le xxe siècle a confirmée : « Nous avons tué Dieu. Dieu est mort. » Ce meurtre le laisse orphelin et il aspire de toutes ses forces à oublier et à combler ce traumatisme. La religion, juive pour l'un, catholique pour l'autre, peut être une drogue bienfaisante quand elle calme les douleurs et magnifie l'amour, et conserve l'identité d'un peuple. Bref la religion est vraiment un opium du peuple comme l'avait remarqué Marx. Et en ce sens elle est bonne puisqu'elle donne du plaisir et maintient en vie. Mais quand elle se présente comme vérité, dont il faut honorer les serviteurs, les prêtres, alors elle doit être critiquée, ridiculisée ; injuriée, car elle ment, abuse, exploite, opprime.

Tout est affaire de sexe et de mort. L'écriture, un substitut de jouissance impossible. Goldman pourrait faire siens les mots qu'il met dans la bouche de Rapoport : « J'écrirai quand je ne banderai plus. »

Goldman est resté un insoumis. En 1976, quand il sort de prison, c'est une disposition d'esprit de plus en plus mal vue. Depuis la désagrégation de la mouvance gauchiste l'irrégulier est passé de mode.

A la fin des années 70, après les aberrations et les massacres de la Révolution culturelle conduite par Mao Tsé-toung, le début de l'horrible génocide perpétré par les Khmers rouges contre leur peuple, et pour parachever le désastre, la publication de l'*Archipel du Goulag* de Soljenitsyne il n'est plus possible pour la gauche intellectuelle française et les anciens militants d'extrême gauche de faire comme si l'idée de révolution sortait indemne de toutes ces monstruosités.

Après l'assassinat aux portes de l'usine Renault-Billancourt du jeune ouvrier maoïste Overney par le petit chef Tramoni, la tentation terroriste gagne la fraction la plus activiste des maos qui enclenche la spirale de la violence avec l'enlèvement-représailles du contremaître Nogrette. Le caractère foncièrement pacifique du mouvement issu de Mai 68 et l'influence intellectuelle des grands aînés Sartre, Foucault, Lacan, Clavel empêche que se reproduisent en France les dérives italiennes et allemandes des Brigades rouges et de la Bande à Baader. Seuls quelques groupes autonomes, sans grande influence sur le mouvement social, prônent la lutte armée et commettent quelques attentats. Au bord du précipice le gauchisme explose. Commence alors un long et pénible travail de deuil pour les militants et beaucoup affrontent les épreuves de la dépression, longtemps contenue par un activisme forcené. La remise en question est radicale. Comment en est-on arrivé là ? La génération de Goldman, ceux de l'UEC qui deviendront les dirigeants et les cadres du mouvement de 1968 et de l'après-68, est antistalinienne, avec des nuances bien sûr. Antistaliniens historiques les trotskistes ne remettent cependant pas en question le caractère socialiste de l'URSS et de ses satellites. Plus radicaux les communistes conseillistes ou luxemburgistes stigmatisent la déviation totalitaire dès la répression, par Lénine et Trotski des marins de Cronstadt. Les prochinois eux sont plus fluctuants. De l'antistalinisme ils sont passés à l'antirévisionnisme et à la dénonciation du « social-impérialisme » des nouveaux tsars, réhabilitant au passage le léninisme conséquent de Staline, auquel il est simplement reproché quelques erreurs sectaires de direction. Ces mêmes prochinois, devenus maoïstes, puis fervents disciples de Lin Piao, inventeur du Petit Livre rouge, se muent en contempteurs farouches des intellectuels et en adversaires furieux du « culte des livres ». En France, des normaliens extrêmement érudits, férus de littérature d'avant-garde, grands lecteurs du Nouveau Roman, amateurs de *Tel Quel*, assistants assidus des séminaires de Lacan, Lévi-Strauss, Barthes et quelques autres, se prennent soudain d'un intérêt débordant pour des historiettes édifiantes, qui célèbrent l'amour du peuple et du chef bien-aimé.

Benny Lévy consacre un numéro entier des *Cahiers marxistes-léninistes* à la pensée Mao Tsé-toung, expliquant doctement la portée et le sens de cette philosophie qui achève la course inaugurée par Parménide et Héraclite.

Or ceux-là mêmes qui se sont vautrés dans l'abêtissement le plus caricatural, et dans le reniement de soi, sous prétexte de mieux servir le peuple, se déchaînent en 1976 contre le communisme, le marxisme, la révolution. Dans leur fureur antitotalitaire ils en viennent à considérer toute révolte comme vouée à se transformer nécessairement en terreur. Puisque le stalinisme se réclamait du marxisme-léninisme, toute référence au marxisme est suspecte de complaisance pour des pratiques dictatoriales et Marx réputé l'inventeur du goulag. Il faut d'ailleurs, à les en croire, remonter plus haut dans la chaîne des responsabilités. La Révolution française, inspiratrice de Marx et de Lénine, doit être à ce titre condamnée en bloc, ainsi que les penseurs des Lumières, Diderot, Voltaire, Rousseau.

Cette critique de la modernité démocratique vise à disqualifier radicalement la politique. Elle ne vaut rien.

Goldman, lui, pense que c'est le monde bourgeois qui ne vaut rien. C'est pourquoi il reste résolument marxiste, révolutionnaire, fidèle à ses engagements guévaristes. Mais il ne peut souscrire à la vulgate du Programme commun et faire l'impasse sur ce qu'a de juste la critique du socialisme réellement existant. De nouveau il est en porte à faux. Ni du côté des renégats, ni de celui de ses amis Régis Debray et Gilles Perrault, animateurs de la revue *Ça ira*, qui soutiennent l'Union de la gauche. Ils insistent pour qu'il clarifie sa position. Elle est celle qu'il a toujours eue : en marge. Ecrivain sans livres, combattant juif antifasciste solitaire, ami des caïds sans être du milieu.

Après les quelques mois fébriles qui suivent sa libération où il a vécu dans un état second, ivre en permanence, non tant d'alcool, que d'éclats, de bruits, d'agitations, il décide de se mettre au travail. Très vite il comprend qu'il ne peut écrire sans une période de vagabondages qui lui rendra un peu de son temps volé par la prison.

Souvenirs obscurs et *Archibald Rapoport* sont des livres nourris de son enfance et de son adolescence angoissées, écrits en prison. En ces années 1978, 1979, il est libre maintenant, mais comme nu, dépossédé. Il lui faut faire provision de souvenirs, de sensations, d'émotions, expérimenter d'autres situations, découvrir des lieux, inventer d'autres jeux de séduction, lire, se plonger dans Hegel, Freud, Lacan, les romans noirs américains. Souvent, au cours de ses dérives parisiennes, il téléphone à Christiane pour lui raconter une scène qui l'a marqué dans la rue, ou lui décrire un visage. Quelquefois il lui demande de venir le rejoindre, pour partager sa joie et son trop-plein de bonheur. Quand elle arrive sur les lieux, un peu à n'importe quelle heure du jour ou de la nuit, elle le voit radieux, comme illuminé. Il la presse, l'embrasse, et répète : « Tu vois, tu vois, c'est beau... Je l'écrirai, je l'écrirai. » Il ajoute qu'il voudrait bien en parler à Elias, et à Oswaldo, ses deux plus grands amis, ceux de la colonne guérillero au Venezuela, leur montrer, parce que, eux, ils comprendraient. Quand il rencontre ses amis français, qu'il voit les membres du comité de rédaction des *Temps modernes,* il leur parle de ce qu'il écrit. Ils sont de plus en plus sceptiques parce qu'ils ne voient jamais rien venir. Goldman ne peut évidemment pas leur expliquer qu'il est encore dans une phase Rapoport et que comme son héros il écrit sur sa chair ce qui deviendra manuscrit. Il est son propre livre. Quelquefois cependant il doute et se demande s'il ne se raconte pas des histoires. Il connaît sa paresse et son plaisir de fabuler. Mais quand il invente devant son interlocuteur les pages et les phrases qu'il n'a pas écrites, il a l'impression de les voir. Un jour ou l'autre *ils* les liront imprimées. D'ailleurs M. de Fallois, cet éditeur de droite étonnant qui s'intéresse à lui, alors que tout devrait les éloigner, lui conseille de prendre son temps car il ne doute pas que son œuvre est devant lui.

Pour ne pas perdre complètement la main il fait quelques « papiers » pour *Libé*, des chroniques, au gré de ses humeurs, de ses indignations ou de ses coups de cœur. Très vite il a le sentiment que dans la France de Giscard l'antisémitisme s'exhibe, sans aucune vergogne. Les groupuscules d'extrême droite se structurent, et entreprennent une longue marche vers l'unité autour d'une vieille connaissance de la guerre d'Algérie, Jean-Marie Le Pen. Et surtout la Nouvelle Droite animée avec beaucoup de talent par Alain de Benoist fait des ravages. Prenant appui sur les thèses gramsciennes en matière de combat intellectuel, ce néodarwinien rajeunit le vieux discours raciste. Il ne s'agit plus de professer des théories prétendument scientifiques sur l'inégalité génétique et biologique des races, mais de prendre acte de la diversité des coutumes et des cultures et de revendiquer un *droit à la différence*. Or il se trouve que ces élucubrations trouvent un écho à *Libération*. Comble de l'infamie, pour Goldman, c'est Guy Hocquenghem qui mène l'enquête et publie une série d'articles qui sans approuver les thèses des néoracistes leur reconnaissent une cohérence et saluent l'intelligence et la tolérance d'Alain de Benoist.

Guy Hocquenghem est une figure flamboyante du gauchisme. Jeune normalien ultradoué, beau comme un archange des grandes fresques de la Renaissance, il a commencé son parcours à la Jeunesse communiste révolutionnaire de Krivine, tout en poursuivant des études extrêmement brillantes de philosophie. Grand voyageur il part régulièrement en Californie et en Angleterre, et connaît bien la contre-culture underground, car il ne partage pas le mépris de ses camarades pour la musique rock. Il est très au fait des nouveaux comportements sexuels de la jeunesse. En pointe en Mai 68, il collabore à *Action*, le journal fédérateur du mouvement. Après la reprise des cours en octobre 1968 il dirige les forces gauchistes à Censier, mais fatigué du dogmatisme des amis de Krivine il se rapproche du Comité d'action de la nouvelle université de Vincennes et rejoint André Glucksmann, Jean-Marc Salmon, François George, et participe à la confection du seul numéro de *Révolution culturelle*. Glucksmann choisit la GP, lui préfère les maos plus anars de Vive la Révolution. Il devient un des rédacteurs les plus actifs de *Tout* et prend en main son numéro spécial, qui sera le dernier, mais peut-être le plus célèbre, entièrement consacré à l'homosexualité. Il fonde alors le FHAR, Front homosexuel d'action révolutionnaire et devient une des vedettes de la scène intellectuelle d'extrême gauche, dans le sillage de Foucault et de Deleuze. Quand *Libération* devient quotidien il s'impose vite comme une des meilleures plumes, et contribue grandement à l'accueil favorable dont le journal bénéficie dans le jeune public intellectuel et les milieux marginaux. Bref Guy Hocquenghem est un intellectuel radical, fidèle à ses choix révolutionnaires de jeunesse, aimé et respecté des militants, et des journalistes de *Libé*, en particulier ceux de la jeune génération. Evidemment, comme tous les militants de sa génération, il a participé activement à la campagne pour la révision du procès de Goldman et a été bouleversé par *Souvenirs obscurs*.

Le conflit qui les oppose n'en est que plus douloureux. Ce sont deux militants honnêtes qui s'affrontent sur la question clé à partir de laquelle et autour de laquelle se sont structurés tous les discours et les pratiques d'extrême gauche des années 60 et 70. Le gauchisme est né de la lutte anticolonialiste et antiraciste, elle-même issue de l'antifascisme. Goldman a l'impression que la complaisance de Hocquenghem, vis-à-vis de la nouvelle droite remet en cause le pacte le plus sacré : le refus absolu des thèses qui ont mené à la catastrophe du siècle, l'Holocauste. Pour Goldman cette dérive théorique de Hocquenghem participe du climat malsain qui règne dans une partie de la mouvance *Libé*, et plus généralement de la mouvance post-68, qui sous prétexte d'anticonformisme reprend les thèmes, voire les insignes de l'extrême droite dite révolutionnaire. De la réhabilitation de Céline et Drieu La Rochelle au film *Portier de nuit*, qui joue sur les fantasmes sexuels des rapports sado-masochistes entre une ancienne déportée et son bourreau, on en arrive au groupe Bazooka qui sévit à *Libération* et parsème ses « dispositifs visuels » de croix gammées. L'art n'excuse pas tout. Goldman ne supporte pas qu'on joue avec le nazisme. Il débarque à *Libé*, se précipite dans le bureau où travaillent les dessinateurs de Bazooka, déchire leurs dessins, veut leur casser la gueule. Son esclandre divise radicalement la rédaction de *Libé*. Les uns approuvent et pensent que son intervention un peu musclée a au moins l'avantage de faire réfléchir et de mettre chacun devant ses responsabilités. Les autres s'indignent qu'un « ancien combattant » se permette de censurer des artistes. Cet épisode est très mal vécu par les uns et les autres. Goldman songe à se séparer avec le plus d'éclat possible de *Libération* et à condamner le laxisme de son ami Serge July. Pour finir, il y renonce et dans une interview qu'il fait de Michel Butel parue à *Libé*, il lui fait remarquer que malgré tous les désaccords qu'ils ont tous les deux avec ce journal, seul dans la presse il publie leurs tribunes. N'empêche. Goldman se sent isolé comme juif, car il ne veut pas s'intégrer à l'établissement de la communauté ni devenir un défenseur inconditionnel de l'Etat d'Israël. Il se considère encore comme un juif communiste antifasciste, espèce en voie de disparition. Dans l'un de ses articles il parle d'un ancien communiste juif, Moshé Zalcman, qui vient d'écrire un livre, *Histoire véridique de Moshé, ouvrier juif et communiste au temps de Sta-*

line, qui a passé une partie de sa vie au goulag et est revenu en France finir ses jours. Avant de mourir il a fait paraître ce livre dans lequel il raconte son itinéraire. Goldman l'interviewe, car il veut servir de passeur à cette tradition, en espérant qu'un jour, cette espérance messianique révolutionnaire reviendra.

Depuis son retour du Venezuela en France il ne s'est jamais vraiment réadapté à ce pays. En fait son passage en prison ne fut qu'un atroce intermède. Maintenant il veut retourner dans sa patrie d'élection, vivre avec sa belle-famille, rencontrer son beau-père martiniquais et retrouver ses amis vénézuéliens. Les Caraïbes lui manquent, comme l'air manque à un asthmatique. Il aime tout de ces terres tropicales : la chaleur, les gens, la violence des sentiments, la sensualité des femmes, leur manière de faire l'amour en dansant et la musique qui célèbre l'amour et la mort, la passion de ses intellectuels, le courage de ses militants, et même les folles dépenses des nouveaux riches. Elias et Oswaldo traînent maintenant une vie de demi-solde au Venezuela. Après la disparition totale des foyers guérilleros ils se sont plus ou moins reconvertis, traversant une difficile phase de galère et d'activités illégales. Ils n'ont pas abandonné leurs idéaux, comme certains des anciens dirigeants des maquis qui se sont fait offrir d'immenses propriétés et de solides pensions en prix de leur reniement.

Quand Goldman, accompagné de Christiane, les rejoint à l'été 1978, à nouveau c'est la complicité absolue. Rien n'est oublié ; tout peut recommencer. Goldman croit avoir trouvé le moyen de régler ses contradictions politiques et existentielles. Il va rester au Venezuela, s'y installer et y vivre de son écriture. Il n'en doute plus, son œuvre c'est ici qu'il peut la faire. Il racontera l'épopée de leur vie d'autrefois et à partir de la singularité de ces vies dans le Venezuela des années 60 et 70 il abordera les questions politiques et philosophiques fondamentales du temps. L'Amérique latine reste, à son avis, la plaque sensible où résonne le plus justement le bruit du monde. Il rencontre Garcia Márquez, fait un grand reportage sur lui pour *Libération*. Ils sont exactement de la même famille d'écrivains : ils ne séparent pas le récit qui relate du lyrisme qui transfigure. L'écrivain est le sismographe des sensations et des passions. Dans les livres de García Márquez, ça baise, ça boit, ça danse et en même temps ça frôle le tragique, ça côtoie la misère atroce : la barbarie s'offre des perversions sadiques, les bourreaux inventent des raffinements dans l'art de faire l'amour à une négresse avec une tendresse telle qu'elle en défaille. Des intellectuels se vautrent dans la lâcheté et trouvent cependant les mots déchirants de la bravoure. Les héros succombent aussi quelquefois et perdent leur vie d'intégrité pour l'amour d'une superbe salope qui les détruit pour toujours.

Voilà, comme Hemingway, comme Malcolm Lowry les histoires que Goldman va raconter. Elias et Oswaldo sont enthousiastes car Goldman se fait fort de trouver un financement, de contacter des cinéastes et d'intéresser de grandes maisons d'édition. Pendant l'été de leurs retrouvailles le bonheur ne les quitte pas. Les discussions, les beuveries, les bains dans la mer chaude, la virée en Guadeloupe, l'exaltation que leur procure le combat des sandinistes qui après la mort du Che semblent réussir là où il a échoué. Tout leur est joie.

Quand ils rentrent à Paris, Goldman et Christiane sont persuadés qu'ils ne vont pas y rester longtemps. Ils sont en transit. Ils ont emménagé dans le XIIIᵉ, dans un petit coin provincial, la Poterne des Peupliers. Goldman rêve depuis longtemps d'être père. Début 1979, Christiane est enceinte. Plus que jamais il exige qu'elle s'occupe d'elle et qu'elle cesse de se fatiguer en donnant des cours. Christiane a longtemps refusé car elle sait que si Goldman veut qu'elle reste cloîtrée chez eux c'est par jalousie féroce. Si elle accepte il sera encore plus tyrannique, et, surtout, il ne supportera pas une promiscuité continuelle. Il ne doit jamais se sentir emprisonné, ce qui ne manquerait pas d'arriver s'il a l'impression que quelqu'un est là qui l'observe, le surveille. Mais enceinte, elle accepte.

Un jour, un ancien codétenu de Goldman, Bauer, leur demande l'hospitalité. Goldman ne peut refuser. Mais il s'incruste et Christiane n'est plus libre de ses mouvements. Goldman s'en rend compte, et le met à la porte. Il a fallu cet incident pour que Christiane comprenne les rapports très compliqués qu'entretiennent Goldman et les gens du milieu.

Au départ il y a une attirance romanesque. Goldman est séduit par le mythe du mauvais garçon, en révolte contre la société, surtout quand ce mauvais garçon est un Noir, c'est-à-dire une figure de l'opprimé. En prison il se rend compte que cette vision est totalement fausse, même s'il constate que beaucoup de criminels sont issus du sous-prolétariat et qu'il a de la considération pour certains caïds qui ne plient pas devant les matons. Mesrine est un hâbleur mais il fait montre de courage dans le quartier de haute sécurité et le doyen du clan Zemour se conduit avec une certaine dignité, que Goldman salue dans *Libération*, quand il refuse de faire soigner son cancer généralisé dans la clinique de la prison. Il préfère mourir plutôt que d'être un malade enchaîné. Goldman ne se fait pas d'illusions sur les beaux mecs, mais il a pris de mauvaises habitudes et il ne peut pas se dégager sans perdre la face. Il n'est pas un donneur et il aime bien en mettre plein la vue. Il a un côté mac à grosse chevalière, chemise de luxe ouverte sur la poitrine, et chaussures à bouts pointus des machos italiens et de ceux du Sentier. Il se balade toujours avec des liasses de billets dans sa poche. Il aime le liquide, que l'argent soit liquide, qu'il coule. Il aime le palper, comme Sartre et Lacan. Il adore dépenser sans compter dans les magasins, dans les bars, pour Christiane. Alors il emprunte toujours, à tout le monde ; il se fait donner des avances pour des livres, pour des scénarios. Il écrit pour des journaux. Il est en pourparlers avec *le Nouvel Observateur* pour avoir une chronique. Il joue, au poker, aux courses, il parle, met des gens en contact, se vante de pouvoir régler des problèmes pour les uns et les autres.

Il s'embrouille ; il ment, reçoit des menaces. Il veut se séparer du milieu ; mais il est rattrapé. On lui fait le chantage au sentiment, à l'amitié. Il se laisse piéger ; par faiblesse ; par fatalisme. Par moments il pense que sa condition d'ancien taulard lui colle à la peau, qu'un jour ou l'autre il replongera dans le banditisme et qu'il finira en prison. Il veut en parler à Christiane, mais n'en a pas le courage. Il se donne comme excuse de ne pas perturber sa grossesse. Mais il continue la vie facile. Ses amis l'abjurent de se mettre au travail. Butel qui se doute de ses fréquentations l'engueule et le presse de tout laisser tomber hormis son métier d'écrivain.

Goldman pense avoir trouvé le moyen de vivre comme il aime. Il a rencontré Ray Baretto, le batteur portoricain joueur de salsa. Ils ouvrent ensemble la Chapelle des Lombards, pensent pouvoir acclimater la salsa en France, et par-delà en Europe. Il va jouer de la musique qu'il aime, celle des travailleurs des faubourgs et des misérables favellas, des bas-fonds où se côtoient les desperados et les marginaux, la musique du désespoir, de la révolte et de l'amour. Il se plaît avec les musiciens et quand il rentre au matin, chez lui, il est calmé. Il a tapé toute la nuit sur les tambours, écrasé de ses poings toutes les saletés du monde ; il s'est nettoyé des ressentiments et débarrassé des passions tristes. En pleine forme il peut s'endormir. Quelques heures après il est d'attaque pour écrire.

Il va bientôt être père. C'est une question de jours. Christiane est partie à l'hôpital Saint-Vincent-de-Paul. C'est la fin de l'été 1979. Avec Azuquita, un autre musicien de salsa qu'il héberge, il passe ses nuits à la Chapelle où il attend l'arrivée de son fils. Car ce sera un fils. Tous les jours il va voir Christiane. Mais cette fin de nuit il n'en peut plus, il veut absolument lui faire l'amour. C'est interdit de rentrer à la clinique la nuit. Mais Goldman séduit l'infirmière de garde qui est antillaise en lui parlant créole. Elle le laisse aller dans la chambre de Christiane. Il pose sa tête sur son ventre, écoute vivre son enfant. Et puis doucement, lentement rentre dans le ventre de la mère.

Il se couche chez lui, au petit matin, heureux, enfin. Il sort vers 13 heures. Il fait soleil à la Poterne des Peupliers très calme comme d'habitude. Trois coups de feu retentissent. Pierre tombe, touché. Il est abattu, le 20 septembre 1979.

Le meurtre est revendiqué par un communiqué envoyé à la presse.

Un groupe qui s'intitule Honneur de la police et qui a assassiné peu de temps auparavant un militant anti-impérialiste juif égyptien vivant à Paris, Curiel, signe ce deuxième meurtre. Le soir même des gens viennent crier que le fascisme ne passera pas, car ils n'ont pas d'autres mots à leur disposition pour dire qu'ils aiment Pierre et que la vie est dégueulasse.

Des gens, toujours plus nombreux, viennent à la Poterne exprimer leur indignation. À son enterrement, toute une génération est là. En tête Sartre malade. Latino-Américains de Paris, musicos, intellectuels le pleurent. La veille, son fils était né.

L'insoumis est mort insoumis. Comme les communards il est enterré au Père-Lachaise. Le soir de ses obsèques, beaucoup, pour lui être fidèles, vont danser leur douleur à la Chapelle des Lombards. Azuquita chante. La mort doit être chantée, car la mort doit être aimée, quand celui qui est mort est mort debout.

On ne saura jamais qui était le groupe Honneur de

la police. Beaucoup d'hypothèses ont été avancées, entre autres que Goldman aurait été abattu par des tueurs agissant pour le compte de l'ETA avec qui il avait fait de la contrebande d'armes et dont il aurait trompé et escroqué les dirigeants. Ces hypothèses n'ont été ni confirmées ni infirmées. Le mort n'est plus là pour se défendre. Reste que pour moi, rien ne vient démentir que Pierre Goldman ne faillit jamais à l'honneur de vivre en insoumis.

TABLE

Cet ouvrage a été composé
par l'Imprimerie Bussière
et imprimé sur presse Cameron
dans les ateliers
de Bussière Camedan Imprimeries
à Saint-Amand-Montrond (Cher)
en octobre 1997
pour le compte des Éditions Grasset
61, rue des Saints-Pères, 75006 Paris

N° d'édition : 10498. N° d'impression : 1699-4/949.
Dépôt légal : octobre 1997

Imprimé en France

ISBN : 2-246-40611-0